城市轨道交通客运组织

主　审　石云峰
主　编　王　泉　吴学群　朱　艳
副主编　赵　斌　赵力耀　刘曼曼　姚　婷

CHENGSHI
GUIDAO JIAOTONG
KEYUN ZUZHI

航空工业出版社
北京

内 容 提 要

本书依据城市轨道交通运营管理相关规章条例，结合城市轨道交通运营企业对车站服务员在进行车站日常作业时需要具备的理论知识及操作技能的要求，以任务驱动结合真实案例的形式进行编写。本书共7个项目，内容涉及城市轨道交通客运组织基础、车站、客运服务设备、车站运作管理、车站客流组织、车站客运服务以及客运安全应急处置，辅以知识检索，并配有相应的理论和技能考核模块，便于学习者的自主学习和能力提升。本书可以用作城市轨道交通职业教育相关专业的教材，也可供从业人员和管理人员参考。

图书在版编目（CIP）数据

城市轨道交通客运组织/王泉，吴学群，朱艳主编. —北京：航空工业出版社，2022.1
ISBN 978-7-5165-2875-4

Ⅰ. ①城… Ⅱ. ①王… ②吴… ③朱… Ⅲ. ①城市铁路—铁路运输—旅客运输—行车组织 Ⅳ. ① U239.5

中国版本图书馆 CIP 数据核字（2022）第 018007 号

城市轨道交通客运组织
Chengshi Guidao Jiaotong Keyun Zuzhi

航空工业出版社出版发行
（北京市朝阳区京顺路5号曙光大厦C座四层　100028）
发行部电话：010-85672663　　010-85672683

北京荣玉印刷有限公司印刷	全国各地新华书店经销
2022年1月第1版	2022年1月第1次印刷
开本：787毫米×1092毫米　1/16	字数：321千字
印张：16	定价：72.00元

前言

城市轨道交通以其快捷、舒适等其他交通工具无法比拟的优越性，成为城市交通发展新的热点和重点。当前我国的城市轨道交通正处在大发展、大建设时期，截至 2020 年 12 月 31 日，全国有 44 座城市开通城轨，运营里程达 7545.5km，运营车站达到 4660 座。

随着我国进入新的发展阶段，产业升级和经济结构调整不断加快，各行各业对技术技能人才的需求越来越紧迫，职业教育的作用越来越凸显。《国家职业教育改革实施方案》《职业教育提质培优行动计划（2020—2023 年）》《中国特色高水平高职学校和专业建设计划》等文件要求职业院校探索教师分工协作的模块化教学模式，深化教材与教法改革，推动课堂革命。

本书依据城市轨道交通运营管理相关规章条例，结合城市轨道交通运营企业对车站服务员在进行车站日常作业时需要具备的理论知识及操作技能，以任务驱动结合真实案例的形式进行项目编写。本书共 7 个项目，内容涉及城市轨道交通客运组织基础、车站、客运服务设备、车站运作管理、车站客流组织、车站客运服务以及客运安全应急处置，辅以知识检索，并配有相应的理论和技能考核模块及任务拓展模块，便于学习者的自主学习和能力提升。

（1）本书的编者均为有企业工作经验的城市轨道交通专业职业院校一线教师，校企双方经过充分调研，依据车站站务岗位工作任务，按照以学习者为中心、以学习成果为导向的思路进行设计与编写，通过项目任务的形式展现企业真实的工作流程。

（2）教材对照城市轨道交通站务职业技能准则和专业教学标准，与职业技能等级鉴定、"1+X"证书考核相匹配，同时针对轨道交通行业科技发展趋势和市场需求，将行业内比较成熟的新技术、新工艺、新规范等融入教材。

（3）编者在企业调研与教材编写过程中，深入挖掘站务岗位所蕴含的思政教育资源，优化教材思政内容供给，将素质目标融入每个任务的内容中，体现社会主义核心价值观、劳动教育、工匠精神、职业精神和职业规范等内容，积极贯彻课程思政方针，落实立德树人要求。

（4）本书可满足线上教学需求，读者可以扫描二维码直达超星慕课页面，进入"城市轨道交通客运组织"课程参加学习。

本书具有一定的基本理论知识、又重点突出实践操作技能，内容丰富，实用性强，适用于城市轨道交通运营管理专业的专业教学，也可作为职工岗位培训的教材或参考书。

本书在编写过程中，还得到了许多职业院校教师、城市轨道交通设备供应商、地铁运营企业一线员工提供的宝贵经验和资料，在此致以深切的谢意！同时，本书的出版还得到了航空工业出版社的大力支持，责任编辑在成书过程中提供了许多具体、细致的帮助，作者们在此表示衷心感谢。最后感谢本书编著中引用的所有参考文献的作者。

此外，本书作者还为广大一线教师提供了服务于本书的教学资源库，有需要者可致电 13810412048 或发邮件至 2393867076@qq.com。

限于编者水平，书中难免存在疏漏之处，敬请广大读者批评指正。

思政园地索引表

项目	思政园地	页码
项目一	交通强国——轨道交通未来发展趋势	21
项目二	莫斯科地铁点亮中国红	60
项目三	北京"创新型地铁"来了！科技元素点亮"智慧车站"	112
项目四	除夕夜，地铁工作者在一线守护万家灯火	133
项目五	上海地铁 5G 技术实现智慧客流引导	183
项目六	申城"80 后"创办"服务创新工作室"为地铁乘客服务——平凡岗位中的不平凡	210
项目七	丁根："地铁工匠"守安全	242

目录

项目1 城市轨道交通客运组织基础
- 任务 1.1 城市轨道交通客运系统 ... 2
- 任务 1.2 城市轨道交通客运组织工作认知 ... 16

项目2 城市轨道交通车站
- 任务 2.1 城市轨道交通线路车站布局设置 ... 30
- 任务 2.2 城市轨道交通车站建筑结构布局 ... 42

项目3 城市轨道交通客运服务设备
- 任务 3.1 站台屏蔽门系统 ... 65
- 任务 3.2 电梯系统 ... 78
- 任务 3.3 车站导乘系统 ... 84
- 任务 3.4 自动售检票系统 ... 92
- 任务 3.5 综合后备盘及客运备品 ... 101

项目4 城市轨道交通车站运作管理
- 任务 4.1 车站日常运作 ... 118
- 任务 4.2 车站报表管理 ... 130

项目5　城市轨道交通车站客流组织

任务 5.1　客流概述　139
任务 5.2　客流调查与预测　151
任务 5.3　日常客流组织　155
任务 5.4　大客流组织　163
任务 5.5　突发事件客流组织　175

项目6　城市轨道交通车站客运服务

任务 6.1　城市轨道交通客运服务规范　188
任务 6.2　车站日常客运服务　195
任务 6.3　特殊客运服务　203

项目7　城市轨道交通客运安全应急处置

任务 7.1　城市轨道交通客运安全设备　214
任务 7.2　车站突发事件应急处理　226
任务 7.3　自然灾害应急处理　236

参考文献

项目1 城市轨道交通客运组织基础

项目概述

城市轨道交通从诞生至今已有150多年的历史，自20世纪70年代，城市轨道交通系统在国内得到进一步的快速发展。各种形式的城市轨道交通在城市交通系统中发挥着越来越重要的作用，给居民提供了良好的出行条件，推动了城市社会经济的发展。本项目的基础知识包括城市轨道交通客运系统的概念及组成，客运组织的概念、特点和工作基本要求等内容。

学习目标

1. 知识目标

- 了解客运系统构成。
- 理解客运组织工作宗旨、基本要求及原则。

2. 技能目标

- 能准确描述城市轨道交通客运系统构成。
- 能够按照要求完成基本客运组织工作。
- 能够准确辨别客运组织工作特点。

案例导入

自2004年起，重庆市城市轨道交通从仅有2号线的单线运营发展到今天的"九线一环"，共计419km，车站256座（其中换乘站42座），这标志着重庆轨道交通全面进入网络化运营时代，同时也面对着线网带来的新运营需求的挑战。

2020年3号线最大断面客流已超过4万人次/小时，运能与运量矛盾凸显，既有车站设计规模偏小导致乘客站内滞留、车站拥挤，安全压力和风险增大。如两路口、红旗河沟等换乘站、高峰期车站存在长时间乘客滞留现象和群体性踩踏事故隐患，客运组织难度极大。同时，网络化运营也为运营管理体系带来了冲击。一方面区域管理范围扩大，精细化管理更加困难；另一方面员工队伍快速扩张不利于形成结构稳定、有序的人才梯队。

思考： 案例中体现了城市轨道交通的哪些系统构成？客运组织工作有哪些特点？做好客运组织工作需要满足哪些基本要求？

🔊 任务 1.1 城市轨道交通客运系统

城市轨道交通系统是指以轨道交通运输为主要技术特征，具有城市公共交通中等以上运量、专门为城市内公共客运服务的轨道交通系统。

城市轨道交通系统作为一种城市公共交通系统，其主要特点就是利用轨道列车进行人员运输。正是鉴于城市轨道交通运量大、效率高、安全准时、节约能耗等优点，该系统正逐步成为我国大中型城市利用公共交通系统解决交通拥堵问题的首选。

为保证城市中人员的高效运输，城市轨道交通由相应的基础设施和客运服务组织机构组成，构成了一个庞大且复杂的客运系统，如图 1-1-1 所示。

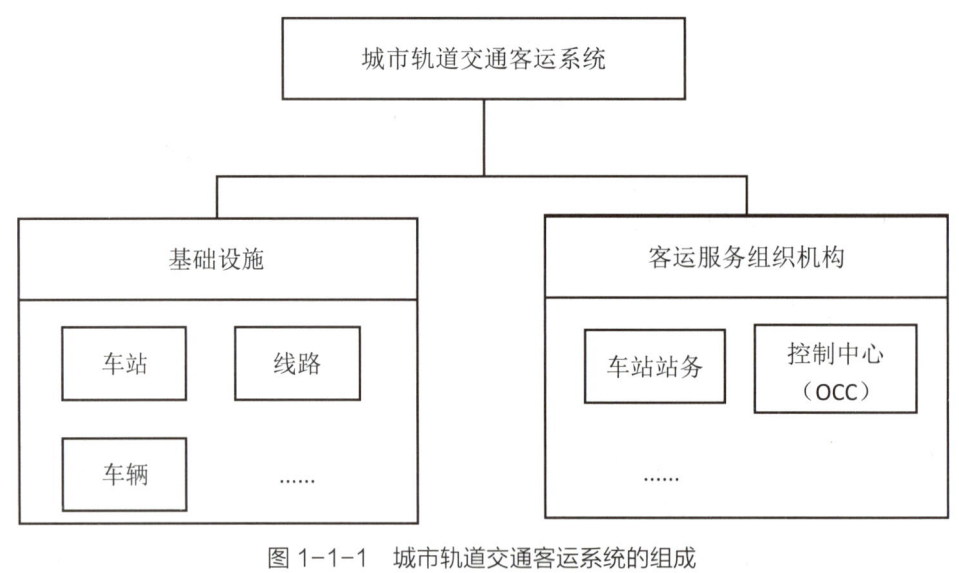

图 1-1-1 城市轨道交通客运系统的组成

1.1.1 基础设施

1. 车辆

城市轨道交通车辆主要是指地铁车辆和轻轨车辆，直接为乘客提供服务，是城市轨道交通系统最重要的设备之一。地铁车辆有带司机室的拖车（T_C）、不带司机室的拖车（T）、带受电弓的动车（M_P）和不带受电弓的动车（M）四种。为适应城市轨道交通大运量、高效率的特点，车辆通常由动车、拖车与驾驶室连接成一个有机整体，即动车组（单元）形式设计，如图1-1-2所示。

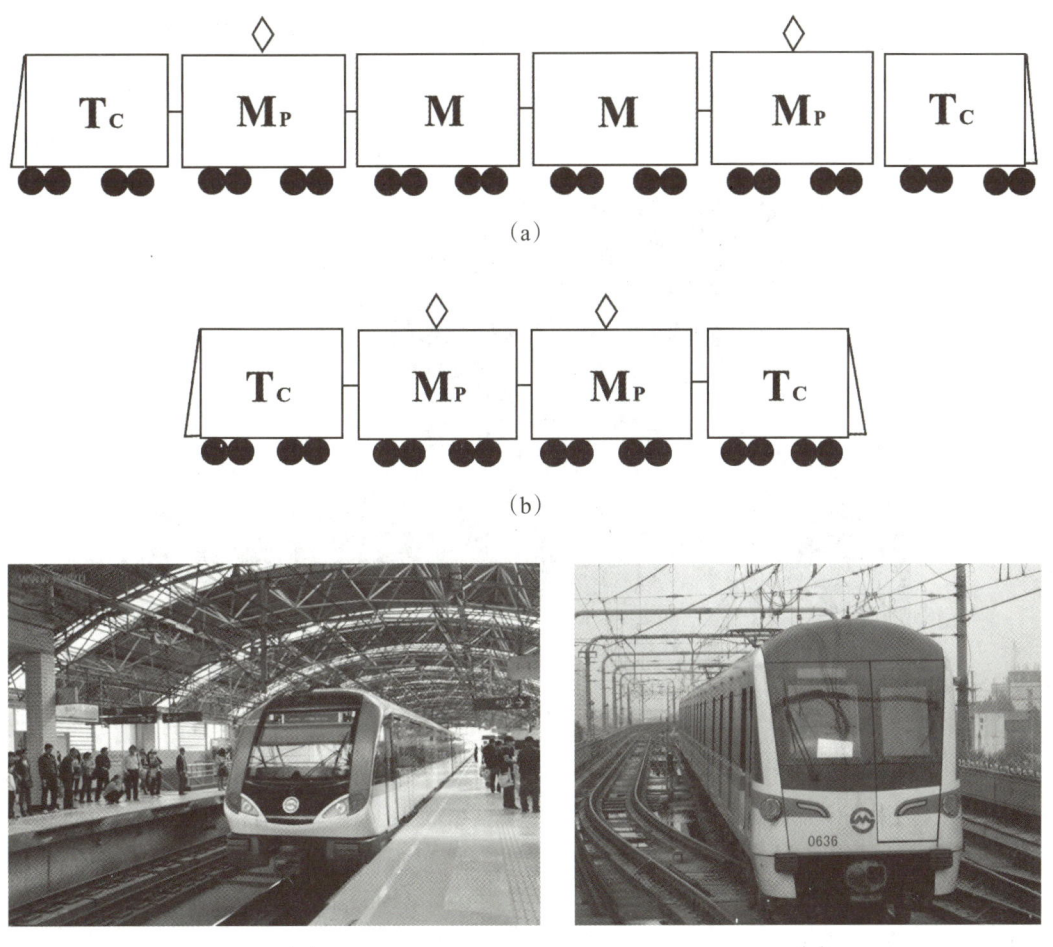

图1-1-2 上海轨道交通AC-3型（a/c）和AC-14型（b/d）列车示意图

小知识

在日本东京，地铁南北线上站台几乎都设在400~500m半径的曲线上，车辆远期编组是8辆（初期4辆），每节车辆长度20m，列车长度为160m。这样，不论通过安装镜子还是工业电视，从车头或车尾都无法看到列车全长；如采用站务人员人工监视列车的方法就必须增加车站的接车人员。

2. 车站

在城市轨道交通的线路上，列车到、发、通过及乘客正常乘降的分界点称为车站。当前，城市轨道交通车站是运输工作的基层单位，是供乘客乘降列车的处所，城市轨道交通主要的客运组织工作都是在车站内进行的。图1-1-3为城市轨道交通车站。

图1-1-3 城市轨道交通车站

人工智能时代，城市轨道交通系统也逐步引入人工智能，利用物联网、大数据管理等技术，构建城市轨道交通智慧车站。届时，城市轨道交通车站则将具备作为交通网络"节点"和城市"场所"的双重功能，成为出行者的面对面社交场所，以及社会活动的重要载体。

3. 线路

城市轨道交通线路是城市轨道列车运营的道路设施，是城市轨道交通系统的基本组成部分，是载客列车运行的基础。城市轨道交通线路按其在运营中的作用可分为正线、辅助线和车场线，如图1-1-4所示。

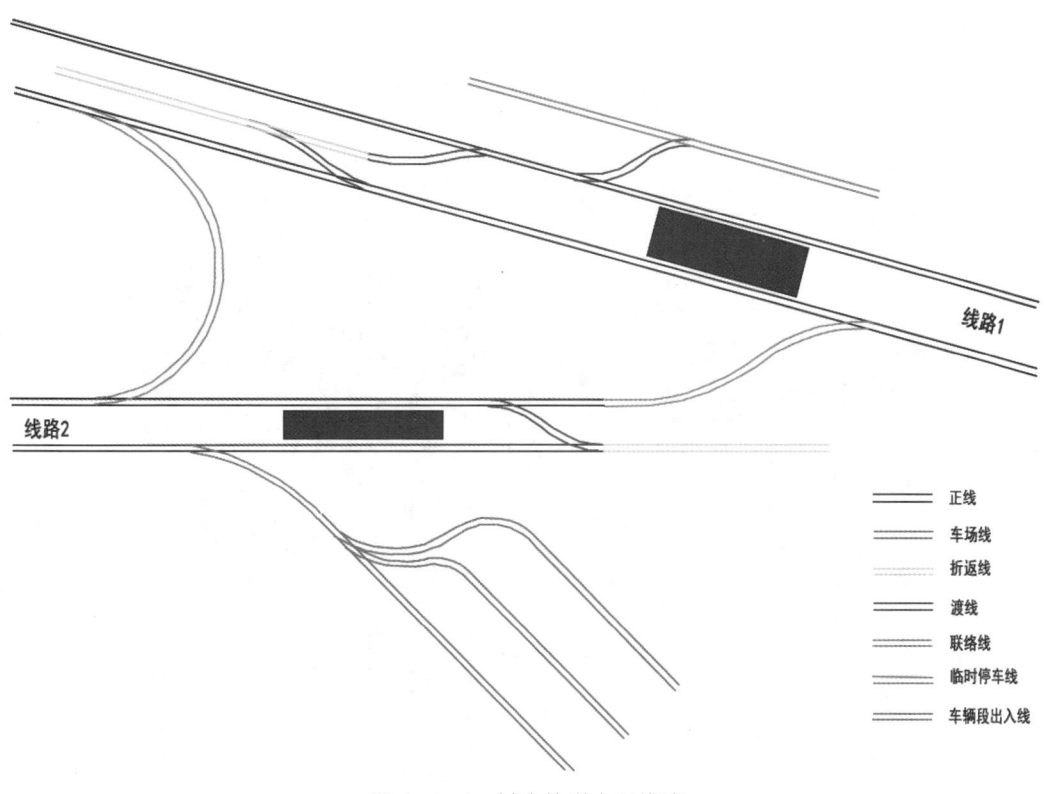

图 1-1-4　城市轨道交通线路

（1）正线是指连结车站、供载客列车运行的运营线路。城市轨道交通区间一般采用全封闭双线设计形式，如图 1-1-5 所示。

图 1-1-5　区间正线

（2）辅助线是指除正线外为实现列车的折返、停放、检查、转线及出入段作业而设置的场、段以外的线路，包括折返线、渡线、联络线、临时停车线、车辆段出入线等，如图1-1-6所示。

图1-1-6　辅助线

（3）车场线是指用于车辆停放、检修等的场或段内的线路，如图1-1-7所示。

图1-1-7　车场线

1.1.2 客运服务组织机构

客运组织工作是城市轨道交通运营生产的重要组成部分,客运服务质量直接反映城市轨道交通运营管理水平。因此,客运组织工作必须遵循"统一领导,分级管理"的原则。城市轨道交通的客运组织管理工作分为两个指挥层次,一级指挥为控制中心(Operation Control Center,OCC),二级指挥为车站。原则上,各级指挥要根据各自的职责独立开展工作,二级指挥要服从一级指挥。

1. 控制中心组织机构

控制中心是城市轨道交通系统的核心,负责全线路的调度指挥工作、客运组织工作及设施保障工作。城市轨道交通的所有工作都必须以控制中心的计划、命令为依据,各个部门协调运作,保证列车安全、正点运行。

各城市轨道交通运营企业可根据自己的具体情况及管理模式设置不同的调度岗位,但在控制中心,一般都设置有值班调度主任、行车调度员、环控调度员、电力调度员等调度工种,如图1-1-8所示。

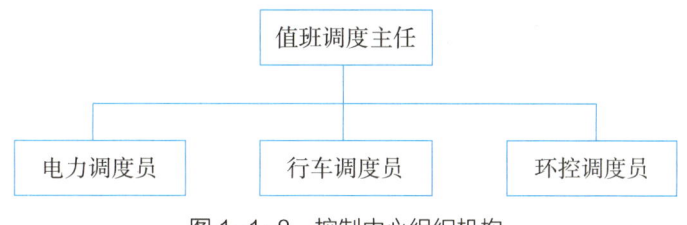

图1-1-8 控制中心组织机构

(1)值班调度主任。值班调度主任是调度班组工作的领导者,负责统一指挥协调各种调度工种及车站、车辆段等相关人员的工作,并组织处理运营中出现的各种故障和事故。

(2)行车调度员。行车调度员是一个调度区段行车工作的指挥者,负责监控列车的运行状况,及时掌握列车运行、到发情况,发布调度命令,检查各车站、车辆段执行和完成行车计划的情况,并且在车辆晚点或发生事故时,组织和指挥车站工作人员、列车乘务员及相关部门及时采取相应措施,尽快恢复列车运行,减少运营损失。

(3)环控调度员。环控调度员主要监控通风、空调、给排水等与环境相关的设备,及时调节管辖区段内的温度、湿度、空气流动速度、含尘量等参数,保证环境质量,满足乘客的出行需要。

(4)电力调度员。电力调度员主要监控变电所、接触网等与供电相关的设备,及时采集各种数据,保证供电的可靠性与安全性。

2. 车站管理模式

车站客运工作主要包括车站行车、票务服务、客运组织以及车站人员日常管理等。车站客运岗位体系设置根据车站运作管理模式的不同，一般分为两种，一种为自然站管理模式，另一种为中心站管理模式。

（1）自然站管理模式。该种车站管理模式是以单个车站为基本管理单位进行日常工作组织和管理的岗位体系。在此模式下，实行层级负责制，各中心站除配置站长、副站长外，各自然站大多配置了专职的管理人员，负责车站的日常管理，如图 1-1-9 所示。这种车站管理人员的配置非常完整，但其管理跨度较小，未能充分发挥管理人员的管理效率，增加了管理成本。

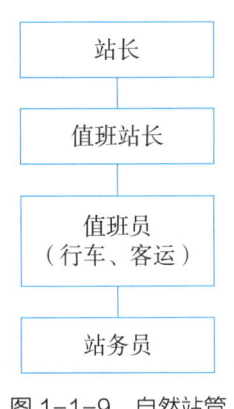

图 1-1-9　自然站管理模式示意图

（2）中心站管理模式。中心站管理模式是以几个车站为一个单位进行日常工作组织管理的模式。岗位体系实行层级负责制，由上至下依次为中心站长、值班站长、值班员（行车值班员和客运值班员）、站务员。国内部分城轨运营企业的中心站管理模式中，在自然站会设置一名工长，以便于更好地加强车站生产组织与协调，如图 1-1-10 所示。

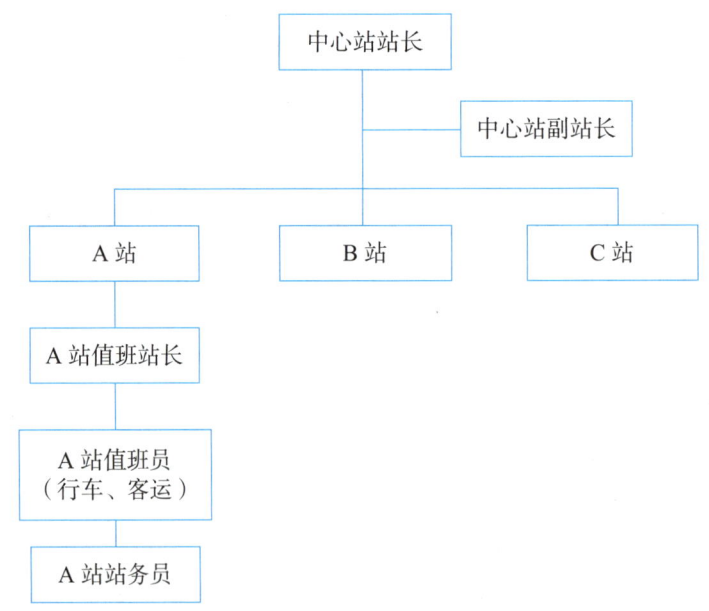

图 1-1-10　中心站管理模式示意图

除了车站的站务人员外，车站通常还有维修、安检、治安、保洁等其他驻站人员。车站日常运作以车站运输组织为核心，所有驻站人员应以服务于车站运输组织为前提开展工作，出现特殊情况时，值班站长负责指挥处理，并调动其他驻站人员协助处理。

3. 车站组织机构

（1）站长。根据不同的车站管理模式，站长的名称及角色定位不尽相同。站区管理模式下站长称为中心站站长或者站区长，有的城市地铁运营单位也叫区站长，自然站管理模式下称为站长，两者工作的差别在于中心站站长负责多个车站的管理，而自然站站长则负责一个车站的管理，虽然两者的岗位职责大致相似，但具体的方面也会因各城市轨道交通运营企业赋予的权限不同而略有不同，下面重点介绍自然站管理模式下站长的岗位职责。

站长代表城市轨道交通运营单位在车站行驶属地管理权，全面负责车站的现场管理：负责本站的消防、安全治安、行车、施工、票务、服务和人员管理等工作，根据上级的要求与计划，组织、指挥、控制协调车站日常工作并开展车站其他各岗位的工作讲评。具体岗位职责包括以下几个方面。

①全面管理车站的行车；
②根据上级下达的计划完成客运任务；
③带领车站不断提升服务水平；
④对车站的安全工作负责；
⑤对车站设备管理工作负责；
⑥及时处理车站突发事件；
⑦负责车站员工的日常管理；
⑧结合运营实际做好车站对外的协调联络工作。

担当站长需具备一定的计划能力、安全意识、团队管理能力、压力应对能力，还要能够时刻关注乘客，并有较好的谈判能力。

（2）值班站长。值班站长在站长领导下，负责对当班期间本班组内站务人员的管理，监控当班期间的车站行车、票务、服务等工作，以保证生产的正常运作，如图1-1-11所示。具体的岗位职责包括以下几个方面。

①负责本班组的行车作业管理；
②做好本班组的车站票务工作；
③严格执行车站巡视制度；
④灵活有效地做好服务管理；
⑤严格做好生产安全控制；
⑥车站施工管理；
⑦认真履行与其他班次的交接班手续；
⑧认真执行突发问题应急处理程序。

图 1-1-11　地铁车站值班站长

值班站长应具备较强的安全意识、较好的团队管理能力、压力应对能力以及能够时刻地关注乘客，注重流程化的管理作业。班前要与上一班做好工作交接，认真检查情况登记本和各种台账记录；班中要定时巡视车站，督导各岗的员工按章作业；班后检查本班填写的台账，做好工作移交。如遇到突发情况，值班站长要立即赶到现场，按作业流程对乘客事务或列车延误进行妥善处理。

（3）行车值班员。行车值班员在值班站长的领导下，主要负责监控列车运行设备运转及客流情况，同时负责信号设备故障情况下的车站行车组织和协调，如图 1-1-12 所示。具体的岗位职责包括以下几个方面。

①主管车站行车工作；
②服从行调指挥，执行行调，正确命令，填写行车日志及相关台账；
③负责车站施工作业登记和施工安全监控的工作；
④严格执行作业程序监控和操作 LOW 机、FAS、BAS、IBP 盘等设备；
⑤控制车站广播并密切关注 CCTV，实时监视各区域情况；
⑥负责监控站及 AFC 设备运行；
⑦保管行车设备备品；
⑧负责车站设备故障的报修及登记工作；
⑨负责车站信息的传达及接收。

图 1-1-12　地铁行车值班员

担任行车值班员应具备较高的安全意识，能够正确地进行流程化管理，有较好的压力应对能力。

（4）客运值班员。客运值班员主管车站客运票务管理、组织客运服务工作，如图1-1-13所示。根据运行时间的需要，通常设置早班客运值班员和晚班客运值班员。二者的工作重点都是客运问题处理，但二者的差别在于票务处理方面的工作重点不同。

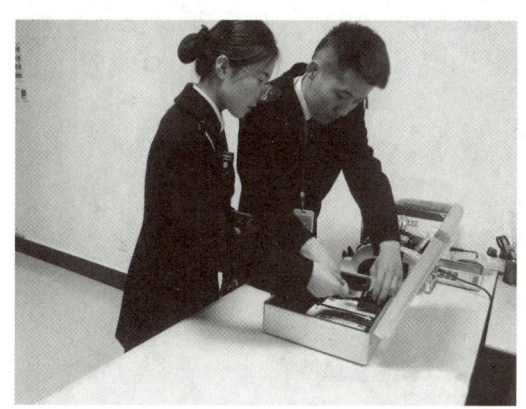 

图1-1-13　地铁客运值班员

早班客运值班员负责为各班票务员配备车票、备用金，为自动售票机配备车票和硬币等，为运营时间内票务、现金的安全管理负责，并负责检查当班票务员的工作，负责本班票务、现金的结算工作和相关台账的填写工作。

晚班客运值班员主要负责票款、现金的收集和统计工作，需要填写各类统计报表和相关台账，还需要负责在运营前为自动售票设备补票、补币。

客运值班员最重要的工作就是确保车站每天票务工作的正常运行，因此客运值班员须全面了解车站所有车票、票款、台账及AFC设备状态。客运值班员的工作从为票务员配票开始，以票款封包解行结束。

（5）票务员。票务员主要负责在客服中心进行票卡销售，保证票款的正确和安全，处理坏票、补票和福利票等事项，帮助乘客兑换零钱，处理乘客问询和乘客投诉，保管乘客遗失物品等，如图1-1-14所示。具体工作如下。

①执行"首问负责制"，按照乘客服务标准使用公司的规范用语，热情接待乘客，妥善解决乘客提出的问题；

②负责对客服总站内设备设施的运作状况进行监管，发现异常情况及时报告；

③负责客服总站内备品的管理和现金、票卡安全；

④负责按照唱收唱付流程进行售票作业；

⑤负责乘客接受问询兑币、提供定额发票及其他各类便民措施等在内的综合性服务工作；

⑥负责对无法过闸的单程票、城市通 IC 卡，按票务规定进行分析、处理，对规定范围内的单程票进行退票。

图 1-1-14　地铁票务员

（6）站厅巡视员。站厅岗主要负责关注站厅动态，协助乘客使用车站设备，维持站厅和出入口秩序，解答乘客疑问，处理突发事件、保证乘客安全等，如图 1-1-15 所示。具体工作如下。

①执行"首问负责制"，按照乘客服务标准使用公司的规范用语，热情接待乘客，妥善解决乘客提出的问题；

②负责对本岗位范围内的设备、设施的运作状况进行巡视，发现异常情况及时按有关程序处理；

③负责专用通道管理，验明乘客所持证件为有效证件后，开启专用通道放行，并做到随开随关，做好登记工作；

④引导乘客购票、进出站，防止人员拥挤，堵塞通道等；

⑤做好逃票、优惠票卡的监管工作；

⑥对于违反《城市轨道交通管理办法》的不文明行为及时制止；

⑦发生客运服务纠纷或引起乘客投诉时，应立即通知客运值班员或值班站长，并按相关规定及时处理。

图 1-1-15　地铁站厅巡视员

（7）站台安全员。站台岗除了正常接发列车外，还要负责站台区域的巡视工作，监控站台乘客乘降情况、解答乘客疑问、监控列车运行情况，保证设备和设施的状态正常，发现紧急事件及时处理，如图 1-1-16 所示。具体工作如下。

图 1-1-16　地铁站台安全员

①执行"首问负责制"，按照乘客服务标准使用公司的规范用语，热情接待乘客，妥善解决乘客提出的问题；

②负责对本岗位范围内的设备、设施的运作状况并进行巡视，发现故障及异常情况及时按有关程序处理；

③组织站台乘客有序乘降列车，发现危及乘客人身安全的情况时，及时正确处理。清客作业时，确保车厢内无滞留乘客后，显示手信号；

④非正常行车时，配合值班站长、值班员负责接发列车、操作道岔、显示手信号、列车到发情况汇报等工作；

⑤对于违反《城市轨道交通管理办法》的不文明行为及时制止；

⑥发生客运服务纠纷或引起乘客投诉时，应立即通知车站值班员，并按相关规定及时处理。

> **小知识**
>
> 一般城市地铁车站的站务员岗位通常采用三班两运转方式，即早、中、休，也有个别地铁采用四班两运转方式。

4. 车站管理制度

为保证车站日常的秩序，除了做好人员安排，车站要制定一套完整的管理制度，主要包括排班制度、信息汇报制度、会议制度、巡视制度、文件管理制度、钥匙管理制度、车站控制室管理制度和考评管理制度等，这保障了轨道交通车站日常的生产秩序，为乘客提供优质的服务，顺利完成生产任务。

（1）排班制度。

轨道交通车站按照工作的需要对车站各岗位实行定岗定员的制度。紧凑、合理、科学地排班确能以精简的人员满足运营的需要。车站普遍采用轮班制，车站员工根据排班表的安排上岗。车站排班一般按定员定岗标准执行，不能擅自增加或减少岗位。特殊情况下，如临时改变行车方案或大客流需做合理化调整时，车站负责人需及时通知员工并上报上一级领导。排班时要注意执行国家《劳动法》的规定，要确保员工每月休息时间符合国家规定，班与班的时间间隔至少有12小时。排班时要考虑新老搭配、业务搭配和性别搭配。员工因个人原因调班，一般需要提前提出书面申请，说明原因，经批准后方可调班。员工上岗必须持有本岗位资格证，不允许低岗顶高岗。

（2）信息汇报制度。

车站每天有大量生产信息需要向外反馈，必须有清晰的汇报流程，以确保信息的反馈能及时有效并得到合适的处理。通常需汇报的信息可以分为一般生产信息及重要或紧急情况信息两类。一般生产信息可以每天汇总，按照规定逐级反映到相关部门处理；发生重要或紧急事件时，由车站当班值班站长根据事件的具体情况，按照相关规定立即向相关负责人进行汇报，并做好记录。一般信息汇报实行逐级汇报制度，由下至上的顺序依次为：站务员、值班员、值班站长、站长。在非正常情况下可越级汇报。

（3）会议制度。

为了传达近期工作重点和重要文件精神、总结本班运营工作情况、培训相关知识，轨道交通车站一般在早班和中班员工交接之前召开车站交接班会议，确保重要生产信息的顺畅传递，保障车站各岗位员工明确各项生产任务的目标、要求。当班值班站长是车站交接班会议的组织人和会议记录人。车站的交接班会议是车站当班员工获知各种信息的重要途径，是培训、学习业务知识的关键时机。轨道交通车站普遍采用交接班会议，一方面保证了信息的有效传达，特别是一些需要车站全部员工了解和熟悉的重要信息；另一方面也保证了当班员工在当班期间要注意的关键点得到明确和重视。

除了交接班会议外，轨道交通车站通常还设有全站员工大会、综合治理会、专题会议等。这些会议制度在车站信息传达、业务培训、综合治理等方面起到了重要作用。

（4）巡视制度。

轨道交通车站作为一个开放型的公共场所，其服务对象具有流动性、临时性、复杂性、不确定性等特点。为保证运营期间各种设备和设施的正常运行，确保正常的运营服务，车站各层级人员，包括值班站长、值班员、站务员等岗位需要在日常工作中进行巡视，以保证场所、设备和设施、人身及财产的安全。轨道交通车站通常对车站巡视工作制定制度，明确各岗位的巡视范围和巡视要求。

（5）文件管理制度。

文件是轨道交通车站日常管理中涉及内容最多的一项，也是生产信息传递的重要形式。文件和规章是轨道交通车站日常运作的"指挥棒"。为规范车站文件的分类、归档、更新以及保管和使用等内容，轨道交通车站一般都制定了文件管理制度，并由车站专人负责进行文件分类、归档管理工作。在轨道交通车站，文件通常按照安全、票务、服务、人事、党群等类别进行分类。尤其需要重视的是对各类规章的管理，如修订、更新等，以避免由于管理不善而导致生产环节出错。

（6）钥匙管理制度。

轨道交通车站的结构布局通常比较复杂，设有多个设备房间来满足正常运营的需要。因此，车站的设备房间管理显得尤为重要。为了保证设备的正常运作，日常工作中设备的维修人员以及设备使用人员经常需要进出设备房间，因此要保证车站设备房钥匙的状态正常、良好。为确保安全及紧急情况下快速处理，车站通常要保留站内所有设备与管理房间的钥匙用于日常使用，并保留一套备用钥匙，以便发生紧急情况时供车站应急使用。车站任何房间的开启必须得到车站管理部门同意，由使用人员向车站管理部门借用相应的钥匙，用完后及时归还。轨道交通车站会定期安排人员进行设备房间钥匙的测试，及时发现无法使用的钥匙，以避免紧急情况下无法打开设备房门而造成更大的损失。

（7）车站控制室管理制度。

车站控制室是车站监督、指挥车站运作的核心地点，室内集中了车站设备控制系统以及行车指挥系统等重要设备，因此必须严格管理，确保车站控制室内的人员和设备安全可控。因工作原因进入车站控制室必须佩戴有效证件并说明原因，在征得当班人员同意后方可进入，不可在车站控制室内做与工作无关的事情；进入车站控制室的人员禁止大声喧哗、吵闹，不得影响当班人员的工作；进入车站控制室的人员未经当班工作人员的允许严禁擅自启动、操作任何设备和设施;车站控制室的值班人员作为车站控制室的负责人,负责车站控制室的安全。

(8)考评管理制度。

在车站日常行政管理过程中,为增强员工安全生产的意识,鼓励员工参与安全生产的积极性和创造性,维护正常的生产秩序和工作秩序,促进车站员工队伍的良性发展,通常需要建立员工绩效评价体系,对员工工作量、完成工作的质量、工作态度、岗位技能、安全与纪律等几个方面进行评价,评价结果运用于车站员工的晋升及续签劳动合同等工作中。通过建立一系列的激励、约束机制来公平公正地评价员工工作业绩,调动员工的积极性和主动性,形成优胜劣汰的环境,不断提高车站的生产效率和运作管理水平,保障安全生产。

任务1.2 城市轨道交通客运组织工作认知

城市轨道交通主要通过合理的客运组织来完成其大量的客运任务。客运组织是指通过合理布置客运有关设备、设施对客流采取有效的分流或引导措施来组织客流运送的过程。

从定义中可以看出,城市轨道交通客运组织工作主要管理的是设施设备和客流两方面:一方面是对与客运相关的设施设备进行合理的布局;另一方面则是有效且安全地分流和引导乘客,最终得以实现"运输乘客"这一服务目的。具体的关系如图1-2-1所示。

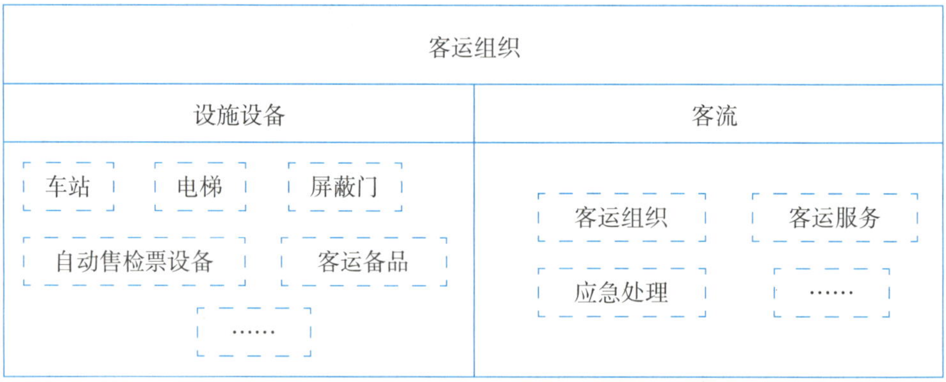

客运组织	
设施设备	客流
车站　电梯　屏蔽门 自动售检票设备　客运备品 ……	客运组织　客运服务 应急处理　……

图1-2-1 城市轨道交通客运组织管理内容关系图

1.2.1 城市轨道交通客运组织工作宗旨

城市轨道交通与其他城市交通相比较，其特点主要表现为：速度快、准时性、服务优和安全性。想要完美诠释这些特点，必须做好城市轨道交通的客运组织工作。这也就决定其工作宗旨就是为乘客提供安全、准点、高效、便利、优质的服务。

1. 安全

安全是城市轨道交通运营不可忽视的首要问题，"安全第一"是乘客的基本需求和重要标准，也是轨道交通运营管理的大课题。城市轨道交通运营企业通过制定各种安全制度、采用先进的安全控制系统、对所有设备定期进行检查，保障其"安全生产"的目标。运营安全不但反映了轨道交通运营的管理水平和运输服务质量，而且是城市轨道交通系统实现顺畅、高效运营的基本前提，更是满足乘客需求、获得良好社会和经济效益的根本保证。

2. 准点

城市轨道交通运营单位根据行车组织、设备维护以及客流情况编制列车运行图。运营生产部门相互配合，严格按列车运行图组织工作，通过准时发车（图1-2-2为列车发车时间显示器）、及时报站、准时到站（图1-2-3为站台信息显示终端显示到站信息）确保列车按运行图规定的时间运行，以满足乘客准时到达目的地的需求。

图1-2-2　列车发车时间显示器

图1-2-3　站台信息显示终端显示到站信息

3. 高效

在城市生活节奏越来越快的时代，是否能够迅速出行、到达成为乘客选择交通工具的重要考量标准。城市轨道交通的迅速性主要通过出行时耗反映出来。出行时耗是指乘客从出发点至目的地的总出行时间,包括车内时间和车外时间。车内时间即在车时间,由列车运行速度决定;车外时间则包括出发至城市轨道交通线路车站的接近时间、换乘候车时间、至目的地的远离时间等几方面,主要与线网布设、换乘方便性等因素有关。

目前城市轨道交通运营企业主要采取调整列车运行间隔、合理规划线网、保证乘客流线顺畅、减少设备故障、优化售检票环节等手段来节省乘客出行时耗。

4. 便利

城市轨道交通的便利性主要体现在一票制线网内换乘,干净整洁的卫生设施、售检票、进出站环节便于操作、完善的电梯系统可节约时间、人性化设施保证残疾人顺利乘车(图 1-2-4 和图 1-2-5 地铁站内无障碍电梯设备)以及 1km 出行的站点设置均可以满足乘客的出行需求。

图 1-2-4 站内无障碍电梯设备

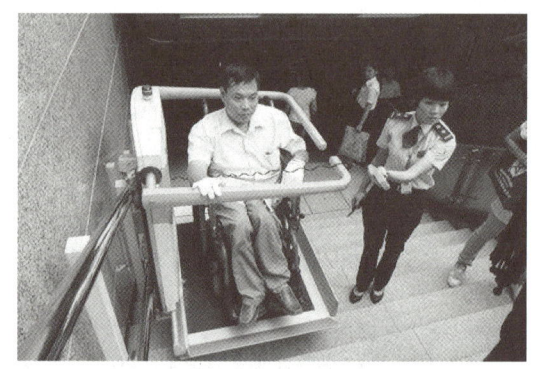

图 1-2-5 站内无障碍电梯设备

5. 优质服务

城市轨道交通在服务方面要为乘客提供干净、整洁的乘车环境,适宜的站内温度、湿度,平稳的列车运行状况等优质服务。同时,应保证服务设施设备工作状态良好,客运服务人员要严格遵守职业道德,礼貌待客,耐心正确地解答乘客询问,主动热情地为乘客服务(见图 1-2-6)。

图 1-2-6 地铁客运人员热情服务

> **小知识**
>
> **智能服务机器人亮相宁波地铁**
>
> 在宁波轨道交通系统中，一款智能服务机器人亮相宁波轨道交通1号线樱花公园站。这款机器人名叫"小轨"（见图1-2-7），可以为乘客提供票价咨询、首末班车时间表、地铁站卫生间及无障碍电梯位置查询等服务，还能够实现人脸识别并主动与乘客打招呼。
>
>
>
> 图1-2-7 机器人"小轨"为乘客服务

1.2.2 城市轨道交通客运组织工作特点

城市轨道交通客运组织工作是城市轨道交通运营工作的核心，是直接反映城市轨道交通运营管理水平的标志之一，其特点具体如下。

（1）城市轨道交通客运服务的对象是城市内有出行需求的乘客，不办理行李、包裹托运业务。

（2）城市轨道交通全日客流分布在时间上有较为明显的高峰、平峰的周期规律。高峰时段一般集中在工作日的早、晚，客流量集中，时间性强；在空间上也有不同的区间客流分布特性。

（3）全年客流分布在时间上按季、月、周、节假日呈现较明显的波动规律。

（4）服务对象较为广泛，包括各地区、各种职业的常住居民和流动人口。

1.2.3 城市轨道交通客运组织工作的基本要求

为规范城市轨道交通客运组织工作，保障城市轨道交通安全运行，不断提升城市轨道交通服务质量，城市轨道交通运营企业从客运组织与服务质量管理体系、客运人员岗位设置和配备、车站标志标识、客运组织方案和应急预案、工作协调机制等方面，提出了对客运组织工作的基本要求。

（1）健全的服务质量管理体系。运营单位制定车站岗位职责与人员培训、应急预案和演练、客运设施设备管理、票务管理、环境卫生管理、信息发布、乘客遗失物保管和招领等制度。同时，还应该考虑车站规模、客流情况、设备设施布局、设备系统自动化程度、服务标准、公众需求等科学设置客运人员岗位，配备符合要求的客运人员。

客运作业人员应严格执行作业规章制度，按照标准化作业程序及要求执行，服从命令、听从指挥。处理客伤及乘客其他事务时要及时，并坚持公平、公正的原则，妥善处理。执行客运工作任务时，客服人员应按规定着装并佩戴标志，仪表整洁，体现良好的精神风貌。

（2）整洁的站容站貌。车站内外应整洁、干净，门、窗、出入口应齐全、干净，各种设备设施摆放整齐、有序，无积尘，站厅、通道及出入口的墙壁光洁，地面无痰渍和污物，厕所清洁、卫生，照明充足、温度适宜（图1-2-8为干净整洁的地铁站厅；图1-2-9为干净整洁的地铁站台）。

图1-2-8 干净整洁的地铁站厅

图1-2-9 干净整洁的地铁站台

（3）清晰、完备的车站标志标识。车站醒目位置应张贴本站首末班车时间、周边公交换乘信息、无障碍设施指引、车站疏散示意图，以及禁止、限制携带物品目录等。出入口、站内指示和导向标识应清晰、醒目、连续、规范。车站控制室、设备房、轨行区等区域应设置醒目的禁行标志，应急装置应设置醒目的警示标志。

（4）完善客运组织方案及应急预案。运营单位应根据车站规模、客流特点、设备设施布局、岗位设置等，制定工作日、节假日、重要活动以及突发事件的车站客运组织方案与应急预案，换乘站还应制定共管换乘站协同客流组织方案与应急预案，做到"一站一方案"，并根据车站实际客流变化情况及时修订完善。

（5）良好的工作协调机制。客运作业人员应随时与地铁控制指挥中心、列车司机、设备故障维修部门、公安、消防等有关工种作业人员加强联系、密切配合、协同工作，确保列车按图运行，保障行车安全与乘客安全。

案例分析

"人进去，相片出来；饼干进去，面粉出来。"这是人们对北京地铁早晚高峰期拥挤程度的无奈调侃。在短短几年中，北京地铁从只有1号线、环线两条线发展到24条线路。2013年3月8日，北京地铁日客运量突破了1000万人次，成为全球最繁忙的地铁之一。从2013年6月开始，每周一至周五，北京地铁的每日全线路网客运量均在1000万人次以上，早晚高峰期列车的间隔时间都在2分半钟以内，停站开关门的时间均以秒计。不仅是北京，国内许多城市轨道交通也有类似的拥挤状况。

试分析一下，如此大的客运量如何才能保证每位乘客的安全出行？在客运工作组织上应该如何做到优质、高效？

为保证在大客流情况下每位乘客的出行安全，地铁员工在作业中应时刻注重质量第一、顾客至上的要求，努力提高服务品质，为乘客的利益着想，服务热情、周到，真诚待人；作业期间认真履行岗位职责，遵守客运的各项规定，确保乘客安全、及时到达；在日常运作服务工作中需按照社会责任和营运方式的不同要求，规定服务标准，保持车容整洁，车况良好，服务设施要求齐全、有效；树立"讲卫生、树新风"的思想，客运驾驶员要使用规范用语礼貌待客，微笑服务，拾金不昧，急他人所急，想他人所想，具有强烈的职业责任感，把优质服务落实，出色完成运输任务。

思政园地

交通强国——轨道交通未来发展趋势

作为"新基建"的重要组成部分，我国轨道交通相关产业近两年迎来了新一轮快速发展，轨道交通未来将呈现以下发展趋势。

1. 国家出台大量红利政策，轨道交通建设进入"黄金'十四五'"

近年来，政府出台了一系列政策，促进了轨道交通运输行业的稳健发展。2019年《交通强国建设纲要》提出，到2035年基本形成"全国123出行交通圈"，即都市区1

小时通勤、城市群2小时通达、全国主要城市3小时覆盖。2020年《长江三角洲交通运输更高质量一体化发展规划》提出打造"轨道上的长三角"。可以看出，国家及地方正在有序推进交通强国战略目标落地，预计在"十四五"期间，轨道交通新项目将密集开工，建设空间将显著上升，轨道交通投资建设将进入"黄金'十四五'"发展时期。

2. 基建投融资体制加快改革创新，轨交融资渠道和模式趋于多元化

随着轨道交通投资需求规模不断扩大，"建设高负债、总体运行效率不高、线路亏损"等问题日益突出，国家正在不断出台相关政策，旨在拓宽轨道交通投融资渠道，探索新模式，缓解轨道交通投融资压力。2019年，财政部鼓励通过股权转让、资产交易、资产证券化等方式，盘活项目存量资产，丰富社会资本的进入和退出渠道。预计"十四五"期间，专项债将成为未来轨道交通建设的重要融资渠道之一。

3. 轨道交通TOD模式仍处于探索发展阶段，沿线资源价值有待深入挖掘

TOD是指以公共交通为导向的项目开发融资模式，目前在火车站、机场、地铁等交通枢纽区域运用广泛。近年来，国家及各省市政府逐步加强了轨道交通"沿线土地综合开发"模式研究和试点工作。

TOD模式在落地过程中也面临一些现实问题。对于城市中心的车站，由于周边开发价值高，地方政府将其用于城际铁路综合开发的意愿不太积极；对于城市中位置相对偏远的车站，周边开发价值较低，前期投入资金体量大，开发周期长，收益回报慢，不论是对于政府方、社会资本方，还是地产开发商，都是不小的挑战。"十四五"期间，在城市和交通统筹规划下，轨道交通TOD开发试点范围将进一步扩大。

4. 城镇化进程加速，城市轨道交通未来增长空间巨大

伴随着城镇化进程的加速，我国城市公共交通方式也发生了巨大变化。在大中型城市，城市轨道交通逐渐成为人们出行的主要方式之一。2019年，我国城市轨道交通客运量占城市客运总量的34.6%，同年城市公共汽电车客运量同比降低2.0%，城市出租汽车客运量同比降低0.1%。城市轨道交通的准时性、便捷性、安全性等特性是人们选择乘坐的主要原因。

2018年7月中旬，国务院发布《关于进一步加强城市轨道交通规划建设管理的意见》（国办发〔2018〕52号），大幅提高了城市修建地铁及轻轨的条件，52号文的实质是要求城市轨道交通分制式有序发展，要求各地按照经济适用原则，合理选择系统制式，控制工程投资，从而提高城市轨道交通投资效益。

我国城市轨道交通远期规划达3.5万公里，未来发展空间巨大。截至2019年底，我国内地累计有40个城市开通运营轨道交通，累计有63个城市的轨道交通线网规划获得批复，运营里程为6730.27公里，其中地铁5187.02公里，地铁运营线路里程占绝对的主导地位。随着各地方政府新的规划出台，城市轨道交通远期里程将进一步提升。

5. 城市群和都市圈时代到来，交通网"毛细血管"迎来高速发展窗口期

2019 年，中国城镇化率已突破 60%，中国城市正在进入城市群、都市圈发展时代。国务院先后批复了 10 个国家级城市群，包括长江中游城市群、哈长城市群、成渝城市群、长江三角洲城市群、中原城市群、粤港澳大湾区等。伴随着如火如荼的城市群建设，提高城市群内各个城市间的交通效率对当地区域经济社会的发展至关重要，城际高速铁路和城际铁路也将迎来新一轮的发展浪潮。

2019 年，国家发改委《关于培育发展现代化都市圈的指导意见》提出打造"轨道上的都市圈"，推动干线铁路、城际铁路、市域（郊）铁路、城市轨道交通"四网融合"，推动都市圈中心城市轨道交通适当向周边城市（镇）延伸。城际铁路和市域（郊）铁路作为畅通城市群—都市圈—中小城市协同发展的交通"毛细血管"，将进入高速发展窗口期。

6. 轨道交通将朝着智能化方向发展

随着以物联网、大数据、人工智能为代表的新一轮技术革命的发生，轨道交通产业正在把更多资源投入"智能化"领域，与无线通信、移动互联、5G 等新一代通信技术融合发展的"智慧交通"成为我国轨道交通发展的重要方向。

（1）轨道交通的前端设计和后端检修等环节，"智能化"水平越来越高。机器视觉等技术已在钢轨的无缝探伤、受电弓的磨损检测等方面有着广泛应用。

（2）基于大数据的轨道交通装备远程运维服务平台逐步建成。该平台能够实现对上千列动车组车辆状态的实时监测、远程可视和协同运维，为确保铁路运输安全特别是高铁安全提供了重要保障。

目前，国内无线通信技术主要被应用于地铁方面，广州、深圳、上海等多个城市的地铁系统均采用了 TETRA（陆上集群无线电）数字集群通信系统，通过采用数字通信技术实现现有的综合监控系统和移动通信系统相融合，为轨道交通的日常运营提供行车、电力以及环控的本地和远程调度服务，大幅改善了轨道交通系统的运行效率和安全性。

搭建智能轨道交通生态圈，以数字化、网络化、智能化为主线，构建智能产品体系、智能制造体系、智能服务体系、智能交通体系，是我国轨道交通行业的发展趋势。轨道交通行业将全面进入"信息化、智能化"的时代。

项目实训

1. 能力训练

城市轨道交通属于城市公共交通运输工具的一种，城市轨道交通客运组织工作是一种服务型工作，选取某一车站调查了解相关运营管理规章，阐述车站是如何将客运组织的特点和基本宗旨贯穿至客运组织基础工作中的。

2. 综合测评

评价表

项目名称	城市轨道交通客运组织基础	学生姓名	
任务名称	任务1 城市轨道交通客运系统 任务2 城市轨道交通客运组织工作认知	分数	
目标		分值	考核得分
1. 能够准确描述城市轨道交通客运系统构成		15	
2. 能够掌握客运组织工作的基本知识		25	
3. 能力训练完成情况		40	
4. 是否有小组计划		5	
5. 基本素养考核情况		15	
总体得分			
教师简要评语： 教师签名：			

项目练习

1. 试对自然站管理和中心站管理两种模式进行比较分析。
2. 阐述值班站长岗位主要职责内容。
3. 阐述值班员岗位主要职责内容。
4. 阐述站务员岗位主要职责内容。
5. 城市轨道交通具有哪些特点？

项目2 城市轨道交通车站

项目概述

城市轨道交通车站是轨道交通客运工作的基本生产单位,是向乘客提供服务的场所。因此,了解和掌握车站的类型、布局特点及客运设施设备的设置状况及功能要求,是了解和掌握车站运作的基础。本项目首先介绍城市轨道交通车站的基本设计属性:特点、功能、设置数量、设置位置、分类及车站设计规模等;然后介绍车站的组成及各部分在客运工作中的作用;最后介绍换乘站。

学习目标

1. 知识目标

- 了解车站设置及布局特点。
- 记忆车站分类。
- 掌握各建筑设施在客运中的作用。

2. 技能目标

- 能够识别车站各建筑设施。
- 能够分析轨道交通车站建筑设施设置的合理性。
- 能够根据实际地铁车站绘制平面示意图。

案例导入

世界著名地铁

纽约地铁

纽约地铁是美国纽约市的城市轨道交通系统,也是全球历史最悠久的公共地下铁路系统之一,由纽约大都会运输署营运。商业营运路线长度为394km,线路途经472个车站,大部分为地面站或高架站(见图2-0-1、图2-0-2)。

纽约地铁车站遍布于曼哈顿、布鲁克林、皇后区以及布朗克斯区。除G线、法兰克林大道接驳线、洛克威公园接驳线外,其余路线皆经过曼哈顿。车站通常24小时开放,偶尔部分车站夜晚或周末时会关闭(地铁入口放置红球的入口会在夜间关闭,放置绿球则全年无休式开放),但不会影响整体运输。纽约地铁的许多车站有夹层设计,不仅能让乘客可以从各个入口进入并抵达站台,还能让乘客在车站内直接换乘。

图2-0-1 纽约地铁车站(一)　　　　图2-0-2 纽约地铁车站(二)

巴黎地铁

巴黎地铁(见图2-0-3)作为全世界最古老的地铁之一,是法国巴黎的地下捷运系统,自1900年开始营运。巴黎Métro地铁票可以在不出站的情况下,无限制换乘。巴黎地铁建有14条主线和2条支线(3b和7b线),合计301个车站,大部分形式为地面站或高架站,车站平均站距约500m。现如今,某些车站内被各类涂鸦爱好者们涂上了色彩缤纷的作品,车站内充满了"艺术氛围"(见图2-0-4)。

图2-0-3 巴黎地铁标识　　　　图2-0-4 巴黎地铁车站内的涂鸦

马德里地铁

马德里地铁（见图 2-0-5）是西班牙首都马德里的地下铁路系统，启用于 1919 年 10 月 17 日，目前共有 281 个车站，其中 27 个为两线换乘站，12 个为三线换乘站，1 个是四线换乘站。此外，马德里地铁亦包括三条轻铁线路，轻轨线路的总长度为 54.8km，共设 38 个车站。以长度计，截至 2018 年，马德里地铁是全球仅次于上海、北京、首尔、伦敦、纽约、东京、广州与莫斯科的第九大地铁线路网络。

马德里地铁隧道根据样式及大小分为宽式及窄式两种类型：窄式隧道距离地面较浅，大致依照街道方向铺设，平均站间距 630m；宽式隧道距离地面较深，平均站间距 850m，距离地面最深的站台设于地下 49m。

图 2-0-5　马德里地铁标识

首尔地铁

截至 2018 年，首尔地铁（见图 2-0-6、2-0-7）是世界年载量前五的轨道交通系统之一，1974 年 8 月正式开通运营，截至 2020 年首尔地铁官网信息显示，首尔地铁已开通运营线路共有 23 条，车站数量 376 座，首都圈地铁以首尔的九条地下铁路为主。现时整个地铁系统总长度已达 596.9km（地铁里程 314km）。

图 2-0-6　首尔地铁标识

图 2-0-7　首尔地铁车箱内部

伦敦地铁

伦敦地铁（见图 2-0-8）是世界上的第一条地铁。伦敦地铁的第一部分自 1863 年开始运营，最早选择在地下兴建，但后期外围郊区的地铁系统则普遍行驶于地面，整体而言约 55% 的路线是采用地面形式，目前由伦敦交通局负责营运。

伦敦地铁车站的数目已超过 273 个，站间距离平均为 1.5km，深埋车站大多数为侧式站台。其中，贝克街车站（见图 2-0-9）是 5 条地铁线路的换乘站。在这里有一个招贴画大小的铜制铭牌，上面写着："此月台系 1863 年世界第一条地铁的一部分，特此证明。"一般来说，伦敦地铁站台两侧都是广告，不过贝克街站有所不同，每个站台座椅上方都留有宣传海报的空间，堪称伦敦地铁历史的博物馆。

图 2-0-8　伦敦地铁标识

图 2-0-9　伦敦地铁贝克街车站

上海地铁

上海自 1995 年建成第一条地铁线路后，至 2019 年，已开通运营 15 条线路，运营线路总长 809.9km，车站总计 411 座（含 59 座换乘站）。为充分利用地下空间集约式开发，位于上海中心区范围内正在运营的 11 条线路、共 86 座车站中除采用孤岛式建设的车站 72 座以外，上海地铁还采用与周边地下空间相结合的设计形式建设地铁车站。其中：上盖物业结合式车站2座，通道结合式车站7座，网络整合式车站1座及多站结合式车站4座。

图 2-0-10　上海地铁火车站

莫斯科地铁

莫斯科地铁是世界上规模最大的地铁之一，于1935年正式运行，经过逐年建设，现为环线及辐射状的网络布置形式。地铁总共有12条线，包括11条辐射线和1条环行线，全长312.9km，有171个站台。运营单位采用一票制站内换乘，仅在车站入口处检票，目前已正式开通银联闪付进站功能。

莫斯科地铁站的建筑造型各异、华丽典雅（见图2-0-11、图2-0-12）。每个车站都由国内著名建筑师设计，各有其独特风格。建筑格局也各不相同，多用五颜六色的大理石、花岗岩、陶瓷和五彩玻璃镶嵌出各种浮雕、雕刻和壁画装饰；照明灯具十分别致，好像富丽堂皇的宫殿，享有"地下的艺术殿堂"之美称。莫斯科地铁最初为了战备而建，故大部分线路都建在离地面50m以下，距离地面最深可达100m。

图 2-0-11　莫斯科地铁站厅

图 2-0-12　莫斯科地铁站台

东京地铁

东京是亚洲第一个建造地铁的城市，1927年12月亚洲第一条地铁在东京开通。东京地铁泛指由两个单位共同营运的东京都会区地下铁路系统，包含东京地下铁股份有限公司所经营的东京地下铁路线和东京都交通局所经营的都营地下铁路线。目前共经营13条路线，共286座车站。

东京地铁的286个车站中，有许多是在东京市中心地区。地铁车站除了具有地面进出口多的特点，还有标准的车站设施，例如：自动扶梯、升降式电梯、半封闭安全门、公共厕所、自动检票机、行车路线图、车站出口示意图、车站周边地图等。

图2-0-13　东京地铁入谷站

图2-0-14　东京地铁站厅

思考：案例中体现了城市轨道交通车站的哪些设置及布局特点？车站都有哪些类型？车站由哪些建筑设施组成？

任务2.1　城市轨道交通线路车站布局设置

在城市轨道交通运输生产活动中，车站有着重要的功能。城市轨道交通车站是实现乘客出行乘坐列车始发、终到及换乘的场所，是城市轨道交通运营企业与服务对象的主要联系环节。车站是在线路上供列车到发、通过的分界点，部分车站兼顾折返与存车等功能，在轨道交通线网架构中起着锚固的作用，是城市轨道交通运营系统中重要的基础设施之一。

同时，车站还是轨道交通线路电气、信号、控制等运营设备的集中设置地，并兼顾了购物、餐饮及作为城市景观灯等一系列辅助作用的场所。

2.1.1 车站特点

城市轨道交通车站是地铁服务最直接的对外窗口，总体来说城市轨道交通车站一般具备以下基本特点。

1. 地下空间广阔

现代化的大型城市，商业发达，人口密集，建设地铁比较符合其经济考虑，因此城市多以地铁为主要交通形式，这样可有效提高城市地下的利用价值和开发强度，尤其是在城市中心或副中心地带，更有利于土地的经济效益的优化。

2. 交通便捷、人流量大

客流量较大、对交通需求量较高的地区是地铁站点位置最佳选择。同时城市轨道交通车站点的建设也要达到乘客乘车的目的，并做到安全、效益最大化。无论是自行车、公共交通或者其他交通方式，最终到达轨道交通车站的方式都是步行，因此也提高了换乘效率并减少乘客步行压力。

3. 客流量大且集中有利于与其他交通方式的协调

地铁与地面交通枢纽的配合，更有利于客流的分流，有效缓解了市中心的交通拥堵的状况。交通枢纽地区乘客的出行方式具有其随机性和任意性，步行、自行车和其他交通方式都在客流的主要出行方式中，为此轨道交通车站的设置更应考虑到方便乘客与其他交通方式的对接，节省乘客换乘其他交通方式的时间。

4. 更改位置设置的难度大

与其他交通方式相比，地铁车站不易更改其站位，在选址时往往需要与当地的其他建筑设施进行合理的协调，包括既有的道路、地下管线、建筑等。

5. 开发强度大

城市轨道交通线网的建设与延展，使出行更加多样化和高效。与此同时，各种娱乐、商务、生活等设施在轨道交通车站周围发展，使得附近区域开发强度被轨道交通车站点进一步提升，有效刺激了地铁沿线及周边地区房地产业的发展。

6. 建设具有时序性

城市轨道交通系统的建设是以"面""线""点"的形式，从全局逐步求精的一个过程。所谓"面"就是从总体上对地铁进行研究，同时地铁对整体城市规划的影响也在其考虑范围内；"线"是指城市客流主干线的重点研究；而所谓的"点"即地铁局部的规划和设计，其实质是工程具体实施方案的执行、工程难点的处理等。

2.1.2 车站功能

城市轨道交通的建设为乘客的出行带来了极大的便利，而车站是城市轨道交通提供服务的重要地点，其功能如下所述。

1. 车站是城市轨道交通服务最直接的载体

城市轨道交通在投入运营以后，从运输的外部条件上来说，面向乘客最直接的服务载体就是车站，车站是城市轨道交通运营商和乘客之间最直接的沟通窗口；从地铁运营上来说，车站是保证行车安全的重要环节，也是客户部门处理运输业务的重要载体。

2. 车站是地铁线路走廊形成的重要节点

城市轨道交通的建设使得周边的交通通达性显著提升，重新构造了城市交通客运系统。其安全快速、大容量的特点能吸引客源的聚集，使得车站周边的土地开发速度加快，从而带动沿线区域集中式、条状延伸。因此，车站点位影响客流聚集方向，进而影响整体交通走廊的发展方向。

3. 提高公共交通换乘便易性

乘客以公共交通为媒介出行的过程中，往往有两种或两种以上公共交通媒介的配合，因此公共交通之间换乘便易性的提高能更有效地对乘客提供优质的服务。城市轨道交通车站承担着综合交通系统和地铁系统高效换乘的大部分责任。

2.1.3 车站数量

地铁是存在于城市、服务于城市的城市客运交通系统，它的线路走向、车站数量和位置的设定，都与城市的现状和城市未来的发展紧密相关。在地铁线路走向既定的前提下，车站的数量则由站间距直接决定。

在国外，站间距尚无统一的标准。如欧洲和南北美洲站间距的标准设置就截然不同。早期城市范围比较小，致使传统轨道交通系统站间距一般为 0.5～1km；后期随着城市土地扩张，站间距也逐步增加，现代系统站间距则为 1.5～2km 以上。国外不同种类的轨道交通及与之对应的站间距如表 2-1-1 所示。国外城市轨道交通站间距规划原则是缩小乘客出行时间、注重车辆的运营速度和运营效率，因此站间距有较之前变长的趋势。

我国《地铁设计规范》(GB50175—2013)规定：地铁车站的站间距应按需设置，通常市区站间距可设 1km 左右，郊区站间距相应增加但不宜大于 2km。其中我国已建部分地铁平均站间距如表 2-1-2 所示。

表 2-1-1　国外轨道交通类型与站间距分类

轨道交通类型	最大设计速度/（km/h）	站台速度/（km/h）	站间距（直线距离）/m		
			CBD 地区	非 CBD 地区	
				传统系统	现代系统
轻轨	80～105	25～55	300～600	--	600～1500
地铁	80～110	25～55	300～700	500～1000	1000～2500
区域快速 MAT	110～135	55～90	600～900	--	1800～9000

表 2-1-2　我国已建成部分地铁平均站间距

城市	线路	运营长度/km	车站数/个	平均站间距/m
北京	四号线	28.2	24	1175
上海	一号线	36.9	28	1318
广州	一号线	18.5	16	1156
天津	三号线	33.8	26	1300
成都	二号线	44.0	32	1375

在具体确定站间距时，在考虑标准规范的基础上，还需要参考：

（1）一般城市轨道交通的合理站间距范围在 0.8～1.6km 之间，由于城区人口密度较大，车站分布密集，站间距可以适当缩短；郊区人口密度较小，车站分布较稀疏，站间距可以适当增加。

（2）同一线路的轨道交通站间距应均衡，不宜部分过大或部分过小。

（3）轨道交通车站布设应充分考虑城市总体规划及城市交通规划，考虑不同区域的发展需要。

（4）具体站位还要考虑施工条件、道路状况、交叉口等道路形态及地面交通状况。

2.1.4 车站位置

建设城市轨道交通的目的是解决城市居民出行需求，车站是轨道交通客流集散的重要场所，因此，车站站点的设置需要兼顾多方面的需求。

1. 满足吸引客流的需求

车站站点的设置首先要满足最大限度地吸引客流的需求。原则上，应靠近大型住宅区、商业区、办公区或学校、工厂等人口密集区设置。

2. 满足城市规划的需求

车站的总体布局，应符合城市规划、城市交通规划、环境保护和城市景观的要求，妥善处理好与地面建筑、地下管线、地下构筑物等之间的关系。

城市轨道交通线路必须为全封闭形式，以便实现高密度、高速度的列车组织运行。地下线处于自然封闭隧道中，无须特别隔离；地面线和高架线则需要在沿线设置防护墙或防护网，以便于外界保持隔离状态。

因此，原则上在城市中心区采用地下站设计形式，而在郊区或城市边缘区域则采用地面或高架形式。

2.1.5 车站类型

城市轨道交通系统的车站按不同的标准分为不同的类型。下面主要按车站与地面相对的位置、车站的运营性质、地铁车站规模的大小、车站站台形状进行分类。

1. 按照车站与地面相对位置分类

按车站与地面相对位置，车站可分为地下车站（浅埋车站、中埋车站、深埋车站）、地面车站和高架车站。

（1）地下车站。

地下车站是指轨道交通基础设施均设置在地面以下的车站。乘客从地面出入口借助扶梯等设施下降进入站厅及站台层乘车；乘客到达目的地下车后再使用升降设施上升至地面出站。虽然地下车站因其位置关系导致工程造价远高于其他两种类型的车站，并增加了乘客走行流线的复杂程度，但其有效利用纵向地下空间，对地上空间环境影响较小，因而在土地开发强度较大的城市中心地区广泛应用。

图 2-1-1（a）所示为地下车站的空间位置关系图，图 2-1-1（b）所示为厦门地铁镇海路站出入口现场照片。

(a)

(b)

图 2-1-1 城市轨道交通地下车站

按地下车站的埋设深度分,地下车站又可以分为:
① 浅埋车站:轨顶至地表距离小于 15m;
② 中埋车站:轨顶至地表距离为 15～25m;
③ 深埋车站:轨顶至地表距离大于 25m。

小知识

目前世界最深的地铁车站位于朝鲜平壤,最深处可达地下 200m,是世界一般地铁深度的 10 倍,平均深度达到 100m。

(2)地面车站。

地面车站是指轨道交通基础设施均设置在地面的车站。地面车站一般分为单层、双层或结合周围环境进行开发的多层车站,其形式主要根据供需要求和环境特点来确定。地面车站的优点是造价低、乘客进出车站不需要垂直方向的位移、比较便利;缺点是占地面积过大、造成轨道交通线路所经过的地面区域分割影响城市道路交通,所以市中心较少设置地面车站。

图 2-1-2(a)所示为地面车站的空间位置关系图,图 2-1-2(b)所示为成都地铁大禹东路站出入口现场照片。

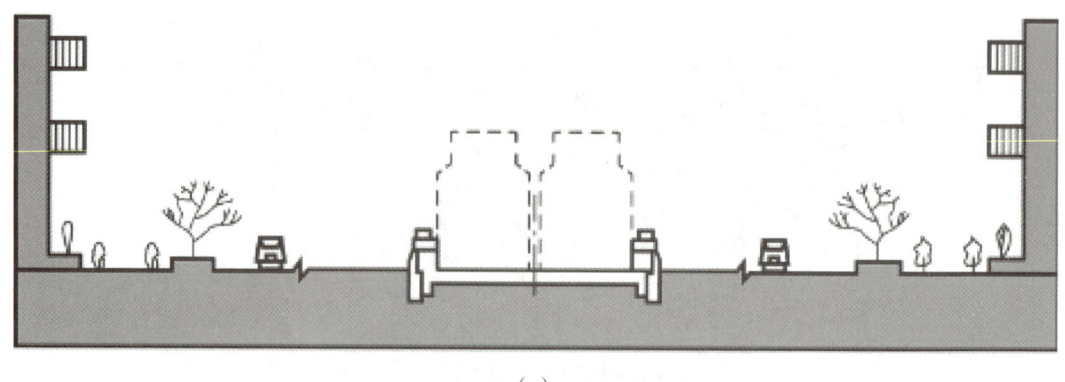

(a)

(b)

图 2-1-2　城市轨道交通地面车站

（3）高架车站。

高架车站除了线路和站台架空在地面上以外，其他基础设施通常也设在地面上，一般位于线路和站台的下层。乘客从地面出入口借助楼扶梯等设施上升进入站厅及站台层乘车；乘客到达目的地下车后再使用升降设施下降至地面出站。高架车站造价比地下车站低，但对地面景观影响较大，多设置为轻轨线路的车站。

图 2-1-3（a）所示为高架车站的空间位置关系图，图 2-1-3（b）所示为深圳地铁沙

井站现场照片。

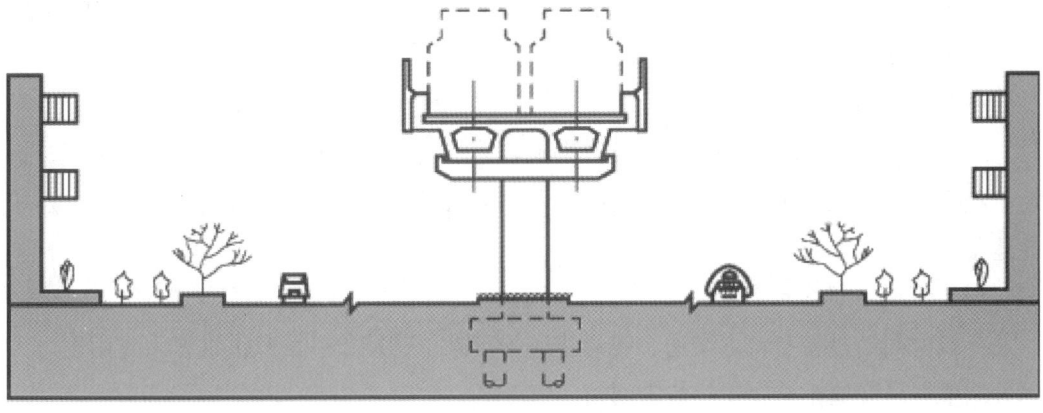

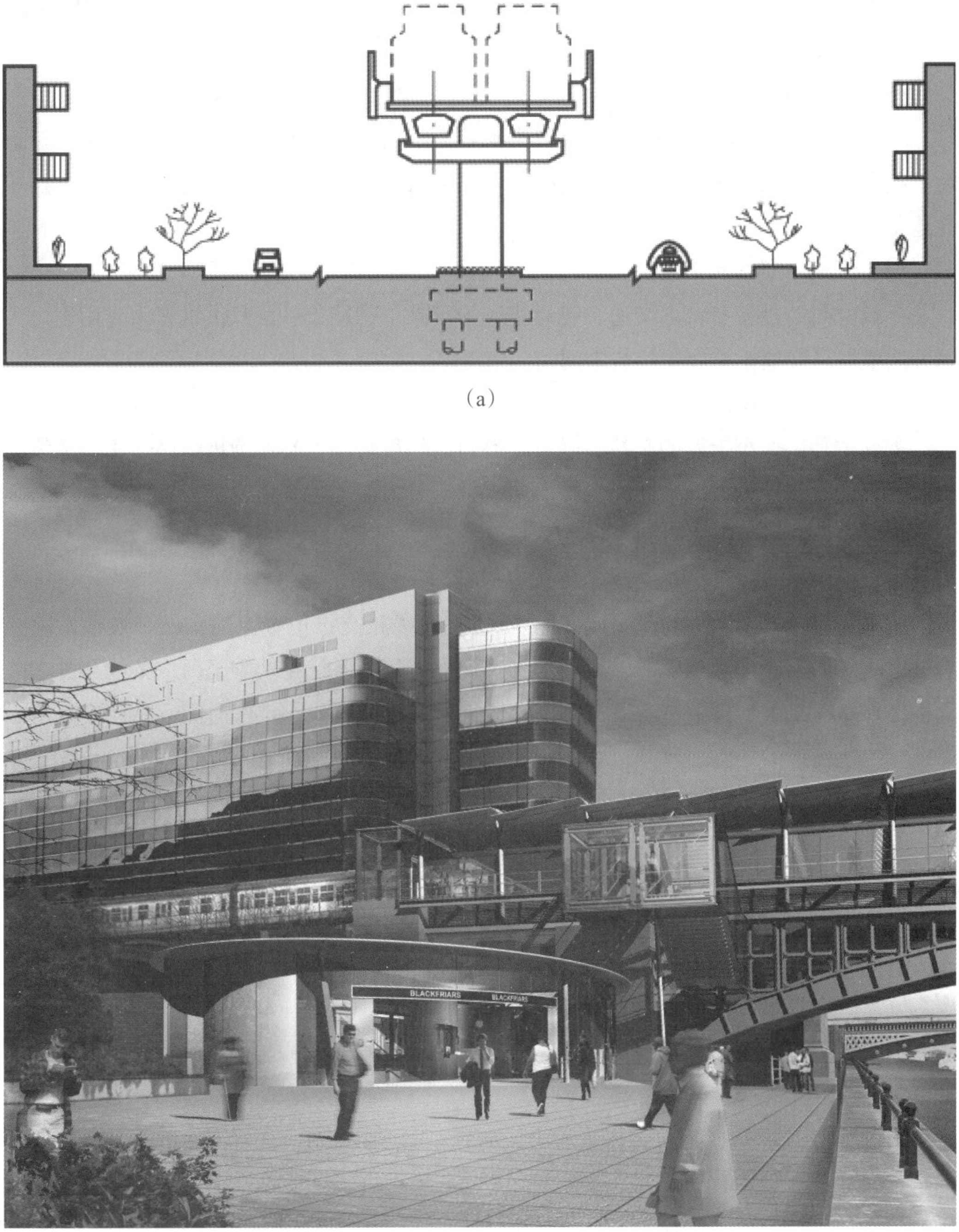

(a)

(b)

图 2-1-3 城市轨道交通高架车站

2. 按照车站的运营性质分类

不同运营性质的车站担负着不同的运营功能，具体可分为：端点站、一般中间站、中间折返站和换乘站。

（1）端点站。

端点站是线路两端的车站，除具有供乘客乘降的基本功能之外，也可以用于列车折返、停留和临时检修等。站内根据辅助运营功能需求设置折返线、渡线、存车线以及相关运营设备。

（2）一般中间站。

一般中间站是城市轨道交通系统最普通的车站，功能单一，只供乘客乘降用途。大部分城市轨道交通车站属于一般中间站。

（3）中间折返站。

折返站是供列车折返的车站。城市轨道交通一般将端点站作为折返站使用，在线路中间客流强度差异较大的中间站也可供列车折返。为保证列车折返需求，该类车站必须设有折返线、渡线等线路设施及相关运营设备。

（4）换乘站。

换乘站是指设置在两条及两条以上轨道交通线路交点位置上的车站。换乘站除了具备中间站的乘客乘降功能以外，还具有实现乘客从一条线路换乘至另一条线路的功能。这种换乘站在最大程度上节省了乘客出站、进站及排队购、检票的时间，从而实现不出站换线的便捷目的。

3. 按照地铁车站规模的大小分类

车站规模主要由车站所在位置及远期预测客流确定，根据高峰小时客流量的大小分为：

（1）大型车站（A级）：客流量大，高峰小时客流量不小于2.5万人次，通常地处大型客流集散点等重要位置。

（2）中等车站（B级）：客流量较大，高峰小时客流量可达1.2~2.5万人次，通常地处市中心或较大的居住区。

（3）小型车站（C级）：客流量较小，高峰小时客流量在1.2万人次以下，通常地处郊区。

4. 按照车站站台形式分类

根据车站站台与轨道线路的位置关系，车站可分为岛式站台车站、侧式站台车站和混合式站台车站。

（1）岛式站台车站。

岛式车站的站台位于站内两条双向行车线路之间，乘客可在候车区域自行选择方向乘坐列车。通常岛式车站需要两条行车线和两条隧道（见图2-1-4），具有较大的灵活性，是目前国内最为常见的一种车站形式。

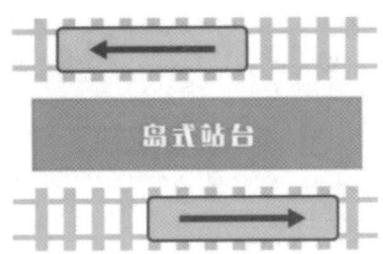

图2-1-4　岛式站台平面示意图

岛式站台车站具有站台面积利用率高，可以根据客流情况利用站台调剂客流，便于乘客临时改变乘车方向，而且与站台相关的通道设施设备相应只需配备一套，降低运营成本，同时站厅及出入口设置也较为灵活，能够较好地与城市建筑物结合。但这种车站一般规模较大，不易扩建。图2-1-5所示为岛式站台现场照片。

图2-1-5　岛式站台现场照片

（2）侧式站台车站。

侧式车站的站台位于站内两条双向行车线路的两侧。轨道线路集中布置在中间，不同方向的候车区域分布在线路两侧，每个站台对应一个乘车方向，有利于区间采用大隧道或双隧道双线穿行（见图2-1-6），具有一定经济性。

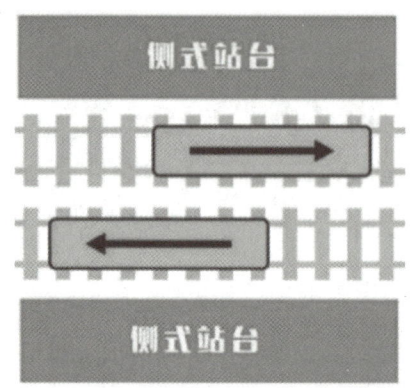

图2-1-6　侧式站台平面示意图

侧式车站具有避免双方向乘客互相干扰的优点，但乘客一旦进入站台层，临时更换乘车方向则较为困难，需要步行一定距离；侧式车站无法根据客流情况进行适当调剂，站台面积利用率不如岛式车站站台。通常设置侧式站台的车站规模都不太大，常见于城市轨道交通系统中的地面车站。图2-1-7所示为侧式站台现场照片。

图2-1-7　侧式站台现场照片

（3）混合式站台车站。

混合式站台车站是将岛式站台和侧式站台同时设在一个车站内的车站。部分城市轨道交通车站根据功能需要，一般设置在两条及两条以上线路通过的大型换乘车站。混合式站台车站常见的形式有一岛一侧、一岛两侧等。图 2-1-8（a）所示为一岛一侧式，图 2-1-8（b）所示为一岛两侧式。

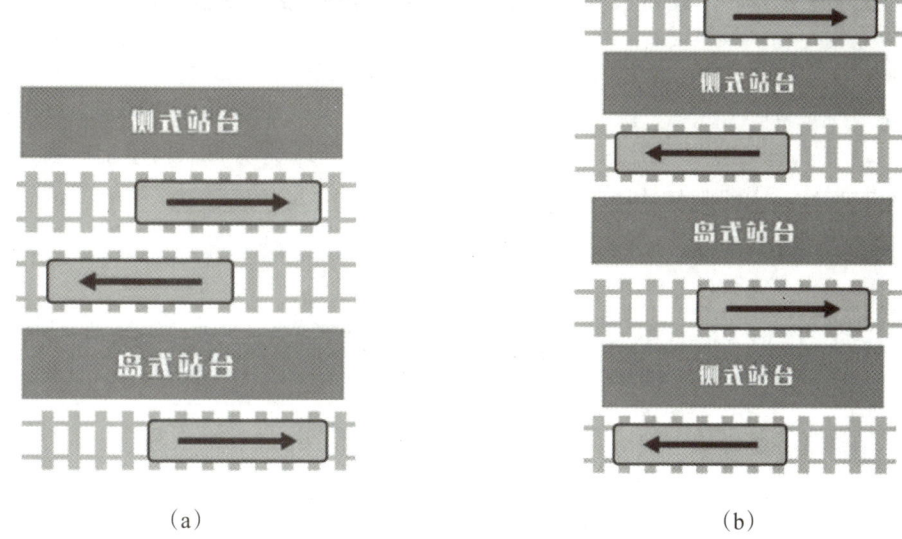

(a)　　　　　　　　　　　　　　　(b)

图 2-1-8　岛侧混合式站台平面示意图

2.1.6 车站规模

在进行轨道线路规划和车站布设时，要确定车站的规模。车站规模主要是根据远期高峰客流量来确定。远期高峰客流量选用全线通车交付运营后第 25 年各站的高峰客流量，为考虑高峰小时进出站客流量的不均匀性，第 25 年各站高峰客流量需要乘以 1.2～1.4 的系数。表 2-1-3 是我国轻轨车站规模分级。

表 2-1-3　轻轨车站规模分级

车站规模	日均乘客量	高峰小时乘降量
小型站	5 万人次/日以下	0.5 万人次/小时以下
中型站	5～20 万人次/日	0.5～2.0 万人次/小时
大型站	20～100 万人次/日	2.0～10.0 万人次/小时
特大型站	100 万人次/日	10.0 万人次/小时以上

注：特大型站的日均客流乘降量为多条线路合计量。

地铁车站规模主要根据车站远期预测客流及所处位置确定，一般可分为三级：

（1）A级：适用于客流量大、地处大型客流集散点以及地理位置十分重要的车站。

（2）B级：适用于客流量较大、地处市中心或较大的居住区的车站。

（3）C级：适用于客流量较小、地处郊区的车站。

任务2.2 城市轨道交通车站建筑结构布局

城市轨道交通对客流的服务功能首先是通过车站实现的，它是出行者进入接受和离开结束出行服务的接口，是系统服务功能的主要执行设施。

2.2.1 车站建筑设施的总体构成

车站是乘客进出城市轨道交通系统的节点，因此车站设有供乘客进出车站的出入口及通道、售检票的站厅、候车的站台、给车站通风换气的通风道和风亭、供车站工作人员指挥客运和行车作业的车站用房以及其他附属建筑。其中站厅、站台、车站用房属于车站主体（如图2-2-1所示），与行车客运工作紧密相关，直接影响城市轨道交通的客运质量。城市轨道交通车站的组成如图2-2-2所示。

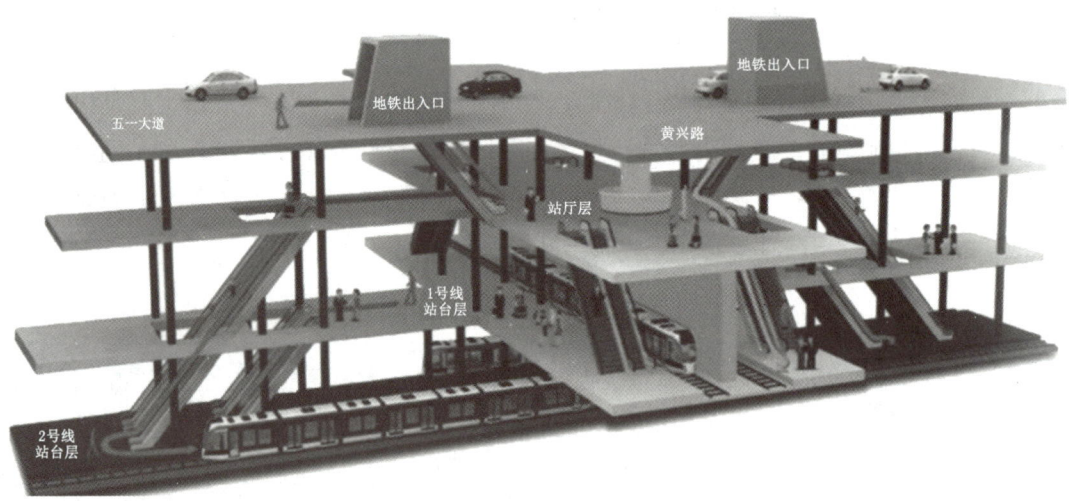

图2-2-1　车站立体示意图

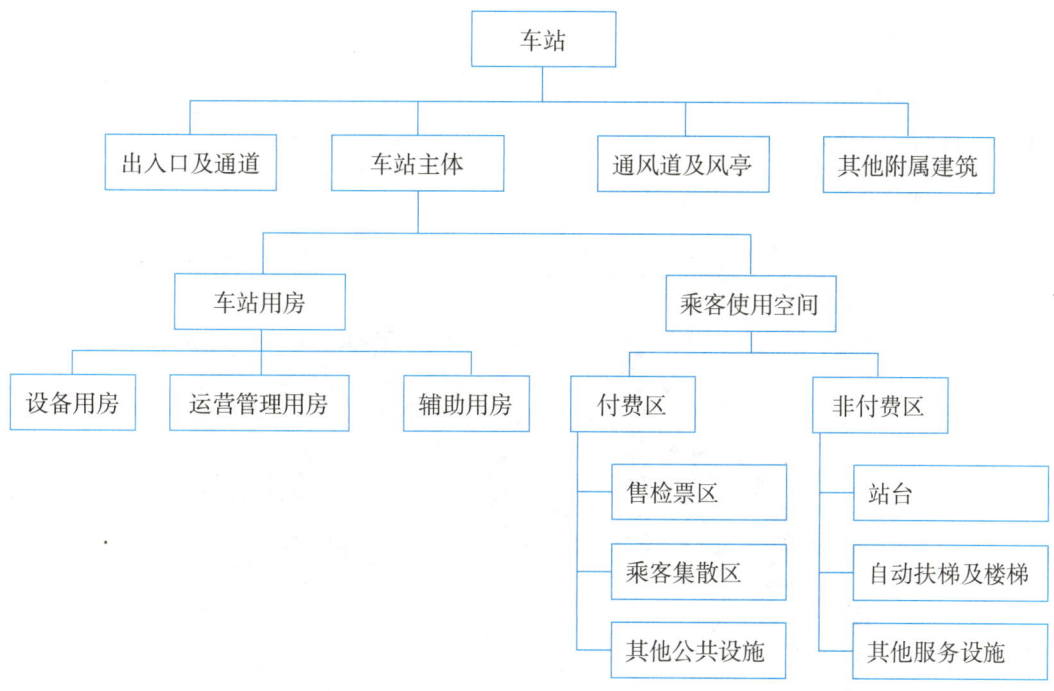

图 2-2-2　地铁车站组成

车站主体是供车站办理运营业务和设置运营设备的主要场所，根据功能可分为乘客使用空间和车站用房两大部分：

（1）乘客使用空间是为乘客提供服务的空间，可分为非付费区和付费区。乘客集散区域、工作人员检票区域，以及其他车站修建的公用设施为非付费区。相反，轨道车站的自动扶梯、候车站台等区域为付费区。对于一般的城市车站来说，通常非付费区的面积应略大于付费区。

（2）车站用房是管理办公和放置运营设备的空间，包括运营管理用房、设备用房和辅助用房。

2.2.2　出入口

出入口是连接城市轨道交通与外界的窗口，其主要作用在于吸引和疏散客流。《地铁设计规范》（GB50175—2013）中规定：车站出入口的数量应根据客流需要与疏散要求设置。浅埋车站不宜少于 4 个出入口；规模较小的车站的出入口数量可酌减，但不得少于 2 个。当车站进行分期修建时，其初期出入口数量不得少于 2 个。

车站出入口是车站的门户，除了功能设计需要科学先进外，还需要具备美观大方等艺术特点。常见的出入口形式有独立出入口、合建式出入口、下沉式出入口三类。

1. 独立出入口

一般根据周围环境和人流方向布置，布局相对简洁，乘坐比较方便。基本无拆迁问题，不影响管线敷设，施工速度快，造价相对较低，是大部分新建线路主要采取的出入口形式，如图 2-2-3 所示。

图 2-2-3　独立式出入口

2. 合建式出入口

将出入口设在不同类型的建筑物内或建筑物一侧的出入口，需与所依附的建筑物形式相协调。例如，出入口与旅馆、商业、服务设施、影剧院等地面公共建筑物相结合，可节省土地资源及基建投资，与人行地下过街通道相结合，可合理利用地下建筑地段，不影响街道景观，如图 2-2-4 所示。

图 2-2-4　合建式出入口

3. 下沉式出入口

下沉式出入口结合下沉广场，将广场作为城市轨道交通车站与地面间的连接体，解决疏散问题，如图 2-2-5 所示。

图 2-2-5 下沉式出入口

一般情况，单独修建的出入口一般在城市道路两侧、交叉口以及有大量人流的广场附近分散、均匀地布置，以便最大限度吸引乘客。其位置应符合当地城市规划部门的要求，一般设置于建筑红线以内，且不应妨碍地面行人的通行。此外，出入口的位置还应与城市人流的大规模集散处之间留有一定的距离，以免发生堵塞。

小知识

设置在地面街道十字路口下方的地铁车站，其出入口一般分设于交叉口的四角，如果是在两条以上道路交叉口下方，为避免乘客横穿马路，一般在各角处设置出入口，例如香港地铁的中环车站出入口最多可达 13 个（见图 2-2-6）。如果车站在大型购物休闲地区，则可以考虑与附近休闲场所出入口衔接，这样可以减少乘客地面露天走行距离，例如南京新街口地铁站共设计有 24 个出入口，大部分出入口与附近的大型商贸物业邻近或衔接互通（见图 2-2-7）。

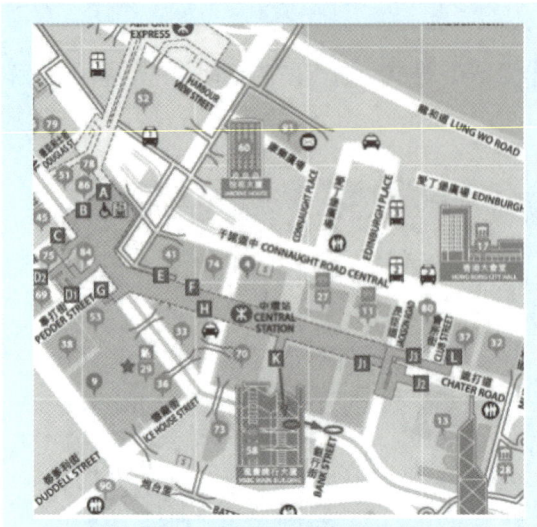

图 2-2-6　香港地铁中环站周边信息图　　图 2-2-7　南京新街口地铁站周边信息图

为方便乘客进站乘车，车站出入口均设置有醒目的客运引导标志，主要包括：

①从车站中心处外扩 500m 范围内的主要道路设有指示牌，用于指明距离最近的城市轨道交通车站的方向和距离，如图 2-2-8 所示。

图 2-2-8　地铁站外出入口导向标识

②每个出入口设有城市轨道交通标牌，包括城市轨道交通标识、车站名称及出入口编号等，如图 2-2-9 所示。

图 2-2-9　地铁出入口导向标识

2.2.3 通道

城市轨道交通系统中无论是地下站还是高架桥，通常都是两到三层的建筑。因此，乘客从出入口进站至站台乘车再出站，一般都需要通过一定长度的通道。车站通道连接着出入口、站厅和站台，车站从运营角度出发根据客流量和纵向提升高度选择楼梯和电梯组合。正常运行的情况下，一般站出入口设置一组楼梯和一部自动扶梯，分别用于乘客下行和上行；特殊站和一级站出入口设置一组楼梯和两部自动扶梯，楼梯在自动扶梯无法满足疏散要求时使用。

1. 楼梯

楼梯（见图2-2-10）是所有城市轨道交通车站的基本设施，通常分为：①进出站客流混用的楼梯，因容易产生进出站客流冲突的情形，适用于客流量较小的车站；②与自动扶梯并用的楼梯，适用于客流量不大且纵向提升高度大于6m的车站和客流量较大且纵向提升高度较高的车站；③中间设置栏杆的楼梯，适用于提升高度较低但客流量较大的车站。

（a）出入口处楼梯　　　　　　　　（b）连接站厅站台处楼梯

图 2-2-10　地铁楼梯

为避免造成乘客的疲劳感和不安全感，楼梯一般采取26°～34°倾角，其宽度单向通行不小于1.8m，双向通行不小于2.4m，当宽度大于3.6m时，应设置中间扶手，且每个梯段不宜超过18步。垂直楼梯踏步宽度一般取300～340mm，高度取135～150mm。阶梯每升高三米应增设宽为1.2～1.8m的休息缓台，缓台长度通常为1200～1800mm。当楼梯净宽度超过3m时，应设置中间扶手。

楼梯在车站发生紧急情况时，主要用于向车站外疏散乘客，所以车站楼梯平时应保持畅通，任何物品不得堆放在楼梯处，任何人员不得滞留在楼梯处。

2. 电梯

城市轨道交通系统的电梯是垂直方向的液压梯（简称垂直电梯）、倾斜方向运行的自动扶梯（简称自动扶梯）以及楼梯升降机的总称，具有输送能力大、效率高、能连续运送乘客等特点。

图 2-2-11 所示为自动扶梯，图 2-2-12 所示为垂直电梯，图 2-2-13 所示为楼梯升降机。

图 2-2-11　地铁自动扶梯

图 2-2-12　垂直电梯

图 2-2-13　楼梯升降机

（1）自动扶梯。

自动扶梯一般采取 30° 倾角设置，用于在车站出入口、站厅层和站台层之间输送乘客。自动扶梯一般在扶梯上下两端右侧扶手下设有"紧急停止按钮"（长大扶梯在中部也设有"紧急停止按钮"），一旦在自动扶梯运行过程中发生乘客摔倒等紧急情况时，车站人员可立即按下该按钮以暂停自动扶梯运行。

通常情况下，城市轨道交通车站至少有一个出入口设置自动扶梯。出入口处纵向提升高度超过 7.2m，需设置上行自动扶梯；出入口处纵向提升高度超过 10m，则需要设置上下行自动扶梯；站厅层与站台层之间通常设置多组上下行自动扶梯，对客流量较小且提升高度小于 5m 的车站可利用楼梯代替下行自动扶梯。按照《城市快速轨道交通工程项目建设标准》（建标 104—2008），自动扶梯与楼梯的设置标准如表 2-2-1 所示。

表 2-2-1　自动扶梯与楼梯设置标准

提升高度 H/m	上行	下行	备用
$H \leqslant 6$	步行梯	步行梯	
$6 < H \leqslant 12$	自动扶梯	步行梯	
$12 < H \leqslant 19$	自动扶梯	自动扶梯	步行梯
$H > 19$	自动扶梯	自动扶梯	自动扶梯

（2）垂直电梯。

垂直电梯一般为特殊人群（如伤残人士、携带大件行李的乘客或有特殊需求的人员）设置，供其在站内进行纵向升降。一般垂直电梯站外应高出地面 100~450cm，并设置斜坡方便轮椅使用者。电梯整体采用玻璃外墙增加站内透明度。

根据《地铁与轻轨系统运营管理规范》GJJ/T170—2011 要求，车站运营期间应保证垂直电梯处于正常的运行状态，日常开启与关闭由车站值班员统一操作管理。

（3）楼梯升降机。

为确保无障碍通道，对不具备安装电梯的站点，地铁一般设置有楼梯升降机，大小正好可以放上一个轮椅。楼梯升降机一般放在地铁站出入口，升降机旁边距地面约 1m 处设置呼叫按钮装置。有需要的乘客按下呼叫键就可以直接和车站控制室通话，届时根据情况，车站派专人到现场指导服务。

小知识

凤城五路站位于西安市未央区，是西安地铁 2 号线的一个车站。其出入口情况统计如表 2-2-2 所示。车站标识为飞临汉阙的凤凰。于 2011 年 6 月 16 日随西安地铁 2 号线一并开通。

表 2-2-2 西安凤城五路地铁站出入口情况统计表

出入口	位置	楼梯数量及宽度 /m	电扶梯数量及宽度 /m	备注
A 口	凤城五楼西北侧	1 个 5	1 部宽 1.0	共 2 部垂直电梯，分别位于站厅北段出站闸机外通往站台层处、D 口通道内通道地面处
B 口	凤城五路西南侧	2 个 5	2 部宽 1.0	
C 口	凤城五路东南侧	预留口未开挖		
D 口	凤城五路东北侧	1 个 5	1 部宽 1.0	

2.2.4 站厅层

站厅的主要作用就是将乘客迅速、安全、方便地引导至站台乘车，或将下车的乘客引导至车站出入口，离开车站。对乘客来说，站厅是上、下车的过渡空间，乘客一般要在站厅内办理购票、检票手续。因此，站厅层主要进行安检和售检票作业，需配备售票、检票、问询和安检等为乘客服务的各种设施。同时，站厅层内还设有地铁运营设备、管理用房和升降设备，起到组织和分配客流的作用。

1. 站厅形式

（1）桥式站厅。

桥式站厅就是在地铁车站站台层上空设置类似桥的站厅，一般横跨站台。乘客通过桥式站厅层这个纽带来完成站台与地面之间的转移和连接。这种形式可以设置在站台的中间或两端。

（2）楼廊式站厅。

楼廊式站厅即在站台上方沿建筑主体，围绕结构四周布置成连廊的空间形式，形成方形或其他形式的中庭空间。

（3）楼层式站厅。

楼层式站厅是目前国内地铁建筑中最为常见的一种站厅布置形式，通过直接用楼板将站厅空间和站台空间完全隔开，在纵向空间采用垂直电梯和自动扶梯以及楼梯连接。这种形式的站厅可设置办公管理用房和设备用房，人流组织也便于管理。

（4）夹层式站厅。

夹层式展厅类似于桥式站厅，在站台整体空间中设置局部夹层，在空间形态和功能布置上与桥式站厅存在少许不同，乘客可以轻松判断乘车方向。

2. 站厅与站台的位置关系

站厅层的设施布局与站厅在车站的设置位置有关，设施布局的合理与否直接影响着车站内的客流组织工作。站厅与站台的位置管理大致分为以下几种，如图 2-2-14 所示。

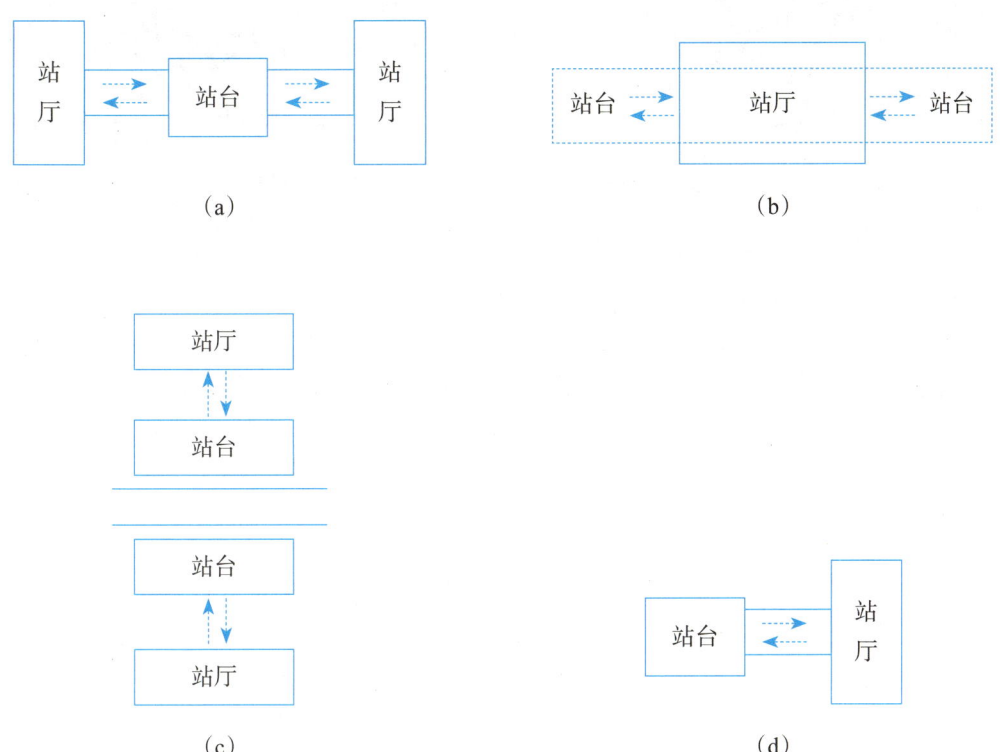

(a) 站厅位于站台两侧的上/下层　(b) 站厅位于站台上层

(c) 站厅位于站台两侧　(d) 站厅位于站台的一侧

图 2-2-14　站厅与站台位置关系示意图

3. 站厅层详细布置情况

根据站厅层的功能需要，站厅分公共区和车站用房区两部分。

（1）站厅层公共区布局。

公共区是乘客集散的区域，有付费区和非付费区的功能区别。自动检票机是付费区和非付费区的分界线，如图 2-2-15 所示。非付费区一般有较宽敞的空间、安检设备和售检票设备，根据需要还可设自助银行、公共电话、商超等设施，可为乘客提供售票、咨询、安检、商业等服务。其位置应设在客流不交织和干扰少的地方，并应具有较宽敞的购票空间，每处售票点的售票机不应少于 2 台。

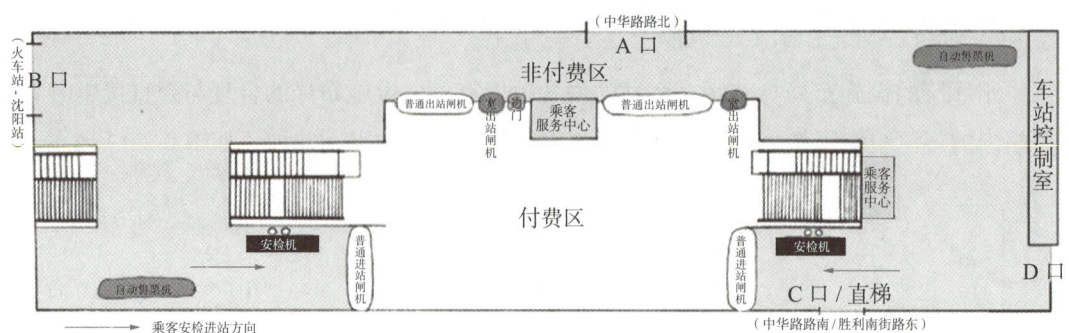

图 2-2-15　沈阳站地铁站站厅平面示意图

（2）站厅层车站用房布局。

车站用房的数量应根据车站客流规模和业务量来确定，通常包括运营管理用房、设备用房和辅助用房。具体包括车站控制室、站长室、车站票务室、环控机房、更衣室、卫生间、茶水室、通信设备室、信号设备室、消防泵房、交接室/会议室、警务室、配电室、库房等。设备管理用房通常设置在车站的两端，并且呈现出一端大、一端小的现象，中间留出部分作为站厅公共区，有利于客流均匀通向站台候车。

①运营管理用房。

a. 车站控制室。

车站控制室（见图 2-2-16）需要能全面观察站厅的运行情况，所以它的视野比较开阔，通常设置在站厅客流量较大的一侧，宜朝向客流量相对较大的一端的站厅的公共区，或者设置在站厅的中部。为了使车站控制室有更为开阔的视野，其室内地面一般比公共区地面高。

图 2-2-16　车站控制室

b. 站长室。

站长室是车站站长在车站办公的场所，通常位于车站控制室的隔壁，方便快速处理各种异常状况。站长室必须每天 24 小时有人值班。当值班站长离开时，必须找一名符合资格的人暂时代替其职务。

c.车站票务室。

车站票务室是车站票务工作的心脏,是现金、车票、票务物资的集散地(见图2-2-17)。票务室内有：存放现金、有储值车票的保险柜以及票箱、票款箱、票务钥匙、点钞机、验钞机、点币机、便携式查询机、票务台账等票务工器具。该房间也可作为车站人员进行票务结账、清点钱箱、结算报表等票务工作的场所。为保证车票和票款的安全，票务室一般要安装防盗门和门禁系统，同时要安装具备录像功能的闭路电视监控器。票务室实行严格的准入制度，严格限制进入该房间人员的范围和进入的时间，房门须时刻保持锁闭状态。

图2-2-17 地铁车站票务室

②设备用房。

设备用房是为保证列车正常运行、保证车站内良好环境条件和在事故灾害情况下保障乘客安全所需的用房(见图2-2-18)，它是直接或间接为列车运行和乘客服务的，通常包括环控机房、通信设备室、信号设备室、消防泵房、配电室、库房等。这些设备用房应根据需要安装空调系统和气体灭火系统。技术设备用房是整个车站运营的心脏所在，由于这些用房与乘客没有直接关系，所以一般可以布设在离乘客较远的地方。此类房间多用于摆放系统设备，工作人员并不长时间停留。

图2-2-18 地铁车站设备用房

③辅助用房。

辅助用房是为保证车站内部工作人员正常生活所设置的用房，直接供站内工作人员使用，主要包括卫生间、茶水间、更衣室等。这些用房均设在站内工作人员使用的区域内。如图2-2-19所示。车站用房应根据运营管理需要设置，在不同车站配置必要房间，尽可能减少用房面积，以降低车站投资。

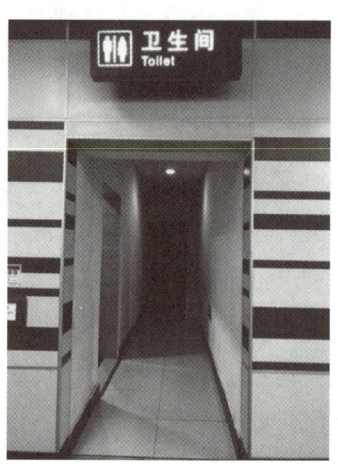

图2-2-19 地铁车站卫生间

2.2.5 站台层

站台主要是供列车停靠、乘客候车及乘降车的区域。按站台系与轨道交通线路的位置关系，站台可分为岛式站台、侧式站台和混合式站台。

1. 岛式站台

上、下行线分布在站台两侧。站台面积可以得到充分利用，乘客换乘方便。例如北京、上海、广州等大多数城市轨道交通的中间站站台均属岛式站台，如图2-2-20所示。

(a) 岛式站台示意图

(b) 北京地铁西苑车站岛式站台

图2-2-20 岛式站台

2. 侧式站台。

站台分别分布在上、下行线两侧，乘客乘降车互不干扰，不易乘错方向，站台横向扩展余地大，如图 2-2-21 所示。

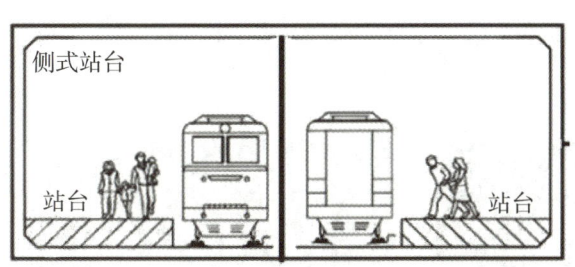
（a）侧式站台示意图

（b）广东地铁南浦车站侧式站台

图 2-2-21　侧式站台

3. 混合式站台

既有岛式站台，又有侧式站台的站台称为混合式站台，如图 2-2-22 所示。混合式站台一般多为始发/终点站，设有道岔和信号联锁等设备。

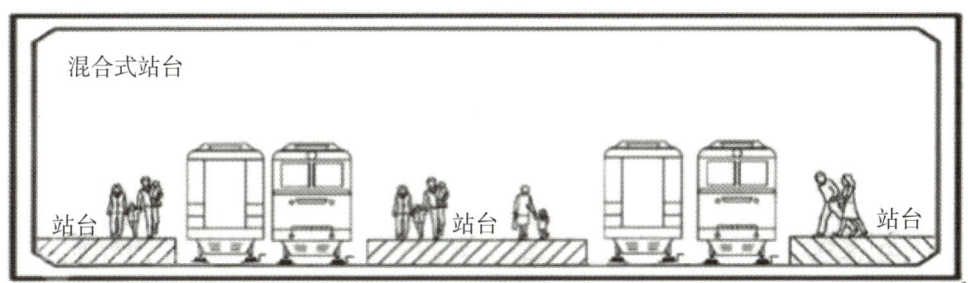

图 2-2-22　混合式站台示意图

站台也分为公共区和设备区，一般两端为设备区，中间为公共区。设备区设有设备用房和一些管理用房。车站站台的有效长度一般由车辆的编组长度加上车辆停靠的误差来决定，对于远期列车编组在 6～8 节的轨道交通系统，站台长度一般在 130～180m。

2.2.6　无障碍设施

城市轨道交通是为广大市民提供运输服务的准公共产品，因此日常客运服务工作中总会遇到身体残疾、乘坐轮椅等的残障乘客进站乘车。对于这类特殊乘客，需要为其提供无障碍乘车服务。特殊乘客的无障碍服务主要涉及无障碍标识和无障碍通道两部分内容。

1. 无障碍标识

根据国家有关规定，所有的城市轨道交通车站都需要同步建设电梯、楼梯升降机、盲道、扶手等无障碍设施，协助需要帮助的残障乘客掌握通往各个区域的信息和线路，安全、通畅、方便地将他们引导到要去的地方。图2-2-23所示为城市轨道交通车站常见的无障碍标识。

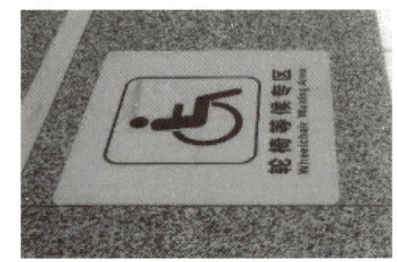

图2-2-23　城市轨道交通车站常见的无障碍标识

2. 无障碍通道

城市轨道交通设计规范规定，每个车站至少要有一条无障碍通道，这个无障碍通道需要能从车站出入口到达候车站台，全程满足残障人士的乘车需要。无障碍通道由无障碍电梯、轮椅坡道及扶手、盲道、无障碍卫生间组成，如图2-2-24所示。

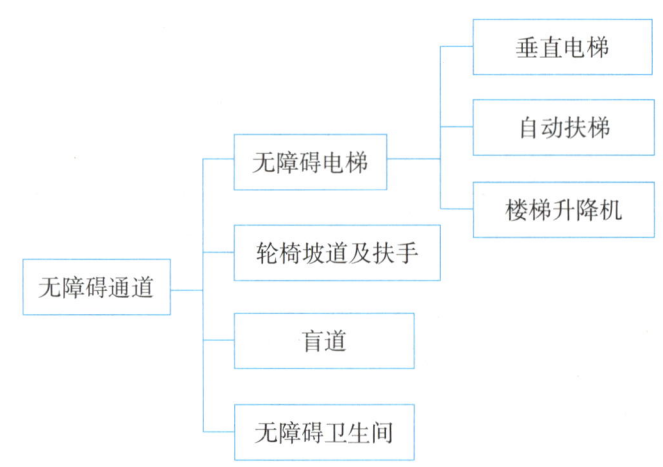

图2-2-24　无障道通道的组成

（1）无障碍电梯（见图2-2-25）。电梯是理想的垂直通行工具，可以很容易地实现车站出入口与站厅层、站厅层与站台层之间的垂直位移。

图 2-2-25　无障碍电梯

（2）轮椅坡道及扶手。坡道是用于联系不同高度空间的通行设施，在城市轨道交通车站的各出入口及无障碍电梯处供轮椅通行，通常设置为直线型、直角型或折返型坡道，在坡道的两侧设置扶手，在扶手栏杆下端设置不小于50mm的坡道安全挡台，方便坐轮椅的乘客等特殊乘客使用。图 2-2-26 所示为无障碍电梯标识及其配套坡道和扶手。

图 2-2-26　轮椅坡道及扶手

（3）盲道（见图2-2-27）。站内盲道连接轮椅坡道，通向售票处、检票闸机、候车线，为盲人乘车提供便利。站外盲道则从车站出入口直通市政盲道，实现盲人出行无障碍连接。

图2-2-27　盲道

（4）卫生间（见图2-2-28）。卫生间是任何建筑中都不可缺少的重要组成部分之一，绝大多数城市轨道交通车站都设置有无障碍卫生间。在无障碍卫生间中，通常设置有供轮椅乘客使用的空间，在洁具周围设置有直径为30～40cm的安全抓杆，抓杆应安装牢固，且距墙面至少4cm，方便残障人士使用。

图2-2-28　车站卫生间

2.2.7 通风道及风亭

1. 风亭

从功能上看,风亭是保证地铁车站和运行隧道空气环境和空气品质的重要条件,是地铁车站及其区间隧道同外界进行空气交换的端口,并与环控系统相结合,从而确保车站内有适宜的温度和湿度,让乘客和工作人员有较好的候车环境和运行环境。在有火灾的情况下能够高效地将烟气从车站内排出,并输送新鲜的空气进入车站;为了防止雨雪、砂石等杂物落入风道内,在风亭口部还设有顶盖及维护墙体。图2-2-29为北京地铁1号线大望路站风亭。

图2-2-29 北京地铁1号线大望路站风亭

按照功能不同,地铁风亭分为活塞风亭、新风风亭和排风风亭。双活塞系统常规地下车站一般设置2座活塞风亭、1座排风风亭、1座新风风亭,单活塞系统常规地下车站仅设置1座活塞风亭、1座排风风亭、1座新风风亭。

平面布置原则上应尽量减少直角转角,尽可能降低空气流动阻力,同时为了避免新风与排风之间的互相影响,按照《地铁设计规范》(GB 50157—2013)中的相关规定,新风风口部、排风风口部、活塞风口部之间的水平净距不应小于5m,且新风口口部与排风口口部、活塞风口口部应错开方向进风或出风,排风口口部和活塞风口口部应高于新风口口部5m;当风亭口部方向无法错开且高度相同或相近时,新风与排风、新风与活塞风亭口部之间的水平净距不应小于10m;活塞风亭口部之间、活塞风亭与排风风亭口部之间水平净距不应小于5m。除了满足相关规范要求外,地铁通风亭在设计上还应该对周边环境加以考虑,尽可能地减少风亭对周边景观建筑的影响,如果刚好设置在敏感建筑(比如居住建筑、医疗建筑)旁边,应满足相应的环评要求。

按照风亭的类别进行区分,可以分为低风亭、高风亭(见图2-2-30)、与出入口结合的风亭、与物业结合的风亭。高风亭多为四面出风,所占空间较小,一般在人流量较大的商业区域会考虑设置高风亭,与低风亭搭配使用,为了便于施工和后期运行维护,一般会在风亭底部设置集水井;低风亭多为敞口式,顶部出风,由于高度较低,所以对周边的景观影响较小,常设置在城市绿地或者绿化带内;与物业相结合的风亭,其风口可能会设置在物业区的建筑内,所以在设计时,地铁设计方需要与物业设计方进行沟通协调,共同确定风口的位置、高度和形式。

(a)低风亭

(b)高风亭

图 2-2-30　地铁风亭

2. 通风道

通风道的主要作用是为车站通风。它一端与风亭相连,另一端与设备用房里的风机相连,一方面把来自新风亭的新风送入车站,另一方面把车站的废热、废烟排出车站。

思政园地

莫斯科地铁点亮中国红

2021年12月7日,由中国企业在俄罗斯承建的首个地铁项目——莫斯科地铁第三换乘环线西南段项目迎来开通仪式。俄罗斯总统普京当天以视频连线形式出席仪式,宣布第三换乘环线10个车站开通。他表示:"这是莫斯科地铁发展史上的重要里程碑。莫斯科西部和南部一些地区的交通状况将得到显著改善。对于数百万民众来说,出行将变得更加便捷,整个城市的生活节奏将发生

图 2-3-1　俄罗斯米丘林大街地铁站

很大变化。"

2017年，中国铁建股份有限公司（中国铁建）首次获得莫斯科地铁建设合同，承建莫斯科地铁第三换乘环线西南段项目，其中包含3个车站的主体结构施工和4个盾构区间、9条隧道的施工，施工线路全长5.4km。

这一项目的施工过程中使用的中国铁建自主研发的5台盾构机曾多次获得莫斯科工程院和俄方工作人员高度评价。在莫斯科寒冷而漫长的冬季，最低气温可达零下30摄氏度。"中国盾构机能否在极寒天气里正常作业？"有8年地铁隧道施工经验的项目工程部俄方部长弗拉基米尔曾经有过疑虑。但随着施工进行，他的顾虑很快打消。驱动系统能在-30℃正常运转，整机关键部件均采用耐低温材料制作，另外还增加了耐低温选型设计、保温、加热等功能作为辅助，使盾构机完全适应俄罗斯的低温环境。

在中俄建设者共同努力下，项目团队应用盾构施工地表沉降控制等关键技术，攻克了下穿运营中的百年铁路、老旧地铁车站和水量丰富的古河道等多项难题，创造了俄罗斯地铁施工的纪录。"在这里我感受到中国企业理念独树一帜。"项目设计事业部俄方设计经理齐比诺克表示，团队设计人员经常去施工现场，了解项目进展，及时发现施工中的技术问题，并与物资、工程预算部门充分沟通，统筹推进施工工作。拥有30多年地铁施工经验的项目俄方总工程师瓦季姆·希茨科也对中方团队快速理顺俄罗斯地铁设计、施工、验收标准表示赞赏。

项目负责人薛立强介绍，针对两国技术标准和管理规范差异，项目团队编写了中国企业首部中俄双语地铁施工专业手册，探索出兼具中俄特色的地铁建造技术，为中企今后在欧洲开展相关工作积累了宝贵经验。

祥云、团寿、中国红……步入米丘林大街站，鲜明的中国文化元素引人瞩目。在莫斯科，地铁站不仅是交通枢纽，更因设计精美享誉世界，被称为"艺术宫殿"。项目团队在延续俄罗斯车站传统建筑形式基础上，融入中国审美理念，车站的站台柱、照明工具、吊顶等设计样式均取自中国传统建筑艺术。米丘林大街站受到当地设计管理机构和业内专家的充分认可，被中俄两国媒体称为"中俄友谊的新地标"。

图2-3-2 俄罗斯米丘林大街地铁站投入使用

早在二十世纪50年代，地铁就成为中俄两国友谊的见证。1956年，中国邀请前苏联专家指导规划了新中国的第一条地铁线——北京地铁一号线。60多年后，中国企业也第一次来到莫斯科实施了地铁项目。

地铁线也是"友谊线"，不断拉紧中俄两国民心相通的纽带。项目还为员工开设了中俄双语学习班，从日常会话到建筑专业术语，再到传统文化和风土人情，两国员工在工作学习中互教互学，既交流了专业技术，也增进了友谊。地铁建设不仅便利民众出行，还给当地创造了大量就业机会。施工期间，中国铁建莫斯科地铁项目共有中俄员工2068人，其中俄籍员工约1900人，属地化比例约91%。这支高效的跨国团队是工程高质量建设的有力保障。33岁的亚历山大毕业于莫斯科汽车公路大学建筑专业，在中国铁建莫斯科地铁项目从事工程师工作。他表示，中国工程师的工作效率很高，越来越多当地技术工人希望加入中国企业。

项目实训

1. 能力训练

（1）选取某一城市的城市轨道交通线路，测量线路各站间距，分析哪些是地下站、高架站和地面站。阐述这些车站分别位于城市什么区域，有何不同。

（2）练习区分不同种类的车站。请根据图2-3-3所示的某地铁线路示意图，分析车站种类。

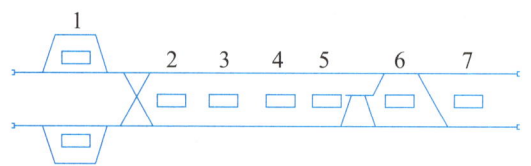

图2-3-3　某地铁线路示意图

注：数字表示地铁车站序号。

（3）每5个人一小组，对城市轨道交通沿线的车站进行实地调研，对照本项目中介绍的车站分类、组成及各组成部分的设置情况和要求，挑选一个有代表性的车站，写一篇1000字左右的调查报告，并制作PPT，进行介绍说明。

2. 综合测评

评价表

项目名称	城市轨道交通车站	学生姓名	
任务名称	任务1 城市轨道交通线路车站布局设置 任务2 城市轨道交通车站建筑结构布局	分数	
目标		分值	考核得分
1. 能够识别车站各建筑设施并描述其作用		15	
2. 能够根据实际地铁车站绘制平面示意图		25	
3. 能力训练完成情况		40	
4. 是否有小组计划		5	
5. 基本素养考核情况		15	
总体得分			
教师简要评语： 　　　　　　　　　　　　　　　　　　　　　　　　教师签名：			

项目练习

1. 比较岛式站台和侧式站台的优缺点。
2. 城市轨道交通车站的构成要素是什么？
3. 城市轨道交通车站如何分类？
4. 车站内的无障碍设施有哪些？
5. 地铁车站出入口形式如何划分？
6. 简述站厅层各功能分区的布置情况。

项目3

城市轨道交通客运服务设备

项目概述

城市轨道交通的客运组织应以"乘客乘车安全、顺畅"为前提,既要良好地完成客运任务,又要经济合理地使用车辆和其他设备。城市轨道交通车站的主要客运服务设备主要涉及电梯系统、站台屏蔽门系统、自动售检票系统、乘客导乘系统、综合后备盘和相关客运备品。本项目重点介绍常用的几种车站客运服务设备的设备组成、操作方法及简单故障处理,为了解和掌握城市轨道交通车站运作奠定基础。

学习目标

1. 知识目标

- 掌握屏蔽门系统的设置和控制方法。
- 掌握电梯系统的设置原则和用法。
- 掌握车站售检票系统的设置与用法。
- 了解车站导乘系统。
- 熟识车站综合后备盘和客运备品。

2. 技能目标

- 会操作电梯的开关。
- 会在各种情况下进行屏蔽门的操作,并能够处理特殊情况。
- 正确操作售检票终端设备。

案例导入

【案例1】

2011年8月14日中午12点半左右,在上海轨交3号线赤峰路站,一对80后情侣因口角在站台上推搡，女孩未站稳不慎跌入道床外。所幸进站列车紧急制动，及时停在了坠轨乘客的面前。目击者称，当时那对争吵的情侣情绪激动，女孩把男孩的包给扔下了轨道。在推搡中，站在站台边缘的女孩一不小心，从站台中部摔落在轨道上。男孩这下慌了神，连忙和其他乘客一起试图将女孩拉起，无奈站台太高，一时难以施救，而此时一列开往长江南路方向的列车正在进站。所幸地铁车站的站务员闻讯按下紧急停车按钮，列车司机及时启动了紧急制动后，车辆向前滑行，停在坠轨的女孩面前。

【案例2】

2014年，在北京地铁5号线驶往天通苑北方向的惠新西街南口站的过程中，一女子因被夹在闭合的安全门和车门中致死。2007年上海也发生过类似的地铁安全门伤人致死事件。设置安全门（屏蔽门）的初衷是为了安全，在大多数情况下，安全门是关闭的，只有在列车停稳、列车门打开时，安全门才会同步开启。根据客流情况，安全门从开启到关闭十几至几十秒不等，列车门关闭时安全门必须同步关闭。

现在的屏蔽门都具备障碍物保护功能，一旦接触到障碍物，就会弹开。关闭和弹开会重复三次，如果依然接触到障碍物，屏蔽门就会停住。这时候屏蔽门的门头灯就会闪烁，报告故障。因为安全门的构造特点，其会存在各式各样的屏蔽门故障。很多情况下乘客用蛮力将门拉开，有可能造成门控器保护死机，必须手动重启才能恢复，严重影响地铁运力。

思考：城市轨道交通为保证乘客出行安全、便捷，在车站设置有哪些客运服务设施设备？案例2中屏蔽门系统主要由哪些部分组成？在日常工作中应如何操作？若出现突发事件应如何进行简单的故障处理？其他客运服务设备的日常操作是怎样的？

任务3.1　站台屏蔽门系统

屏蔽门系统（Platform Screen Door，PSD），也称安全门，是安装于站台边缘用以将站台区域与轨道区域隔离开来的一种自动控制的屏障。屏蔽门具有经济、安全、舒适和清洁等特点，其作用主要包括：

（1）降低因隧道风导致的环控空调系统能耗。

（2）减少了对站台工作人员的数量要求，节约运营的人员成本。

（3）杜绝乘客或者物品跌入隧道区间，保障列车的安全正点运营。

（4）提高了候车乘客及车站工作人员的安全感。

（5）减少列车进站和离站时所带来的噪声、活塞风等的影响，候车环境更安静舒适。

（6）乘客能更加有序地上下列车、提高了效率。

（7）减少隧道中的灰尘等污染物进入车站，候车环境干净卫生。

小知识

屏蔽门能够给地铁车站增加安全性，降低能耗，减少噪声，提高城市形象，但不是所有车站都适合安装屏蔽门。各地在考虑安装屏蔽门时要对不同的路线与车站进行定位，以确定是否安装屏蔽门或安装哪种类型的屏蔽门。就安全性来说，屏蔽门无疑会给交通轨道交通车站提供一个安全的候车环境，为了防范候车乘客跌入轨道、被列车夹伤，应该在轨道交通车站推广安装屏蔽门系统。轨道交通车站有的在地下，有的在地面，还有的在高架桥上，对不同位置的车站是否安装屏蔽门，也应当区别对待。

3.1.1 屏蔽门系统的分类

目前我国城市轨道交通系统应用的屏蔽门系统类型有两种。一种是全封闭式屏蔽门，如图 3-1-1 所示。它是一道自上而下的玻璃隔离墙和活动门，沿着车站站台边缘和两端设置，能把站台候车区与列车进站停靠区完全隔离。封闭式屏蔽门系统具有以下优点：第一，能够有效降低能源的损耗；第二，能够有效降低噪声；第三，具有广泛普遍应用性。因此，封闭式屏幕门是我国当前地铁站在屏蔽门应用过程中最长应用的屏蔽门类型。

图 3-1-1 封闭式屏蔽门

另一种是半封闭式屏蔽门,如图 3-1-2 所示,它由一道上不封顶的玻璃隔离墙和活动门或不锈钢篱笆门组成。与全封闭式相比,其安装位置基本相同,但结构简单、高度低,空气可以通过屏蔽门上部流通,造价也低。它主要起一种隔离的作用,提高站台候车乘客的安全,同时它还能起到一定的降噪作用。

(a) 全高安全门

(b) 半高安全门

图 3-1-2　半封闭式屏蔽门

3.1.2　屏蔽门系统的构成

屏蔽门系统主要由机械和电气两部分构成,机械部分主要包括门体结构和门机系统,电气部分主要包括门机系统、电源系统、控制与监视系统,如图 3-1-3 所示。

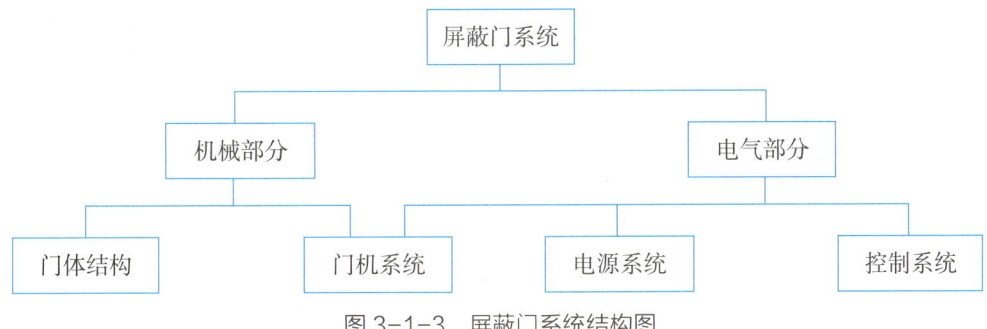

图 3-1-3　屏蔽门系统结构图

1. 门体结构

地铁屏蔽门系统的门体结构由承重结构、门槛、顶箱、滑动门、固定门、应急门和端门组成,如图3-1-4所示。门体结构以每道滑动门为一单元进行划分,在每单元滑动门门楣上设有门编号标识。岛式站台遵循位于站台面向屏蔽门从左往右的方向原则,顺序号依次标记为01号滑动门单元至24号滑动门单元;侧式站台遵循站台面向屏蔽门从右往左的方向原则,顺序号依次标记为01号滑动门单元至24号滑动门单元。端门单元不做标识。

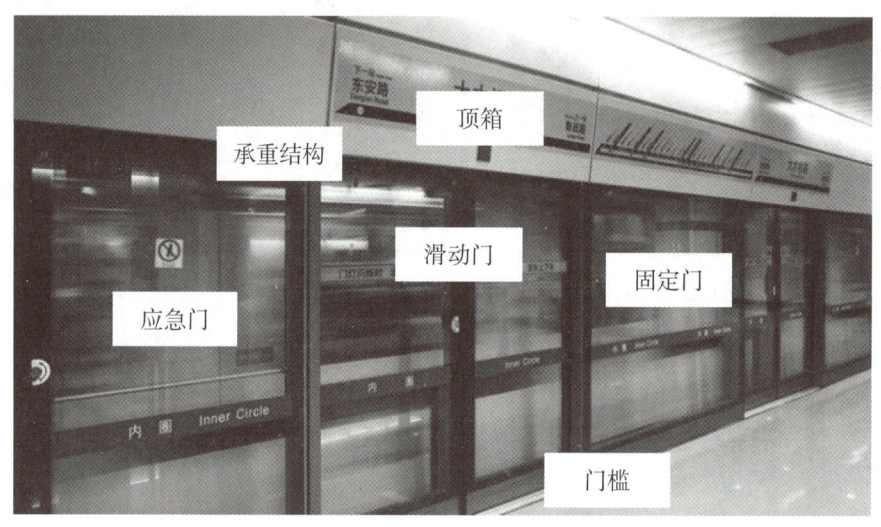

图3-1-4 站台屏蔽门门体结构

(1)承重结构。承重结构由上部连接部件、下部支撑、横梁、立柱等组成,用于安装门机、滑动门、固定门、应急门、端头门等。

(2)门槛。门槛又称"踏步板",安装在站台板边缘,分为固定门门槛、应急门门槛、端门门槛和滑动门门槛,因是乘客进出地铁车厢的必经之路,故要满足耐磨、防滑、安装拆卸方便等要求。

(3)顶箱。顶箱置于门体顶部,采用铝合金型材制成,内部设有门单元的驱动机构、门状态指示灯、就地控制盒(LCB)等部件。

(4)滑动门(ASD)。滑动门又称"活动门",是与列车门对应的滑动开启门。关闭时将站台候车区与隧道区隔开,打开时为乘客提供上下列车的通道。门扇框采用铝合金型材,门扇采用8mm的透明钢化玻璃。如图3-1-5所示。

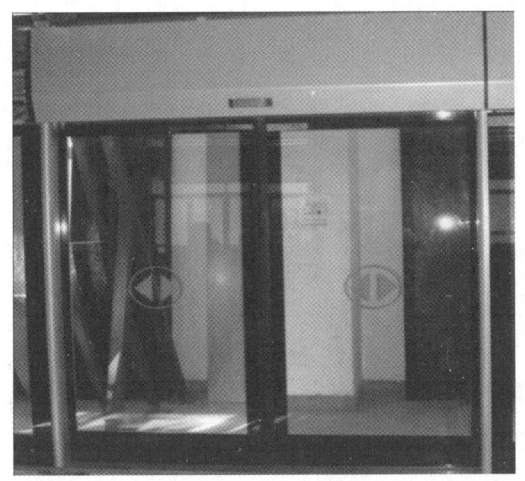

(a) 滑动门（站台侧）   (b) 滑动门（轨道侧）

图 3-1-5　门体结构——滑动门

（5）固定门（FIX）。不可开启的门体，设置在滑动门和滑动门之间，是隔离站台公共区与隧道区域的屏障之一，由门玻璃和铝制门框构成。

（6）应急门（EED）。均匀分布在整侧屏蔽门头、中、尾部，通常每个部位各安装两扇，如图 3-1-6 所示。平常当固定门使用，在列车进站停车后，列车客室车门无法对准滑动门时用作乘客疏散通道。在紧急情况下，站台工作人员在站台侧用 T 形钥匙或乘客在轨道侧推开门推杆将门打开。应急门是安全回路的一部分，设有位置信号装置，可以将门的锁闭和解锁信号反馈至 PSC。

(a) 应急门（站台侧）   (b) 应急门（轨道侧）

图 3-1-6　门体结构——应急门

（7）端门（MSD）。端门（见图 3-1-7）布置于站台两端，与站台边屏蔽门垂直，结构与应急门基本一致，安装有紧急推杆锁。正常运营状态下，端门保持关闭且锁紧。当列车在区间隧道发生火灾或故障时，端门则作为乘客的疏散通道，也是车站工作人员进入隧道的专用门。端门应由客车驾驶员或站务员手动打开。

（a）端门（站台侧）　　　　　　　　（b）端门（轨道侧）

图 3-1-7　门体结构——端门

2. 门机系统

门机系统一般安装于滑动门顶箱内，如图 3-1-8 所示，包括驱动装置、传动装置和锁紧装置。

图 3-1-8　屏蔽门门机系统

（1）驱动装置。驱动装置即电机，分为交流电机、直流电机两类。其中，直流电机具有响应快速、较大的起动转矩、无噪声、体积小、免维护保养、寿命长等特点。在屏蔽门系统中应用较为广泛，如图3-1-9所示。

图3-1-9 门机驱动装置

（2）传动装置。屏蔽门门机系统的传动装置有两种，一种是皮带传动装置，一种是螺旋副传动装置。皮带传动装置可以保证两门扇运动同步、稳定。因其具有调节皮带紧张力和消除皮带打滑的功能，所以运行12个月须检查调节一次皮带张紧力；螺旋副传动装置由丝杆和螺母组成，具有寿命长的特点，正常维护条件下螺旋副传动装置使用寿命可超过20年。

（3）锁紧装置。锁紧装置由锁块、位于滑轮挂件上的双头柱形锁销、行程开关、解锁电磁铁、闭锁辅助弹片等组成。正常运营的状态下，行程开关的常闭触点将滑动门的锁闭状态反馈给门控单元DCU，解锁电磁铁由门控单元DCU控制，如图3-1-10所示。

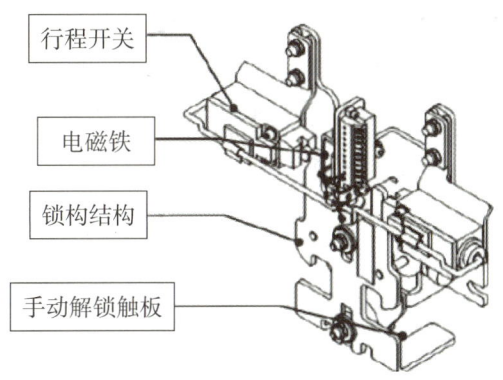

(a) 实物图　　　　　　　　　　(b) 示意图

图3-1-10 门机锁紧装置

3. 电源系统

屏蔽门系统电源包括驱动电源、控制电源和照明灯带电源。将屏蔽门系统电源 UPS（Uninterrupted Power System）作为独立的系统进行配置，能实现在线、离线工作。其正常工作状态为在线工作。

（1）驱动电源。驱动电源包括 UPS 主机、隔离变压器、配电柜。其中 UPS 主机具有充电和馈电功能。

（2）控制电源。控制电源装置包括 UPS 主机及蓄电池组，UPS 为交流不间断电源。控制电源主要负责对 DCU、PSC、PSL、IBP 和接口等供电。为保证控制电源的高可靠性，电源模块须以每侧屏蔽门为单位进行单独配置，并且每侧屏蔽门的供电回路须具备冗余功能。

4. 控制系统

地铁屏蔽门控制系统由以下几个部分构成：单元控制器、就地控制盘 PSL（PSD System Local controller）、门控单元组 DCU（Door Control Unit）、接口模块、通信介质（设备）及通信接口等设备。每个车站至少有一套远程状态监视系统（即远程监视设备），同时在每侧站台屏蔽门均设置一套独立的逻辑控制单元作为一个相对独立的控制子系统。

3.1.3 屏蔽门系统的控制

根据开闭控制方式不同，滑动门操作的控制方式分为五级。其中手动解锁优先级最高，信号系统（SIG）优先级最低。五种控制方式如下。

（1）信号系统通过 PSC 控制屏蔽门，即车地通信系统（SIG）控制。

（2）站台级控制，即就地控制盘（PSL）控制。

（3）火灾模式应急控制，即紧急控制盘（IBP）控制。

（4）单挡滑动门就地级控制，即就地级控制盒（LCB）控制。

（5）每挡滑动门在轨道侧可用机械把手、在站台侧可用钥匙对滑动门进行开/关操作，即手动解锁控制。

通过以上任何控制方式，均可实现滑动门的开启和关闭。屏蔽门系统控制方式优先级如图 3-1-11 所示。

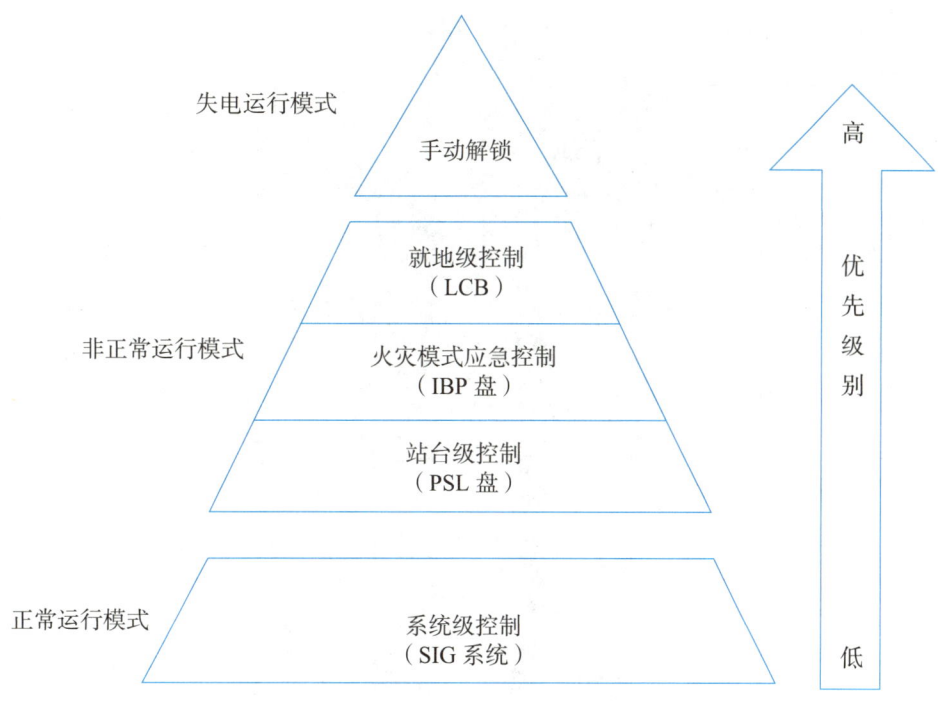

图 3-1-11 屏蔽门系统控制方式优先级示意图

1. 系统级控制

在系统级控制方式下,列车到站并停在允许的误差范围内时,信号系统向屏蔽门系统发送开/关门命令,控制命令经信号系统 SIG 发送至屏蔽门的单元控制器,单元控制器通过门控单元对滑动门进行实时控制,实现屏蔽门的系统级控制操作。

2. 站台级控制

站台级控制是由列车驾驶员或站务人员在站台就地控制盘 PSL 上对屏蔽门进行开/关门的控制方式。当系统级控制不能正常实现时,如信号系统故障、单元控制器对门控单元控制失败等故障状态下,列车驾驶员或站务人员可在就地控制盘上进行开/关门操作,实现地铁屏蔽门的站台级控制操作。

就地控制盘 PSL,如图 3-1-12 所示,设置于每侧站台的发车端,提供屏蔽门主要的控制功能。PSL 盘面一般设有关闭锁紧状态指示灯、互锁解除状态指示灯、开关门钥匙开关和互锁解除钥匙开关及试灯按钮等设备。

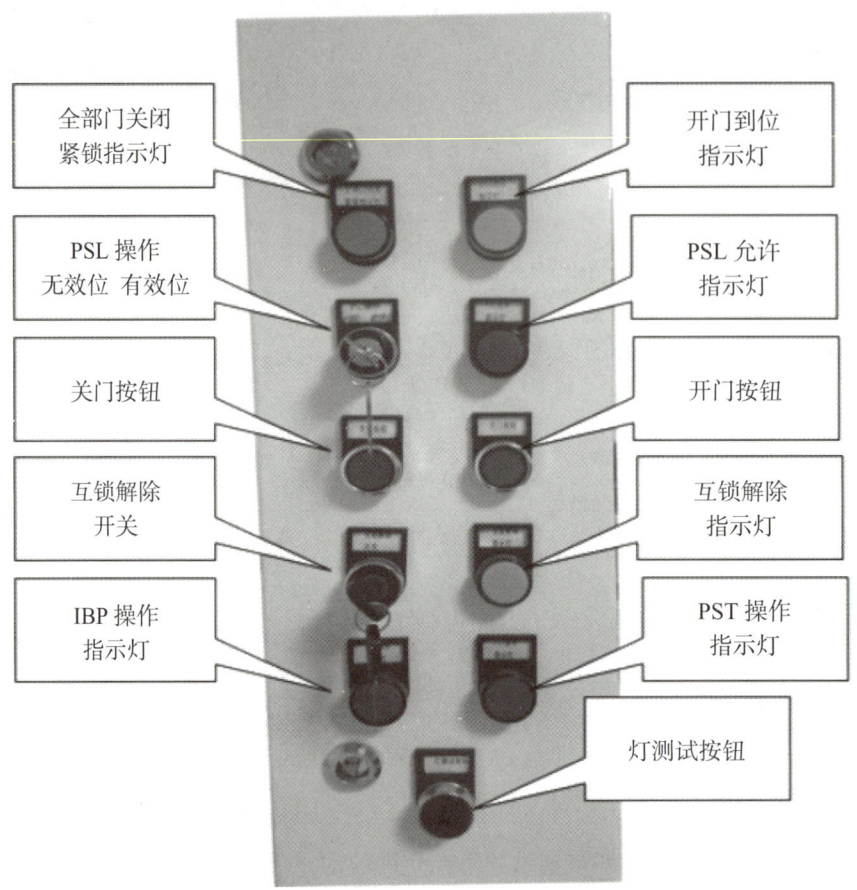

图 3-1-12　就地控制盘（PSL）盘面组成

3. 火灾模式应急控制

在隧道发生火灾或疏散乘客时，所有屏蔽门必须被打开，使乘客逃离到安全地带。紧急操作由专人在车站控制室的综合后备盘 IBP（Integrated Backup Panel）上操作。将综合后备盘上"紧急控制"开关转到"IBP 操作允许"位置后，按下"开门"按钮，全部屏蔽门将打开。当乘客全部撤离后，屏蔽门由专人按"关门"按钮关闭。

4. 就地级控制

当个别滑动门故障的情况下，为了不影响整侧屏蔽门的开关，在确保故障门处于关闭的前提下通过单个门单元的就地控制盒（LCB）对该门进行隔离操作，即切除其电源。

LCB 一般设"自动、关门、开门、隔离"四个挡位（见图 3-1-13）。正常状态下，LCB 钥匙旋转至"自动"挡位，允许 DCU 接受 PSC 的开 / 关门指令；当旋转钥匙至"隔离"挡位时，单个滑动门单元与系统隔离，不影响整个系统正常工作，便于维修;当旋转钥匙至"关门"/"开门"挡位,该门单元 DCU 不执行来自 PSC 的控制命令,可独立控制单个滑动门的关闭/打开。

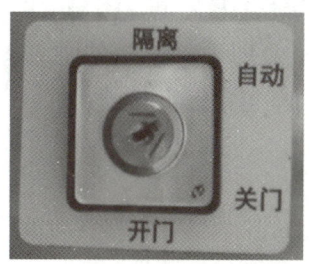

图 3-1-13　LCB 盘面样式

5. 手动级操作

手动级操作是由站台人员或乘客对屏蔽门进行的操作。当控制系统电源故障或个别屏蔽门操作机构发生故障时,站台工作人员在站台侧用 T 形钥匙(见图 3-1-14)或乘客在轨道侧用开门把手打开屏蔽门。此时,单元控制器上的"滑动门 ASD/ 应急门 EED 手动操作"状态指示灯点亮。站台工作人员或乘客手动将滑动门打开若干秒(时间可调整)后,滑动门将以低速自动关闭且锁定。

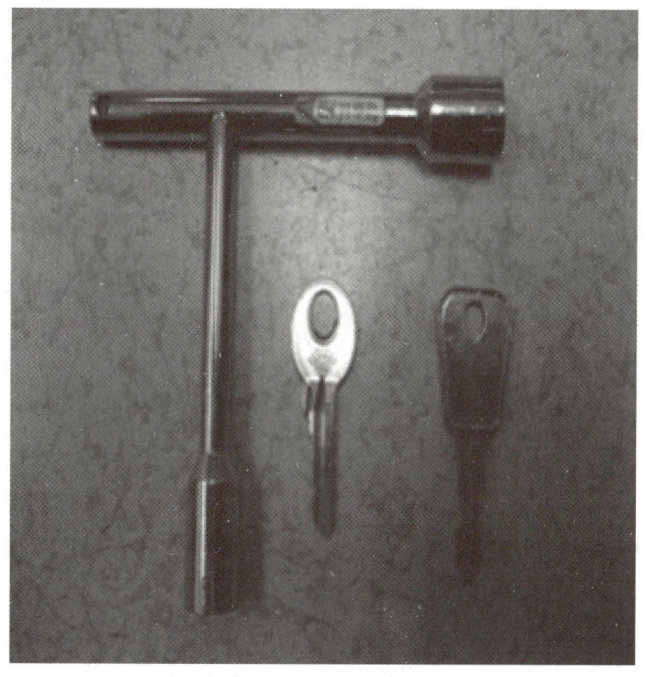

图 3-1-14　屏蔽门站台侧门用钥匙

3.1.4 屏蔽门系统的简单故障处理

在信号系统正常工作时，由于屏蔽门和信号系统的联动性，如果屏蔽门意外打开，则列车无法进站；如果屏蔽门无法关闭，则列车无法出站。因此，作为车站工作人员必须及时处理屏蔽门故障，保障列车正常运行。

1. 屏蔽门故障处理原则

（1）当发生屏蔽门故障时，应坚持"在确保安全的前提下，先发车后处理"的原则，确保站台乘客的人身安全及维护正常的运营秩序。

（2）需要人工手动打开单个或多个屏蔽门时，车站必须征得行调同意，先将门隔离，关闭电源，并密切注意站台旅客信息屏显示的列车到站时间，当显示"列车即将进站"信息时必须停止操作。

（3）对不能关闭的滑动门，必须设置安全防护栏或安排专人看护。专人看护时，原则上每个人只监护五个相邻屏蔽门。

2. 单挡或多挡滑动门无法正常开启

滑动门无法正常开启时，会影响乘客上下车，为乘客带来不便。当发生此故障时，具体操作如下。

（1）现场确认滑动门处是否有障碍物，如有则进行清除并确认滑动门是否可以自动开启。

（2）如没有障碍物，则向车站综控室和行调进行汇报，使用LCB钥匙，依次旋转至"关门"挡位、"开门"挡位后，实现手动开门操作。

（3）保证乘客正常上下车，同时疏导乘客使用邻近滑动门。

（4）待乘客上车后，逆时针旋转LCB钥匙至"关门"挡位将门关闭，然后依次旋转至"自动"挡位、"隔离"挡位。

（5）确保行车安全且列车离站后，故障门相应候车区域张贴警示标识，并做好围栏导流工作。

3. 单挡或多挡滑动门无法正常关闭

滑动门无法正常关闭时，会影响列车出站，甚至引发列车延误晚点等行车事故。当发生此故障时，具体操作如下。

（1）待候车乘客上车后，将钥匙顺时针旋转至手动位，将门关闭。

（2）将钥匙逆时针旋转至自动位，最终旋转至隔离位，此时门单元将不接受任何指令进行任何动作，便于专业维修人员进行维修。

（3）若无法关闭屏蔽门，必须使用铁马进行防护或安排人员进行引导。

4. 整侧滑动门无法正常开启

当出现信号与滑动门之间的通信故障时，DCU 无法接收执行 PSC 的开门指令，此时就需要操作站台端 PSL 进行滑动门的关闭操作。具体操作如下。

（1）PSL 允许：司机/车站人员使用钥匙插入"PSL 允许操作"钥匙孔，旋转至"允许"位，开关门操作生效。

（2）开门操作：按下"开门"按钮，整侧站台滑动门打开。

（3）关门操作：按下"关门"按钮，整侧站台滑动门关闭。

（4）向行调报告，并将情况告知车站综控室。

5. 整侧滑动门无法正常关闭

当出现信号与滑动门之间的通信故障时，DCU 无法接收执行 PSC 的关门指令，此时就需要操作站台端 PSL 进行滑动门的互锁解除操作，优先让列车出站。具体操作如下。

（1）车站报告行调、维调。

（2）站务人员使用 PSL 钥匙，插入"互锁解除"钥匙孔，旋转至"允许"位。

（3）确认站台安全后，向司机显示"好了"的信号，列车发出。

（4）播放站台屏蔽门故障广播，让乘客远离故障屏蔽门，现场工作人员做好宣传指引及防护工作。

6. 屏蔽门玻璃破碎（破裂）处理

（1）若滑动门玻璃破裂，站务员将问题滑动门的 LCB 开关直接转换至"隔离"挡位。使用封箱胶带将玻璃粘牢，并贴上警示标识，提示乘客不要从该滑动门上下车，做好围栏导流工作，同时将信息通报给行调。

（2）若滑动门玻璃破碎，站务员将问题滑动门的 LCB 开关直接转换至"隔离"挡位。及时清理站台区域内的玻璃碎片，并用带有风幕的围栏遮挡玻璃破碎的门体。在明显处张贴警示标识，提示乘客从邻近滑动门上下车，做好围栏导流工作，同时将信息通报给行调。

> **案例分析**

2012 年 12 月 14 日上午 9 点多，杭港地铁列车在近江站停靠的时候，屏蔽门打不开，乘客只能被拉到婺江路站下车。地铁新闻发言人吴艇下午回应称：上午 9 点 08 分及 9 点 45 分，近江站上行站台处屏蔽门发生了 2 次故障。

试分析：应如何进行站台屏蔽门突发事故处理？

解析：

屏蔽门第一次发生故障是在 9 点 08 分，近江站上行（往文泽路方向）站台的屏蔽门发生了故障，站务人员尝试手动复位未成功，为了确保行车安全，列车只得继续开往婺江路站。待列车开走后 5 分钟，屏蔽门被手动打开。第二次故障发生在 9 点 45 分，屏蔽门再度出现故障，这一次延迟了约 5 秒后，经站务员手动复位后正常开启。为防止乘客不慎掉入轨道区，在列车到站对标（校队车门和屏蔽门的对应位置）时，屏蔽门都不打开，并提前在车厢内进行广播。列车离站后近江站进行了报修，维修人员赶到后，进行了故障排查与维修。

事后并通过新闻媒体向因故障造成下车不便的乘客致歉，并承诺将在当晚运营结束后组织对屏蔽门的拆检，确定具体的故障原因。

任务 3.2　电梯系统

> 电梯系统是城市轨道交通系统的一个重要组成部分，每天担负着运送大量乘客的任务。电梯系统由电梯、自动扶梯和楼梯升降机组成。车站根据初期预测的客流量配备足够数量的自动扶梯，以保证车站的正常运营。同时，为保证残疾人群或携带大件行李的乘客正常出行，车站还配备了垂直电梯、楼梯升降机以满足特殊人群需要。

3.2.1　垂直电梯

垂直电梯是一种以电动机为动力的垂直升降机，装有箱状吊舱，用于多层建筑乘人或载运货物。城市轨道交通设置垂直电梯，通常是为满足残疾人群和携带大件行李的乘客的需求，故设置于地面与车站站厅层、站厅层与站台层之间。如图 3-2-1 所示。

图 3-2-1　地铁垂直电梯

1. 垂直电梯的组成及运行原理

车站垂直电梯主要由曳引机、导轨、对重装置、安全装置（如限速器、安全钳和缓冲器等）、信号操纵系统、轿厢与厅门等组成，如图3-2-2所示。垂直电梯通常采用钢丝绳摩擦传动，钢丝绳绕过曳引轮，两端分别连接轿厢和平衡重，电动机驱动曳引轮使轿厢升降。

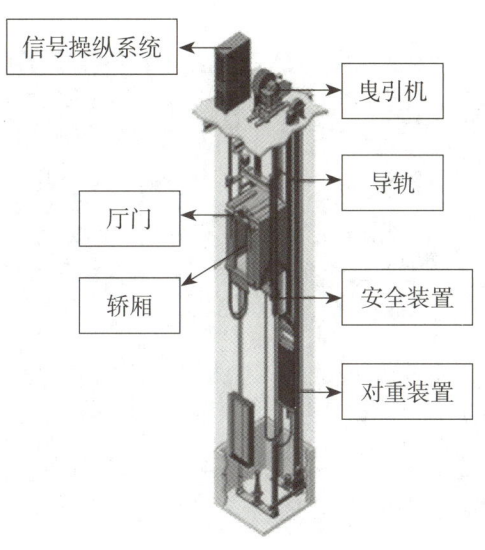

图3-2-2　垂直电梯的组成

2. 垂直电梯日常操作

（1）垂直电梯的使用。

轿厢内的按钮包括报警按钮、楼层选择按钮、开门按钮和关门按钮，如图3-2-3所示。乘客通过按压对应按钮实现楼层选择、开关轿厢门，以及紧急情况下报警等相应需求。

图3-2-3　轿厢内的按钮图示

（2）垂直电梯的关闭。

插入钥匙并将钥匙转到"停止"位置，出现"暂停"字样后，电梯重新开关门一次，当再次关好门后电梯关闭。最后拔出钥匙，结束操作，如图3-2-4（a）所示。

（3）垂直电梯的开启。

插入钥匙并将钥匙转到"运行"位置，然后将钥匙拔出来，再按一般电梯的操作使用，如图3-2-4（b）所示。

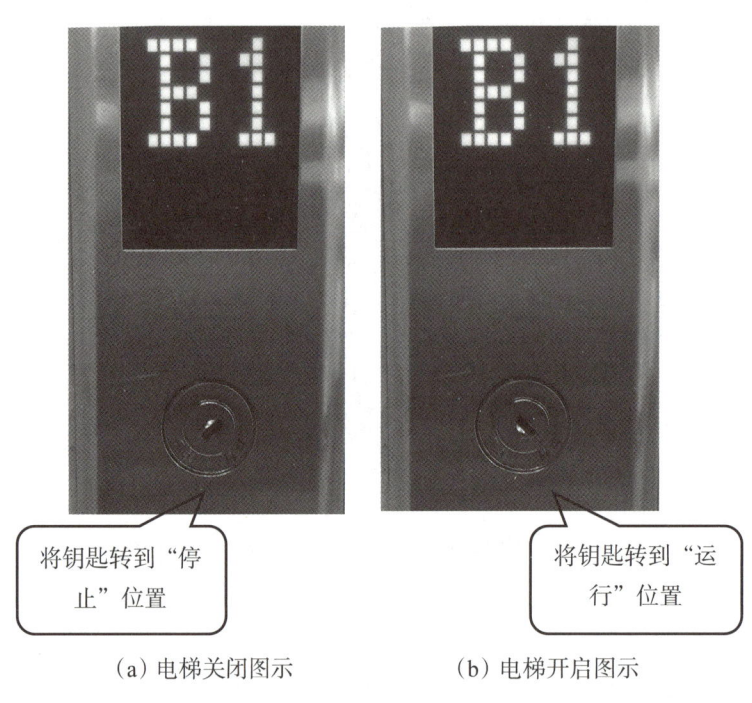

（a）电梯关闭图示　　　　（b）电梯开启图示

图3-2-4　电梯的开关图示

3.2.2 自动扶梯

自动扶梯是一种带有循环运行梯级、用于向上或向下倾斜输送乘客的固定电力驱动设备，如图3-2-5所示。自动扶梯输送能力大，能均匀、连续运送人员；可以双向运行，满足不同需要；当扶梯停电或电梯损坏时，可做普通楼梯使用。

图 3-2-5　自动扶梯

根据《地铁设计规范》GB50175—2013 的设置要求：

（1）一般情况下，站出入口通常设置一部步行楼梯和一部自动扶梯。正常运营状态下，扶梯为上行，出站乘客首选扶梯；楼梯为下行，进站乘客选择步行楼梯。

（2）大客流站出入口一般设置一部步行楼梯和两部自动扶梯。正常运营状态下，自动扶梯分为上行和下行，进、出站乘客首选扶梯，当自动扶梯不能满足疏散要求时，进、出站乘客选择步行楼梯。

1. 自动扶梯的分类

自动扶梯无严格的分类方法，根据装饰不同分为透明无支撑、全透明有支撑、半透明或不透明有支撑等种类；按驱动办法分为端部驱动的自动扶梯（或称链条式自动扶梯）和中间驱动的自动扶梯（或称齿条式自动扶梯）；按形态分为梯阶式和斜坡式；按运行频率分为等速运转式和变频式（无人时几乎停顿）；按设置位置分为室内型扶梯和室外型扶梯。

2. 自动扶梯的构成

自动扶梯外部基本结构包括梯级、扶手带、护栏板、梳齿板及踏板；内部基本结构包括桁架、驱动装置、安全装置、导轨、梯级链等装置。具体构成如图 3-2-6 所示。

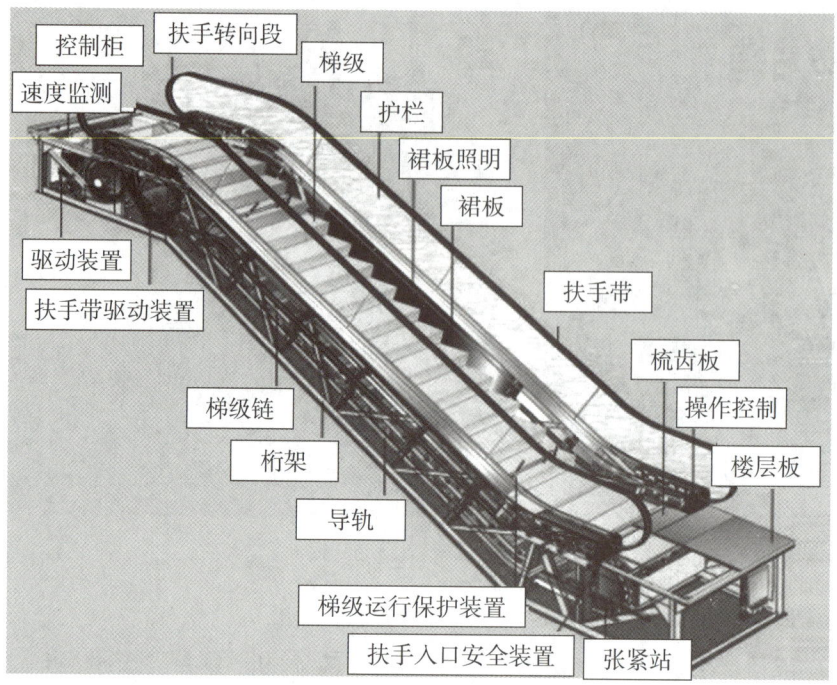

图 3-2-6 自动扶梯的构成

3. 自动扶梯的日常操作

（1）自动扶梯运行前的准备。

检查扶梯踏板、扶手带、梳齿板和裙板毛刷，除去夹在里面的碎纸、小石子、口香糖等杂物，并用手触摸确认裙板的润滑剂是否充分。同时，确认自动扶梯周围的安全设施（三角警示牌、防止进入栅栏标识等，如图 3-2-7 所示）有无破损等状况；确认紧急按钮是否处于正常状态。

图 3-2-7 自动扶梯安全设施

（2）自动扶梯的开启操作。

①将钥匙插入操作盘上，报警开关鸣响警笛3～5秒，放手后钥匙将回到中央位置，将其拔出。

②确认自动扶梯的踏板和梯级上没有乘客后，将钥匙插入运行开关，向需运行方向（上或下）旋转，自动扶梯开始运作，待其稳定运行后放手，钥匙自动回到中央位置，即可将其拔出（启动时一只手旋转钥匙，同时另一只手按在急停开关上，当出现异常时及时按动急停开关）。

③开启后运行3～5分钟，确认扶手带是否正常转动，如有异常声响或振动时，要立即按动紧急停止按钮，使自动扶梯停住，同时通知维修人员。

（3）自动扶梯的关闭操作。

①确认有无发生异常声响或振动。如有问题则关闭自动扶梯。

②关闭自动扶递前之前，禁止乘客进入自动扶梯的梯口。

③将钥匙插入报警停止开关，鸣响警笛。

④确认自动扶梯附近或扶梯梯级上无人后，再用钥匙开启停止开关，使自动扶梯停止运行。

⑤一天的正常运行结束后须认真检查并清扫扶梯踏板、扶手带、梳齿板、裙板。

⑥放置停止使用牌，防止乘客将其当作楼梯使用。

（4）自动扶梯的紧急停止操作。

在异常状况下，必须使用紧急停止按钮时，首先应大声通知乘客"紧急停止，请抓住扶手"，再进行操作。

在重新开动扶梯之前，要确认造成紧急情况的原因，并予以排除。检查机器，如有异常及原因不明时，不要开梯，及时通知维修人员进行维护。

3.2.3 楼梯升降机

楼梯升降机（见图3-2-8）是一种比较新颖的设备，属于电梯的一个分支。安装在车站站台与站厅和地面与站厅之间的步行楼梯一侧，供使用轮椅的残疾人群使用，起辅助作用。在升降机的上端和下端通常配备对讲机，按下对讲机按钮即可与车站综控室对话，要求工作人员开梯。

图3-2-8 楼梯升降机

任务 3.3　车站导乘系统

城市轨道交通的主要服务对象是乘客，在各城市轨道交通建设中，非常注重乘客信息系统（以下简称 PIS）的建设。PIS 可以为乘客提供直观、高效和人性化的服务，通过正确发布服务信息，使乘客安全、便捷地乘坐轨道交通；同时极大地提高了城市轨道交通的服务水平、运行效率、应急处理能力及市场竞争力。另外，通过信息发布渠道开展广告等商业活动还可以获得额外的收益。早期的 PIS 信息来自人工，只有简单的文字导向和宣传告示，引导乘客乘车；随着计算机网络技术的飞速发展，目前 PIS 采用最新的显示技术、先进的通信技术及智能的管理技术，成为了相对独立的多功能乘客服务系统。

在城市轨道交通乘客信息系统（Passenger Information System，PIS）发展初期，一般使用以显示固定文字或图形的灯箱向导牌为主要工具的乘客引导方式，称为固定信息引导。随着 LED 显示技术的发展，车站可以根据需要显示不同的文本、图形乃至简单的视频信息，相对于固定信息显示而言，称为可变信息引导。目前，为了提高整个运行系统的效率和设备使用效率，PIS 逐渐升级为集引导、广告、资讯、设备监控和客流监控为一体的综合智能引导系统。

3.3.1　导向标识系统

《地铁与轻轨系统运营管理规范》（CJJ/T 170—2011）规定，运营单位应统一提供清晰可靠的乘客服务信息，并应设置标准的静态或动态标志系统，标志的设置应符合现行国家标准《城市轨道交通客运服务标志》（GB/T 18574—2008）的有关规定。目前车站常使用的固定信息引导主要是导向标识系统（Signage System，SS）通过图形符号、文字、颜色等元素组合形成的视觉形象，明确地向乘客传达信息，用以正确引导乘客进站和出站。

1. 导向标识系统的作用

城市轨道交通车站导向标识以客流路线作为依据引导乘客快捷地乘车、出站及换乘，旨在提高车站的运营效率，具体作用体现在指引性、安全性和文化性三方面。

（1）指引性。指引性是导向标识最根本的功能，简单快速地向乘客传递位置及方向信息，在最短的时间内实现高效的换乘，从而提高站台乘客集散效率。

（2）安全性。导向标识涵盖部分紧急疏散指引的内容，使车站在突发事件中能够快速引导乘客出站、防止人流冲撞和踩踏事件发生。

（3）文化性。除了指引性等基础功能外，导向标识还应具有文化性，即视觉艺术形象需要与城市环境特征相符，从而丰富城市文化内涵。

2. 导向标识系统的分类

车站导向标识系统由若干相互联系、相互依赖的不同类型标识，通过合理地组合形成的统一整体。按照标识内容具体可分为导向类标识、公共信息类标识、安全警告类标识等。

（1）导向类标识。

是明确目的地前进方向的标志。在地铁车站内，任何一处可能使乘客产生疑惑的分叉处均要设置一处或多处明确的导向标识。导向类标识包括进站导向标识、出站导向标识、换乘导向标识和疏散导向标识。此外，在电梯、出入口、售票口、检票口、卫生间等地方也需要设置指示标识。

①进站导向标识。引导乘客从站外经出入口、通道、站厅、自动检票机、楼扶梯、到站台乘车的导向标志。包括路引、站名柱、门楣、售票导向、乘车导向等。如图3-3-1至图3-3-4所示。

图 3-3-1　路引

图 3-3-2　站名柱

图 3-3-3　门楣

图 3-3-4　售票乘车导向

②出站导向标识。引导乘客从列车下至站台，经由楼扶梯、出站检票机、站厅非付费区、通道、出入口至站外的导向标志。包括楼扶梯导向、换乘导向、出口导向等。如图3-3-5、图3-3-6所示。

图3-3-5　换乘导向

图3-3-6　楼扶梯出口导向

③换乘导向标识。引导乘客从一条线路站台转换至另一条线路站台的导向标志。包括楼扶梯导向、换乘导向、乘车导向等标志。

④疏散导向标识。安全疏散标识一般在站房房顶下方或沿地面和墙壁连续设置，用于引导乘客在紧急情况下迅速撤离车站的标志。一般采用蓄能或蓄电发光导向标志，如图3-3-7所示。

图3-3-7　疏散导向标识

（2）公共信息类标识。

用于向乘客提供乘车站内、出入口或站外的相关资讯，如图3-3-8所示。

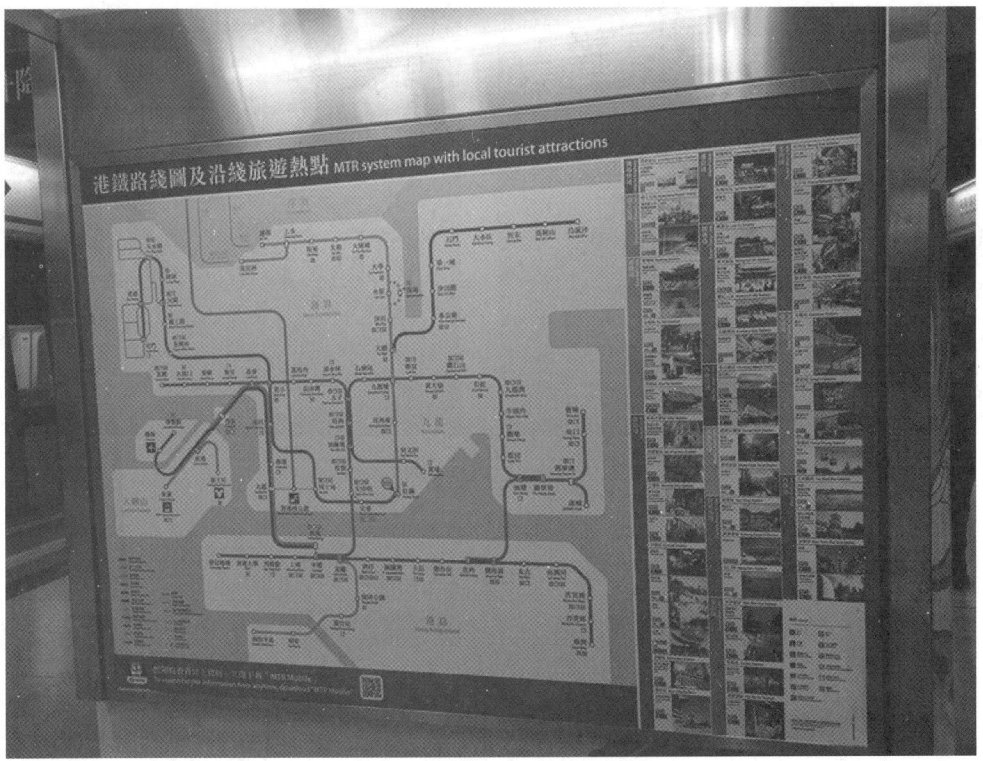

图3-3-8　地铁公共信息类标识

（3）安全警告类标识。

提醒乘客有危险或禁止乘客不合理行为的标识。在有安全隐患的地方或需要禁止乘客某种行为时，均会设置一种或多种明确的安全警示类标识，如自动扶梯三角区的"小心碰头"、站台上的"禁止依靠""当心触电"等，如图3-3-9所示。

图 3-3-9　地铁安全警告类标识

按照设置方式可分为贴附式、吊挂式、落地式、嵌入式标识。

（1）贴附式的引导标识（见图3-3-10）的设置主要是贴附于建筑物的墙体上，大多位于地面与建筑物墙面、玻璃门上等。当标识位于地面时，乘客驻足获取信息往往会影响客流的连续性。一般有单独片状和连续带状两种形式的标识。这类标识成本较低，制作形式简单，但容纳信息较少，易磨损。

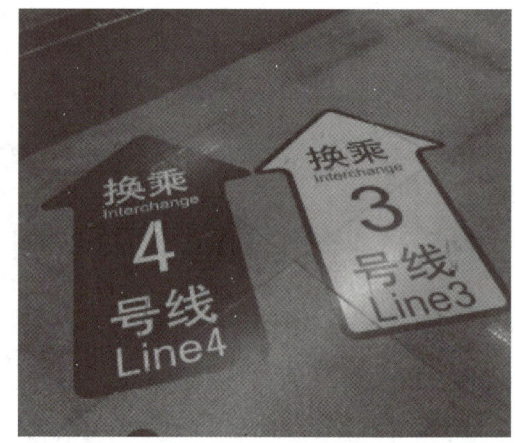

图 3-3-10　贴附式的引导标识

（2）吊挂式标识（见图3-3-11）采用吊杆将标识悬挂于天花板，位于行人头顶，辨识视野较远，可视性较好，行人在较远处可以辨识与选择行走路径，不受地铁站其他空间影响。分为固定信息吊挂与可变信息吊挂。固定信息吊挂是将标识外壳根据内容制作好模具，通过灯箱光源达到发光字体的效果；可变信息吊挂是采用LED屏幕作为标识主体，内容可根据实际需求随时调整。

（3）落地式标识（见图3-3-12）位于地铁站内与站外。一些落地式标识放置于站内时起临时引导的作用,体积大,可随时移动,能承载较多信息,但缺点是在客流密集的地方会影响客流的移动。放置于站外时起指引地铁出入口、指引乘客乘车的作用。在处理节假日突发大客流时采用落地式临时导向标识的情况较为常见。

图 3-3-11　吊挂式标识　　　　　　　　图 3-3-12　落地式标识

(4) 嵌入式标识(见图 3-3-13)位于站厅内,固定在建筑物上,面积较大,可容纳信息较多,可用于标识地铁线路图、周边街区图等,也可固定在站内立柱上起连续引导客流的作用。体积大,信息固定,但乘客辨识时间长。

图 3-3-13　嵌入式标识

3.3.2 乘客信息系统

乘客信息系统 PIS 是依托多媒体网络技术,以计算机系统为核心,以车站和车载显示终端为媒介向乘客提供信息服务的系统。乘客通过正确的服务信息引导,能安全、便捷地乘坐轨道交通。PIS 在正常情况下,提供乘车须知、列车到发时间、列车时刻表、管理者公告、政府公告、出行参考等实时动态多媒体信息;在火灾、阻塞及恐怖袭击等非正常情况下,提供动态紧急疏散提示。

1. PIS 的结构

PIS 从结构上可分为:中心子系统、车站子系统、车载子系统、城市轨道交通乘客信息自助服务系统(含网络子系统和广告制作子系统);从控制功能上可分为四个层次:信息源、中心播出控制层、车站播出控制层和车站播出设备。

(1)中心子系统主要负责外部信息流的采集、播出版式的编辑、视频流的转换、播出控制和对整个 PIS 设备工作状态的监控以及网络的管理。

(2)车站子系统通过传输通道转播来自控制中心的实时信息,并在其基础上叠加本站的信息,如列车运行信息和各类个性化信息等。

(3)车载子系统提供预先录制节目的播放及中心对列车实时发布的信息。

(4)城市轨道交通乘客信息自助服务系统主要由网络子系统和广告制作子系统构成,自助系统主要通过在车站设置的乘客咨询终端系统发挥作用。

①乘客资讯终端系统。乘客可以查询运营管理者向乘客发布的公告信息、乘客须知、天气预报、地铁站周边建筑和环境信息介绍、公交换乘信息、实时新闻、线路首末车时间、终端设备监控状态;运营管理者可在后台控制每台查询机的开关机;乘客在操作以上功能时系统会通过语音提示相应信息。

②后台管理系统。其主要功能包括:信息维护,车站信息维护,公告编辑,天气、新闻信息下载,乘客须知编辑,各线路首末车时间编辑,同步服务器文件,文件下发,时钟同步。

2. PIS 的显示终端

PIS 显示终端设备一般设在比较醒目的地方,具体包括出入口的户外双基色 LED 显示屏、出入口通道连接站厅处 LED 显示屏、下行自动扶梯上部 LED 双基色大屏幕、AFC 闸机群上方 LED 条屏、车站触摸屏查询机、站台双面等离子屏、列车车厢内等。按照乘客信息系统所处的空间环境不同,可以分为:站外乘客信息系统终端显示设备、站内乘客信息系统终端显示设备和车载乘客信息系统终端显示设备。

(1)站外乘客信息系统终端显示设备为乘客提供路线、运营计划、票价等信息,这些信息可支持乘客制定初步的出行计划。

（2）站内乘客信息系统终端显示设备为乘客提供实时的交通信息，包括列车的到达时间、列车的离开时间、列车车次信息等，以及在大客流的情况下提供限流提示等内容。示例如图3-3-14所示。

图3-3-14　站内乘客信息系统

（3）车载乘客信息系统终端显示设备为列车上的乘客提供信息服务，乘客可以获得线路换乘、进站时间、离站时间、实时新闻和其他相关信息，示例如图3-3-15所示。

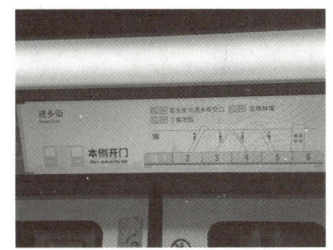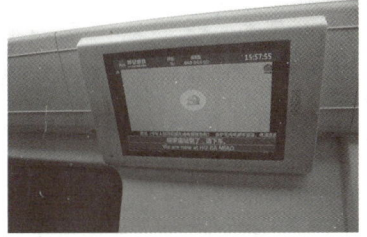

图3-3-15　车载乘客信息系统

3.PIS信息发布优先级

PIS可以提供多类信息服务，各类信息的优先级按照如下顺序递减：紧急灾难信息、列车服务信息、乘客引导信息、一般站务信息及公共信息、商业信息。各种信息的播放顺序如下。

（1）低优先级的信息不能打断高优先级信息的播出，但高优先级的信息可以中断低优先级信息的播出，同等优先级的信息按设定的时间列表顺序播出；

（2）紧急灾难信息为最高优先级信息，发生紧急情况时可以终止或中断其他所有优先级的信息，但改变紧急状态信息的内容或解除紧急状态需由控制中心操作人员人工干预。

任务 3.4　自动售检票系统

> 自动售检票（Automatic Fare Collection，AFC）系统是基于计算机、自动化、网络通信、机电一体化、模式识别、非接触 IC 卡、大型数据库等高新技术，致力于实现轨道交通的售票、检票、监控、管理、统计、清分等一系列票务环节的大型自动化系统。

3.4.1　AFC 系统架构组成

AFC 系统从架构上可以分为五层：第一层为车票层（TICKET），第二层为终端设备层（Station Level Equipment，SLE），第三层为线路车站层（Station Computer，SC），第四层为线路中心层（Line Central Computer，LCC），第五层为清算管理层（AFC Clearing Center，ACC）。具体 AFC 系统架构结构图如图 3-4-1 所示。

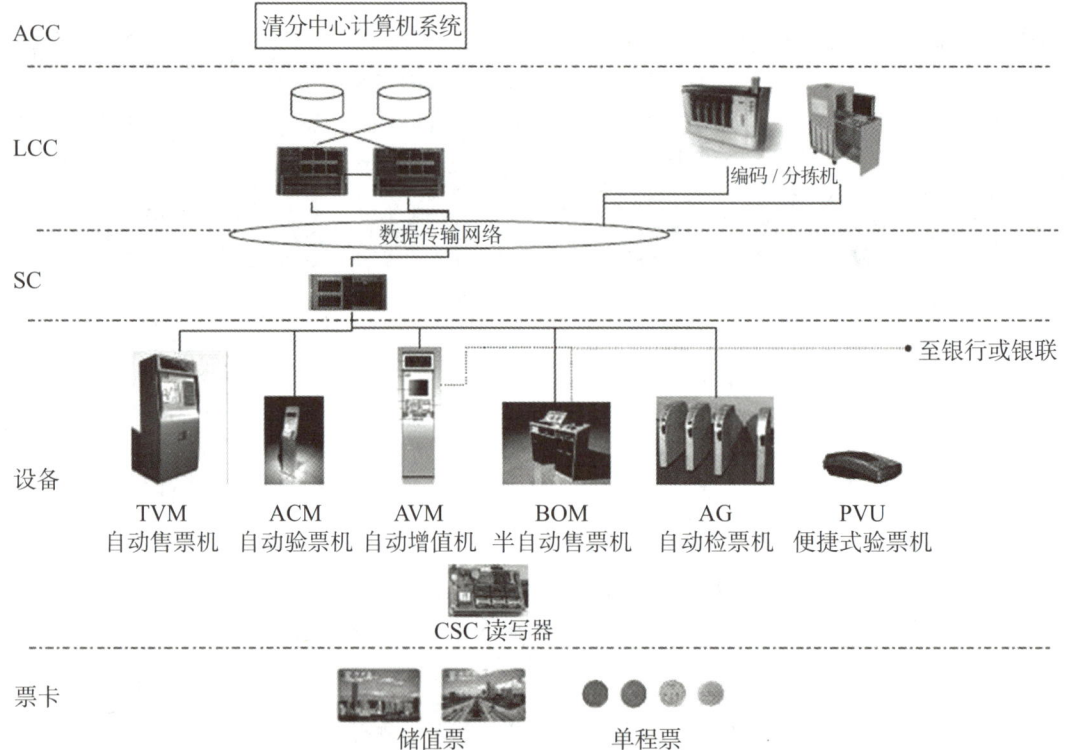

图 3-4-1　轨道交通 AFC 系统架构结构图

1. 车票层

车票层是乘客与轨道交通 AFC 系统之间的媒介，用以记录车票票价、购票时间与进出站点等信息。常见形式有卡式 IC 卡与筹码式 IC 卡。车票种类又可以分为单程票、储值票、计次票等。

2. 终端设备层

车站终端设备包括检票闸机（AG）、自动售票机（TVM）和半自动售票机（BOM）等。终端设备层直接与线路车站层对接，主要的作用为从 SC 下载参数，生成并上传操作日志、交易等数据，定期上报机器状态等等。

3. 线路车站层

线路车站层即车站计算机系统，是车站的管理中心，负责监控 SLE 设备状态和通过下发参数控制设备的文件版本，采集汇总设备状态、交易等数据，分析处理并形成表格，上传至 LCC，并接收来自 LCC 的管理参数。

4. 线路中心层

线路中心计算机系统是地铁线路的管控中心，负责所在线路的票务数据与运行数据的收集分类，完成各种统计分析报告，对线路中各种参数的设置与更新进行管理，同时接受、发送 ACC 的运行参数、票价表、交易结算数据等，向 ACC 上传各类车票的原始交易数据。

5. 清算管理层

清算管理中心是整个城市轨道交通的最高控制中心，主要负责与城市公共交通一卡通清分系统和结算银行系统进行票款的核算清分，并对 AFC 系统产生的各种运营参数进行整合管理，设置和发行运行参数、票价表、降级运行模式等信息。

3.4.2 AFC 系统终端设备

1. 自动检票机

自动检票机（Automatic gate，AG），简称闸机，布置在车站的非付费区与付费区交界处，对票卡进行检测与回收，检测到符合条件的票卡时即释放闸门，用于乘客的自主进出站。自动检票机的功能如下。

（1）自动检验车票有效性，放持有效车票的乘客进出站，拒绝无效票。

（2）提示车票处理结果、通道通行状态等。

（3）回收具备特殊需求的车票。

（4）监控各部件工作状态并实时上传。

（5）接受车站计算机的控制参数并执行控制命令。

（6）储存并上传交易数据。

按照使用功能区别，自动检票机可分为进站检票机、出站检票机、双向检票机三类，如图3-4-2所示。进站检票机负责控制乘客进站检票，票卡读写装置设置于非付费区；出站检票机负责控制乘客出站检票，票卡读写装置设置于付费区；双向检票机则可以根据需求实行双向检票，付费区与非付费区均设置票卡读写装置。

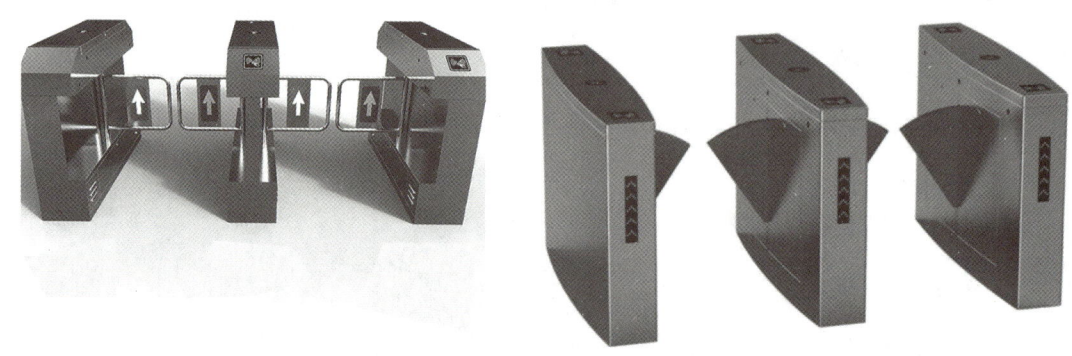

(a) 进/出站自动检票机　　　　　　　(b) 双向自动检票机

图3-4-2　使用功能区别的自动检票机

按照阻挡装置区别，自动检票机可分为三杆式检票机、扇门式检票机和拍打门式检票机。图3-4-3（a）所示为三杆式检票机，图3-4-3（b）所示为扇门式检票机，图3-4-3（c）所示为拍打门式检票机。

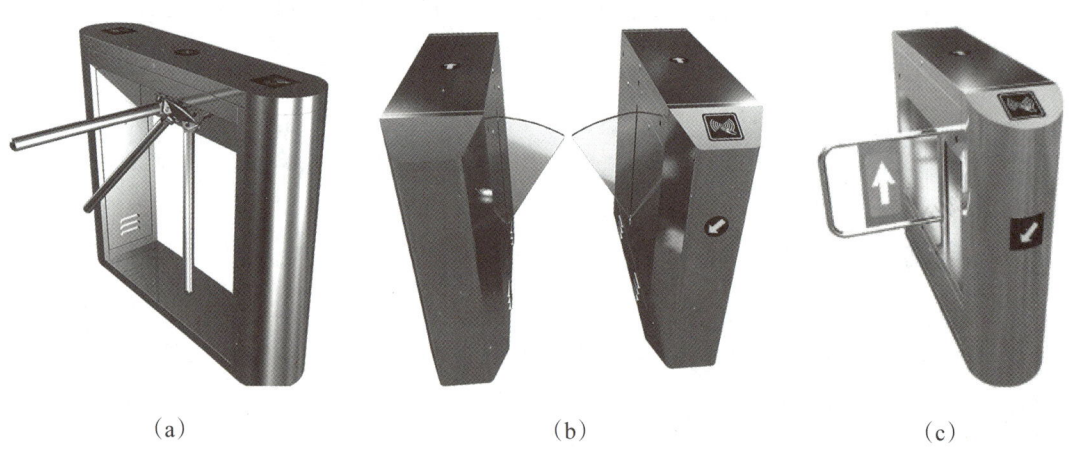

(a)　　　　　　　　　(b)　　　　　　　　　(c)

图3-4-3　阻挡装置区别的自动检票机

按照闸门规格区别,自动检票机可分为标准通道检票机、宽通道检票机。其中,宽通道检票机主要服务于残疾人群或携带大件行李的乘客。图 3-4-4 所示为宽通道检票机。

图 3-4-4　宽通道检票机

2. 自动售票机

自动售票机(Ticket Vending Machine,TVM)布置在车站的非付费区,向乘客提供现金售票服务,如图 3-4-5 所示。可接受硬币和纸币购买单程 IC 票卡,部分设备兼具一卡通储值票的充值功能。自动售票机由票卡发行单元、纸币找零单元、硬币处理单元、纸币识别单元、票及打印机、维修打印机、乘客显示触摸屏、运行状态显示屏、维修模块、电源模块主控单元等独立部件组成。各自通过相应线缆连接。

主要功能如下。

(1)接受乘客购票选择,及时反馈提示信息和操作指导。

(2)回收现金并识别,自动计算现金数量、金额并找零。

(3)自动完成车票发售、赋值、校验及出票。

(4)监控各部件工作状态并实时上传。

(5)接受车站计算机的控制参数并执行控制命令。

(6)储存并上传交易数据。

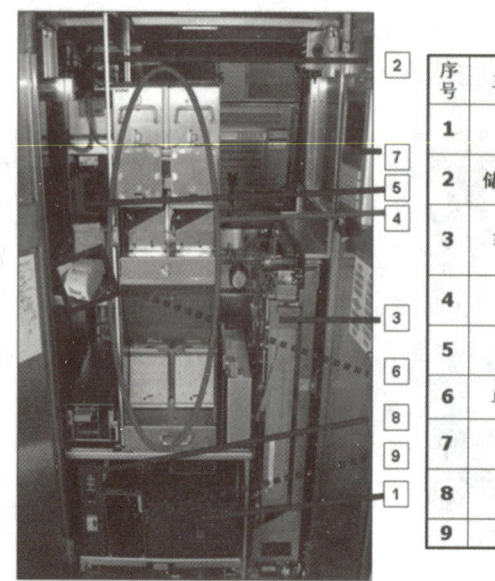

图 3-4-5　自动售票机

3. 半自动售票机

半自动售票机（Booking Office Machine，BOM）通常布置于售票亭或客服中心，以人工辅助方式向乘客提供票卡分析、查询、充值、退币、发售等票务服务。其外观如图 3-4-6 所示。

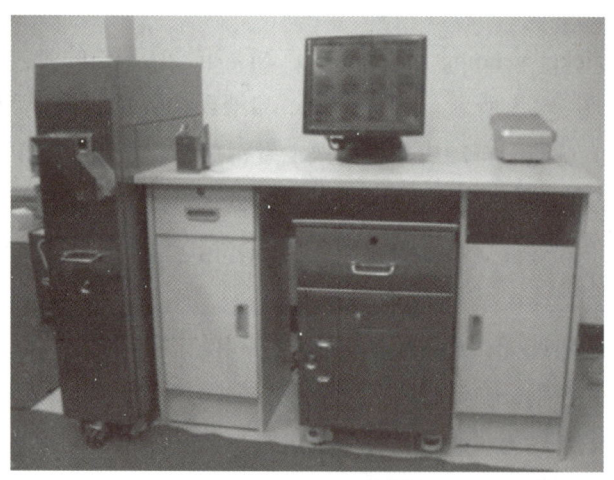

图 3-4-6　半自动售票机

半自动售票机由主控单元、操作显示器、乘客显示器、打印机、钱箱、IC 卡读写器、IC 卡发售单元、对讲设备电源等独立设备组成，通过相应线缆连接。根据设置位置不同，具有售票、补票和售补票功能。

4. 自动查询机

自动查询机（Automatic Inquiry Machine，AIM）通常安装在非付费区，位于自动售票机附近，供乘客自助查看所持车票的信息及有效性等。除此之外，自动查询机还可以准确地提供 AFC 系统介绍、AFC 系统使用指南和交通公告等服务信息，如图 3-4-7 所示。

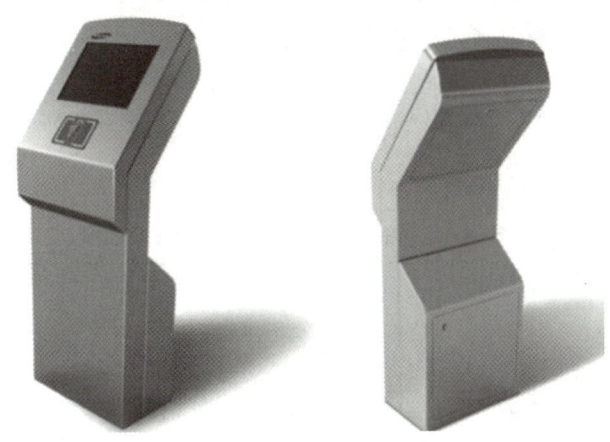

图 3-4-7　自动查询机

5. 便携式验票机

便携式验票机（Portable Card Analyzer，PCA）是用于车站工作人员或稽查人员使用车票进行检查的设备。可在不同车站与不同区域（付费区或非付费区）之间移动操作。可通过 LCD 显示屏显示检票和验票结果，并显示记录在车票上的交易信息，如票种、票值、有效期、无效原因、应收票价等。根据计费规则和费率表，可以对车票进行检票的处理，如图 3-4-8 所示。

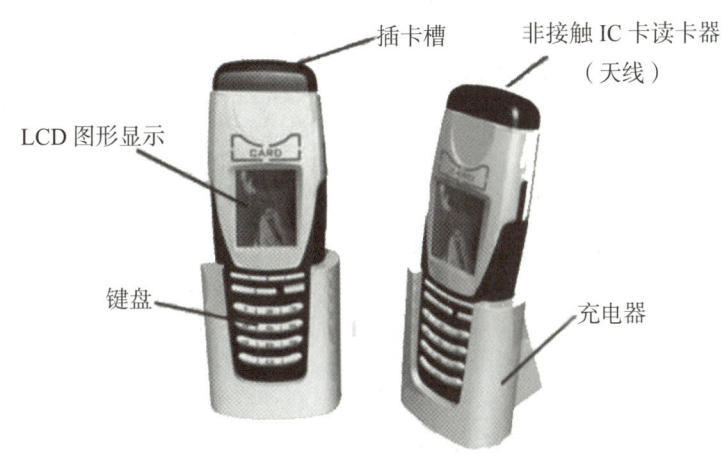

图 3-4-8　便携式验票机

3.4.3 融合支付业务

随着互联网移动支付的广泛应用，城市轨道交通运营企业开始逐渐引进自动售检票系统的融合支付业务。融合支付业务是指通过城市通 IC 卡、银行卡、手机 Pay、城市通二维码或交通部互联互通卡，在同一个设备上进行刷卡、手机 NFC 支付或扫手机二维码的操作，实现乘车费用多元化电子支付的服务方式。

1."融合支付"基本技术原理

内容如表 3-4-1 所示。

表 3-4-1　融合支付各环节技术原理及效果

技术环节	传统城市通 IC 卡	二维码 / 手机 Pay	效果
合法性认证方式	终端设备读写器内密钥卡与黑名单文件	终端设备读写器内密钥卡 / 预置于终端设备读写器内的公钥证书与黑白名单文件	非本地城市通发行的二维码、不符合使用条件的手机 Pay 无法使用
进出站控制	终端设备写入城市通卡内的进出站信息（过程文件）	终端设备上传到"融合支付"后台服务器的交易记录	1. 终端设备连接到后台服务器时，能够在全线网对二维码 / 手机 Pay 做 10 分钟内不允许重复进站或出站限制 2. 二维码 / 手机 Pay 的 BOM 查询与更新，实际上是连接后台查询上一笔交易记录，以及对交易记录进行更改。
计价扣费	终端设备根据卡内进站信息实时计算票价并在卡内扣除费用	后台系统对进站和出站交易进行配对，计算票价并从账户中扣除费用	1. 正常情况下二维码 / 手机 Pay 扣费会有一定延迟 2. 如果缺失进站或出站交易，会出现"单边交易扣费"情况。

2. 互联网售票机

互联网售票机（Internet Ticket Vending Machine，ITVM）安装在非付费区内，用于网络、手机和银行卡购买非接触式 IC 卡单程车票、取票机信息的查询。如图 3-4-9 所示。

图 3-4-9　互联网售票机

3. 二维码过闸

使用城市轨道交通 APP 或微信/支付宝等第三方 APP 生成二维码后对准闸机扫码，即可通过闸机，如图 3-4-10 所示。

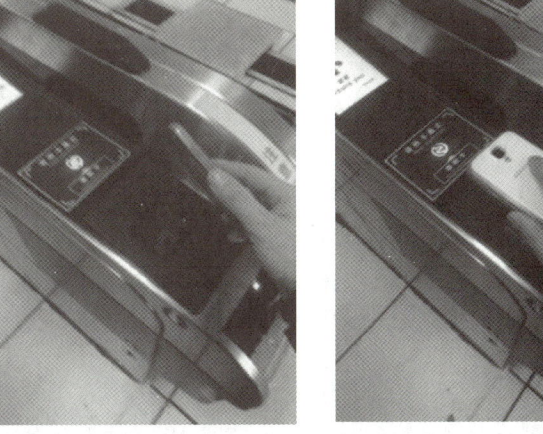

图 3-4-10　二维码扫码进站

目前二维码过闸的主要异常表现在无法生成二维码和二维码无法正常进出站。

（1）当出现二维码无法生成时，站务人员可以告知乘客：可能手机网络信号不好，请乘客尝试重新生成二维码；或者查看乘客账户余额是否不足，提示乘客充值或使用其他车票；若出现账户状态异常，则请乘客咨询一卡通服务部门。

（2）二维码无法正常进出站时，站务人员可以告知乘客：可能乘客二维码过期（2分钟内），提示乘客刷新二维码；或者乘客已经刷过进站（10分钟内），需要请乘客到客服中心按照正常票务程序处理。

4. 银联卡过闸

如果乘客持银行卡，则与使用城市通卡的方式一致，进站刷卡、出站刷卡，如图3-4-11 所示。

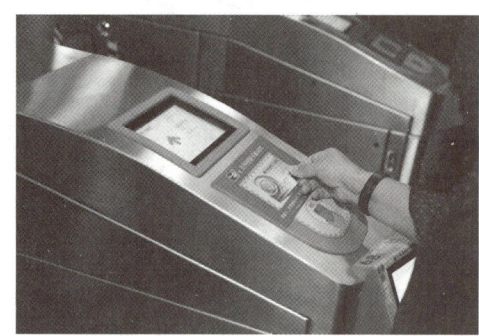 

图 3-4-11　银行卡刷卡进站

若乘客持手机使用闪付，在手机打开 NFC 功能后，将手机贴近闸机刷卡感应区，手机屏幕会显示调出银联闪付应用，提示乘客输入密码或指纹验证，使手机银联闪付应用获得消费授权，最后将手机贴近闸机刷卡感应区，扇门即可打开，如图 3-4-12 所示。在乘客刷卡时，站务人员应提示乘客倾斜刷卡，以保证进站顺利通畅，如图 3-4-13 所示。

图 3-4-12　手机 NFC 闪付进站

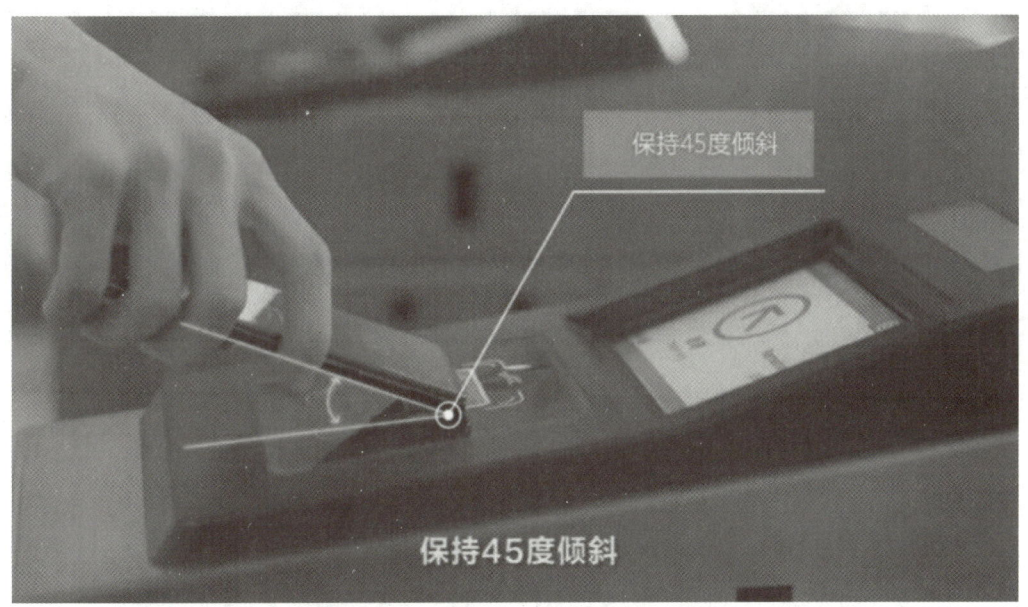

图 3-4-13 刷卡方式

任务 3.5 综合后备盘及客运备品

3.5.1 综合后备盘

综合后备盘（Integrated Backup Panel，IBP）是一个集成的模拟监控盘，集成多个系统的后备操作按钮和运行状态指示，并通过相互独立的信号通道（网络或硬线）分别对各类系统进行操作控制，是为提高紧急情况下综控室值班人员的防灾救灾能力而设置的。

1.IBP 盘的组成

IBP 一般由上、下两部分组成：上层部分为 IBP 的马赛克盘面，主要设置指示灯和按钮，用于显示设备运行状态和控制操作；下层部分为工作台，主要放置各专业系统的设备，如显示器、调度电话、监视器以及相关的辅助设备。综控室 IBP 与各专业系统通过电缆采用硬结点方式进行连接，其构成主要有工作电源、盘面布置的各专业操作控制按钮、信号状态指示灯、闭锁开关、时钟、相应各专业设备编号等，在 IBP 马赛克盘面上划出各分区，对不同系统的设备进行监控。图 3-5-1 为综控室 IBP 马赛克盘面和工作台的位置。

图 3-5-1　车站控制室 IBP 马赛克盘面及工作台

2.IBP 工作台

IBP 工作台一般分为值班台主台、值班台辅台（临窗工作台）、打印台 3 部分。

（1）值班台主台为 IBP 的主要操作区域，设置正常运行及紧急情况下需要操作的工作站，一般设置于 IBP 马赛克盘的正下方。主台上的工作站与马赛克盘面共同作用，完成对本车站正常及紧急情况下的监控。

（2）值班台辅台，也称为临窗工作台，一般设置于车站控制室面对公共区的观察窗侧。

（3）打印台的设置根据各地区的运营要求而设置，大多数情况下是将值班台辅台与打印台合并设置。

3.IBP 工作台的布置原则

（1）各系统工作站显示器应尽量保持大小一致、颜色一致。

（2）值班台主台各系统显示器尽量与 IBP 马赛克盘面区域的系统保持一致，比如马赛克盘面上是 FAS 区，正下方尽量摆放 FAS 工作站及显示器。

（3）调度电话的布置。行调电话放置在信号系统显示器旁；电力调度电话放置在综合监控显示器旁；防灾调度电话放置在 FAS 与综合监控系统显示器中间，车站级综合监控系统如集成了 FAS，可将防灾调度电话直接设置在综合监控显示器旁。

（4）在辅台上一般设置平时不操作或很少操作的工作站及显示器。

（5）打印机一般设置于很少有人操作的区域，可设置于打印台上，没有打印台也可设置在辅台上，但一般不设置在主台。

4.IBP 马赛克盘面功能

马赛克盘面上为各系统分别划分了一块功能分区，每个分区可根据自身的实际需求略有增减。为满足各系统在各自分区上的功能需求，马赛克盘面上设有按钮、指示灯、钥匙开关等。按钮、指示灯的数量、颜色、样式等根据各地区工程特点及各系统接口形式的不同，选择形式也有所不同。图 3-5-2、图 3-5-3 分别为北京地铁 15 号线和广州广佛线马赛克盘面的布置图。

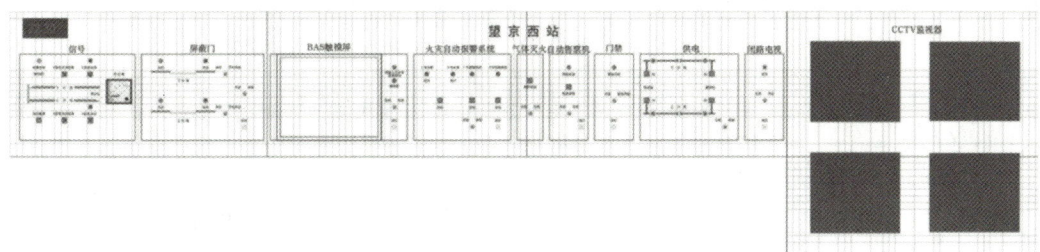

图 3-5-2　北京地铁 15 号线马赛克盘面布置图

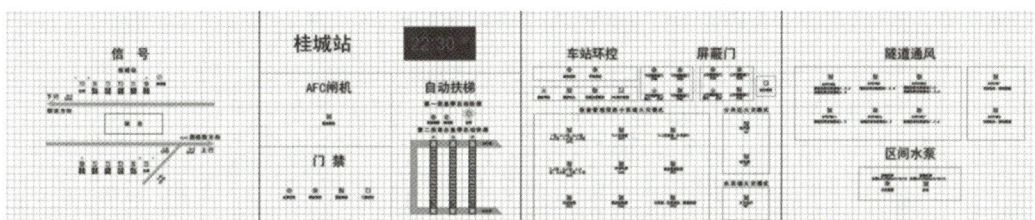

图 3-5-3　广州广佛线马赛克盘面布置图

（1）信号系统功能区。

当有人进入轨行区，或发生火灾等紧急情况时，通过 IBP 上设置的紧急停车按钮（红色不带灯自复按钮），实现信号系统信号机的紧急关闭，实现列车在自动状态下的紧急停车，防止列车进站，同时蜂鸣器响起。当危险信号解除时，通过 IBP 上设置的紧急停车复位按钮（绿色不带灯自复按钮）进行信号系统的恢复，使得列车恢复到正常运行状态，如图 3-5-4 所示。

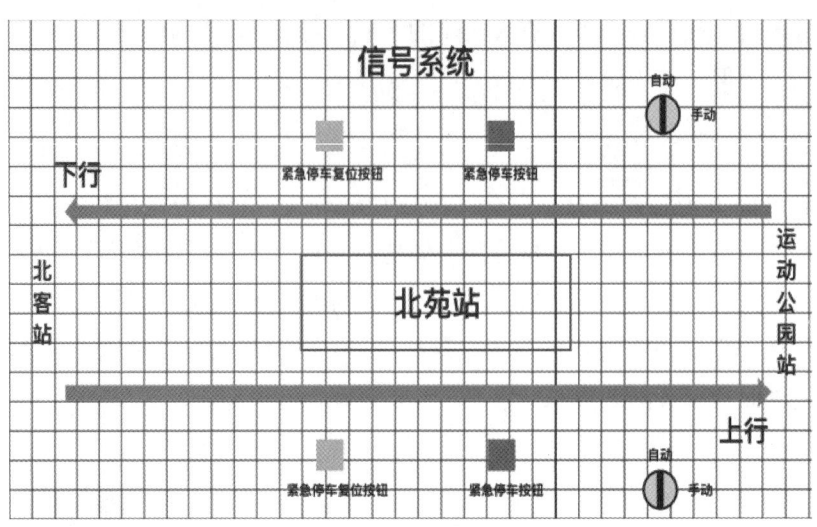

图 3-5-4　信号系统功能区样式

（2）门禁系统功能区。

在门禁系统功能区（见图 3-5-5）设置门禁紧急释放按钮及状态指示灯，实现火灾、恐怖袭击等紧急情况下对本站相应区域门禁系统电锁的紧急断电（或称为门锁释放），便于运营人员及乘客逃离危险区。操作门禁模块之前，需将钥匙打至有效位，按压紧急释放按钮，相应释放状态灯亮红灯，相应端门禁紧急释放。

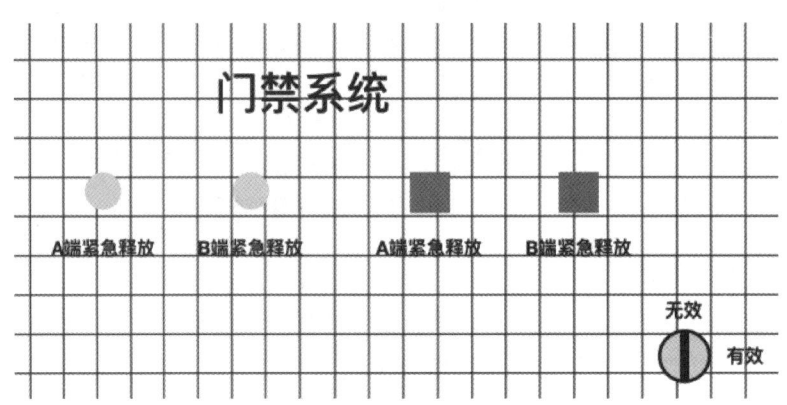

图 3-5-5　门禁系统功能区样式

（3）自动售检票系统功能区。

在自动售检票功能区（见图 3-5-6）设置闸机的紧急开启按钮及状态指示灯，实现火灾、战备等紧急情况下，对本站所有闸机的开启功能，便于乘客疏散。紧急情况下，钥匙打至有效位方可操作。按压紧急释放按钮后，释放状态亮红灯，所有闸机打开并保持常开，再次按压后闸机恢复正常。当车站发生火灾时，系统联动闸机常开，恢复正常模式之后，闸机不会自动恢复，需 AFC 专业人员现场逐排恢复。

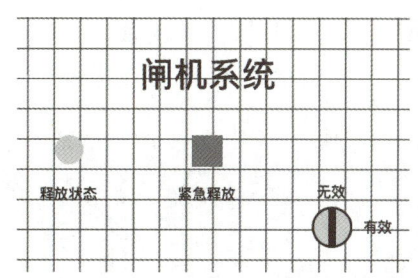

图 3-5-6 自动售检票系统功能区样式

（4）屏蔽门系统功能区。

屏蔽门模块上下行各有一个指示灯，一组按钮和一个操作有效钥匙，如图 3-5-7 所示，分别是关闭且锁闭指示灯（绿色灯）；关门按钮（红色）；开门按钮（绿色），IBP 操作钥匙（有"有效"和"无效"两个位置）并配有允许操作指示灯。当紧急情况发生时（如滑动门与车体之间存在异物，列车正常到站滑动门无法打开，火灾、阻塞需紧急疏散等紧急情况），值班员可在第一时间通过使用钥匙打至"有效"位，操作设置在 IBP 的屏蔽门紧急开启按钮，实现对滑动门的紧急开启功能。

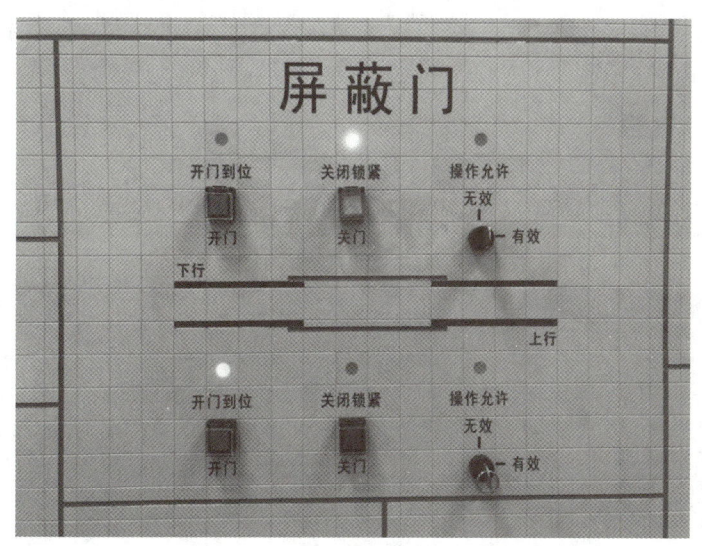

图 3-5-7 屏蔽门系统功能区样式

（5）火灾自动报警系统功能区。

依照 GB50116—2013《火灾自动报警系统设计规范》中"消防水泵、防烟和排烟风机的控制设备，除应采用联动控制方式外，还应在消防控制室设置手动直接控制装置"及"消防控制室图形显示装置应设置在消防控制室内，并符合火灾报警控制器的安装设置要求"的规定，紧急手动直接控制装置可由综合监控系统 IBP 统一实现。IBP 设置现场级火灾专用设备（消防水泵、防烟和排烟风机）的手动直启按钮及相应的火灾模式启动按钮。

正常情况下车站环控模块钥匙在自动位，自动状态指示灯常亮红灯，经环调允许后可将钥匙转动至手动位，手动状态指示灯亮红灯，如图 3-5-8 所示。

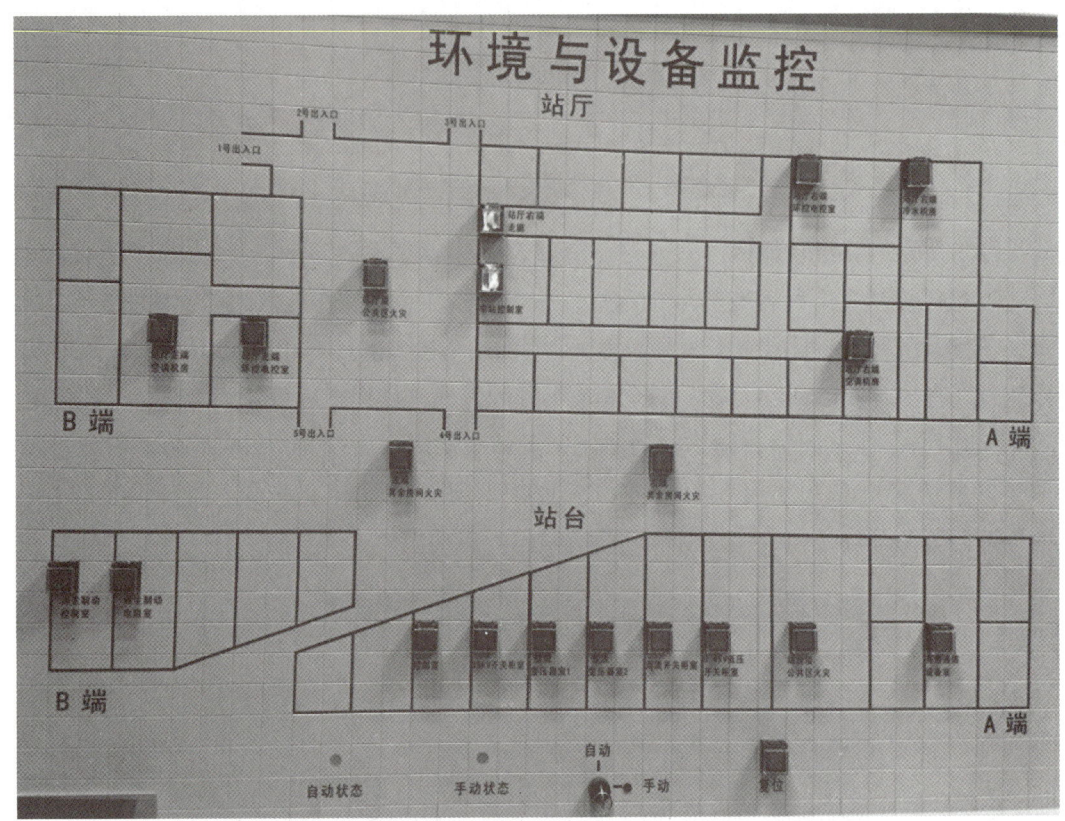

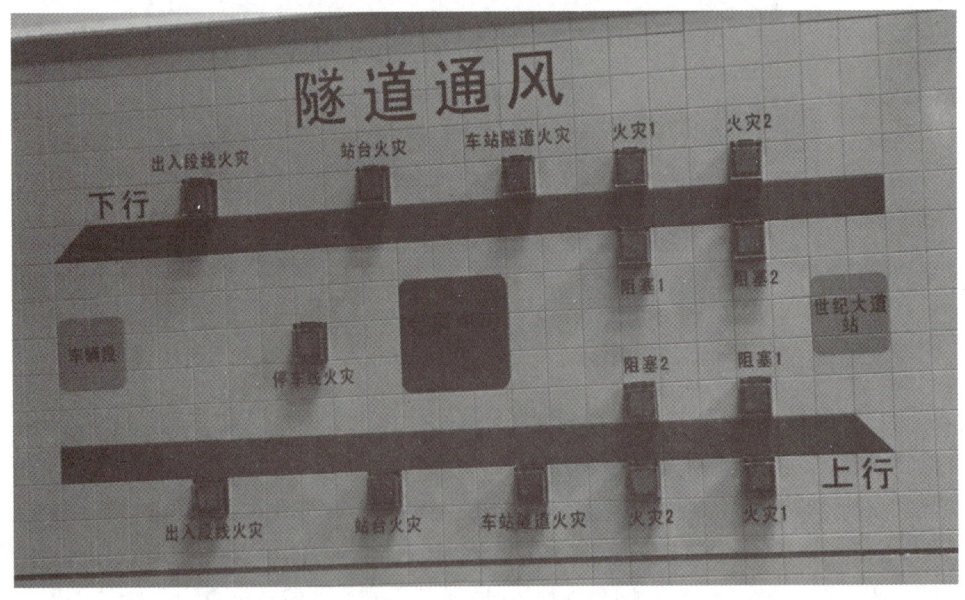

图 3-5-8　火灾自动报警系统功能区样式

（6）闭路电视监控系统功能区。

有些地区公安通信与专用通信系统是分别设置的。专业通信系统在夜晚时，摄像头和主机处于休眠模式，在IBP上设置唤醒按钮，实现紧急状态下或者第2天运营时对闭路电视监控系统主机和摄像头的唤醒。各地区运营有不同的监控要求，若运营要求24小时监视车站状态，可省略本功能。

当综合监控系统故障或瘫痪不可用时，由车站通过IBP盘进行现场设备状态的监视和手动紧急控制，由行车值班员或值班站长负责操作，其他无关人员不得进行操作。并且，操作IBP盘（除试灯按钮）原则上应得到行调许可，紧急情况下操作后应及时汇报行调，必要时及时通知司机。

3.5.2 客运备品

车站客运相关备品主要指导流辅助设施和消防设施。

1. 导流设施

导流设施主要由导流带、警戒带、活动围栏、固定围栏、临时公告、临时导向等组成。

车站日常客流组织时使用的导流设施主要是导流带、警戒带、活动围栏及固定围栏，如图3-5-9所示。在使用导流辅助设施时，应注意以下几点。

（1）在进行日常导流围栏组织时，应着重关注围栏末端。通常围栏末端拥挤状况较为严重，对围栏的冲击较大，也容易造成乘客伤害等问题。因此要组织乘客有序排队，当乘客较多时应注意使用导流带或警戒带等设施延长导流围栏，使乘客能够在围栏中排队等候，此外在围栏拐角、变窄等位置同样需要注意，避免拥挤造成不良后果。

（2）导流围栏通常较长，疏散门至关重要。当围栏内出现各种特殊情况时，应先稳定乘客的情绪，使其保持冷静，并在第一时间打开疏散门，引导乘客，有序疏散。

(a) 导流带　　　　　　　　　　　　(b) 警戒带

（c）固定围栏　　　　　　　　　　　　（d）活动围栏

图 3-5-9　导流设施

（3）站务人员对客运设施应每日进行检查，查看其性能是否完好。

（4）客运设施使用应因地制宜，以客运组织需求为根本出发点灵活运用。

（5）使用导流设施时，应保障乘客能够在特殊情况下顺利疏散，要避免导流设施成为乘客疏散时的障碍，疏散门应能够在任何时候快速打开，对于上锁的疏散门及钥匙，应有现场负责客流组织的人员随身携带。

在车站有紧急情况、车站发布公告、车站客流组织流线临时改变时，通常会使用临时公告牌或临时导向设施，如图 3-5-10、图 3-5-11 所示。常规情况下，临时公告牌与临时导向设施保存在车控室内，根据车站需求进行灵活使用。

图 3-5-10　临时公共告牌

图 3-5-11　临时导向设施

2. 消防设施

为了确保城市轨道交通安全高效舒适的良好环境，防止因意外火灾事件影响正常运营，轨道交通车站均需配备相关消防设备。通常车站配备的消防设施主要包括灭火器、消火栓、防毒面具、防火卷帘门等。

（1）灭火器。

灭火器主要是用于扑灭初期火灾的器具，正确使用灭火器，可避免火灾造成重大损失，因此灭火器的作用是很重要的。灭火器的分类方法很多，通常按重装灭火剂的类型来划分，常见的有：干粉灭火器、清水灭火器、二氧化碳灭火器、泡沫灭火器，如图3-5-12所示。为了方便使用，车站配置的灭火器大多为手提式干粉灭火器，可扑灭易燃、可燃液体、气体及带电设备的初期火灾。

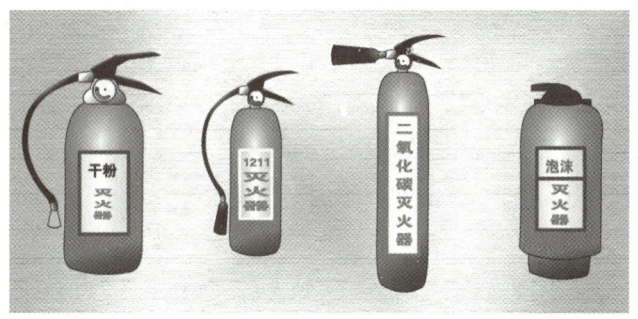

图 3-5-12　灭火器

（2）消火栓。

在车站范围内消火栓分为两种，一种是室内消火栓，另外一种是室外消火栓，室内消火栓（见图3-5-13）常用于各类型车站，而室外消火栓（见图3-5-14）普遍应用于地面或高架车站。室内消火栓由消火栓门、启泵按钮、水枪、卷盘、水带及阀门组成。

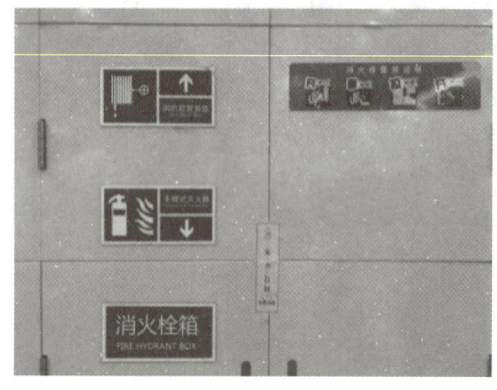

图 3-5-13 室内消火栓

图 3-5-14 室外消火栓

轨道交通车站对于消火栓灭火器，通常分为日常巡视检查和月度定期检查。

①日常巡查检查。

城市轨道交通车站消火栓及灭火器，在接管验收后，需张贴封条。车站值班员，每隔两小时巡视一次消防器材，巡视时不打开消火栓箱及灭火器箱门，若发现封条破封时，巡视检查人员应打开消火栓箱和灭火气箱，检查消火栓和灭火器部件是否缺失和破损。

②月度定期检查。

车站每月对消火栓和灭火器进行一次全面检查，主要检查器件是否完好，相关指示灯是否功能正常等。车站每月检查后，在消防器材检查表上做好记录，并将问题上报并跟踪处理，检查完毕后将消火栓箱和灭火器箱用封条加封。

（3）防毒面具

防毒面具又称过滤式消防自救呼吸器。火灾自救面具统称呼吸器，空气呼吸器是用来防御缺氧环境或空气中有毒有害物质进入人体呼吸道的保护用具，如图 3-5-15 所示。

在车站发生火灾或出现有毒气体时，站务人员应先打开防毒面具盒，将防毒面具取出，拔掉两个红色的密封塞，最后将头部套入防毒面具内，同时拉紧头部绳带撤离火场。必要时，需要站务人员协助乘客佩戴防毒面具，如图 3-5-16 所示。

图 3-5-15 防毒面具

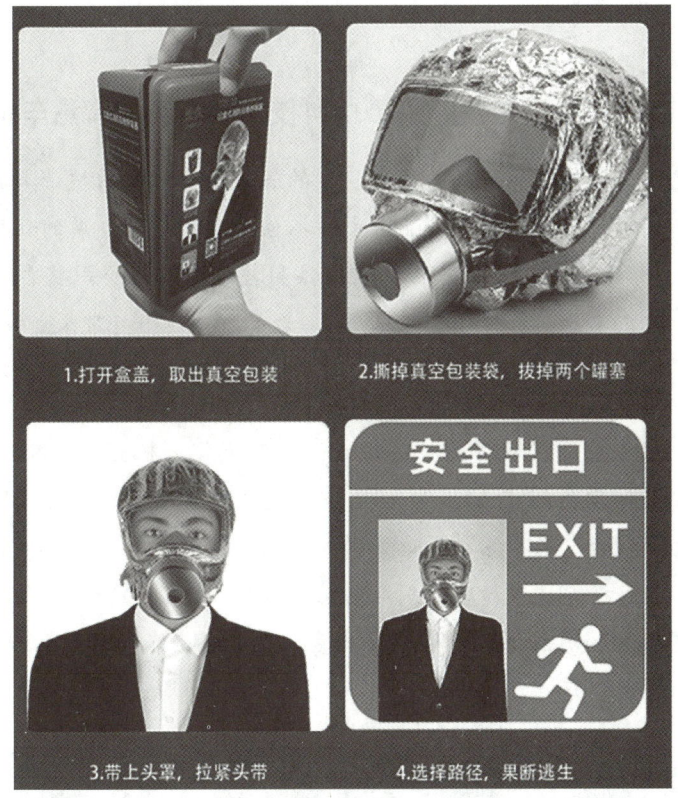

图 3-5-16 防毒面具佩戴方法

（4）防火卷帘门。

大部分城市轨道交通运营企业，还会在车站范围内设置防火卷帘门，通常采用无机布防火卷帘门的形式，当发生火灾触发烟感温感装置时，防火卷帘门就会降下来；另外每个车站出入口也会设置卷帘门，一般采用铝合金材质，称为防盗卷帘门。

车站卷帘门一般由值班站长操作，首先插入钥匙并转动，以给卷帘门上电，操作按钮。然后按"上"按钮使防火卷帘门上升或按"下"按钮使防火卷帘门下降，若上升或下降过程中出现异常，应及时按下停止按钮。最后转动钥匙断电并拔出钥匙。在操作失效的情况下，须以人工形式操作防火卷帘门或防盗卷帘门。

小知识

通常地铁车站为保证火灾时站内工作人员的人身安全，配备了相应的消防装备，具体包括：消防头盔、消防员灭火防护服、消防手套、消防安全腰带、消防员灭火防护靴、正压式消防空气呼吸器、防爆手电筒、消防轻型安全绳（高架站）、消防腰斧、湿巾、发光导向线、防火毯、消防板斧、直流喷雾水枪及耳麦。

思政园地

北京"创新型地铁"来了!科技元素点亮"智慧车站"

随着数字化智能化产品的普及,越来越多的百姓感受到高科技带来的便利。北京地铁突出智慧引领、创新发展,聚焦行业需求,抓住数字化转型发展的新机遇,建设"创新型地铁",以5号线东单站为试点,北京地铁科技发展有限公司将自主研发的科技智能产品应用到地铁东单站,打造"智慧车站",为市民公共出行带来新体验。

双目闸机"独具慧眼"

据悉,新一代智能产品双目闸机,经过高度集成化,机具长、宽分别为1400mm、180mm,分别比传统设备缩小30%和10%,可大大增加站厅的有效利用面积,节省站内空间,有效改善部分"老车站"用地紧张的现状。同时,每台闸机顶部设有一组双目摄像头,可利用双目视觉技术精准识别人与物与并保护它们的安全。双目立体视觉传感器与视觉通行逻辑控制器成像分析可以对儿童、孕妇、随行物品进行精准识别与保护,保障通行者安全过闸,有效实现防夹。

图3-6-1 地铁站中的双目闸机

双目闸机的"智慧"不仅仅体现在识别和分析,它还具有学习功能。通过双目深度视觉追踪识别技术和立体空间的检测技术,双目闸机能够精确识别目标的运动习惯,对刷卡乘客进行监控和提醒,从而杜绝插队、闯闸等现象。双目闸机能对反向闯入、尾随、并行等不良行为进行高精度检测,并记录实时影像取证,规范乘客的乘车行为。

智能折叠门藏有"大智慧"

智能折叠门具有智能监控、安全可靠、节能增效、可定制化外观等优点,能有效避免栅栏铁门过重、人工上锁关门时间长等问题。智能折叠门采用高度集成的智能控制系统,可实现远程自动开关门、门端和综控室视频语音对讲、门区空间视频监控等一系列功能,能有效保障人员及设施安全。门体产品选用嵌入式控制系统和驱动系统,运行可靠度极高,能适应苛刻的使用环境。智能折叠门可以保证站房空间相对封闭,帮助站内空间保持一个适宜的室温,从而减少能源损耗。

智能折叠门可以根据客运组织需求,定时统一开关门,有效提高工作效率。另外,智能折叠门还可根据地域特色或者设计较为特殊的站房的需求定制个性化外观,不断推出可以在颜色和外观上与车站建筑融为一体的潮流设计,呈现"智慧车站"的文化魅力。

图 3-6-2 北京地铁东单站内的智能折叠门

"智慧车站"之旅远没有结束,北京地铁将科技元素源源不断注入其中,助力轨道交通行业创新发展,领航"智慧车站"建设,使乘客出行更加安全、便利。

项目实训

1. 能力训练

（1）每5个人一小组，对城市轨道交通沿线的车站进行实地调研，对照本项目中介绍的车站主要客运服务设备的设置情况和功能，挑选一个有代表性的车站，写一篇1000字左右的调查报告，并制作PPT，介绍说明车站各客运服务设备。

（2）利用实训设备或仿真软件，对车站各种客运服务设备进行日常作业操作及简单故障处理。

2. 综合测评

评价表

项目名称	城市轨道交通车站	学生姓名	
任务名称	任务1 站台屏蔽门系统 任务2 电梯系统 任务3 车站导乘系统 任务4 自动售检票系统 任务5 综合后备盘	分数	
目标		分值	考核得分
1. 能够准确识别车站客运服务设备		15	
2. 能够规范操作电梯、屏蔽门、自动售检票设备和综合后备盘		25	
3. 能力训练完成情况		40	
4. 是否有小组计划		5	
5. 基本素养考核情况		15	
总体得分			
教师简要评语：			

教师签名：

项目练习

1. 站台屏蔽门的控制级别有哪些？优先级如何？
2. 屏蔽门的主要构成要素有哪些？
3. 简述垂直电梯和自动扶梯的日常操作流程。
4. AFC 系统终端设备有哪些？各自的组成是怎样的？
5. 简述车站综合后备盘盘面构成。
6. 车站日常使用导流设施有哪些注意事项？
7. 车站导向标识系统如何分类？

项目4

城市轨道交通车站运作管理

项目概述

车站是乘客乘降、换乘和候车的场所，是城市轨道交通客运作业的基本单元。每日运营前的开站工作、运营结束时的关站工作以及运营过程中的巡查工作、站台作业、边门管理工作和报表填写工作，既是车站必不可少的日常工作，也是城市轨道交通客运组织顺利开展的重要保证，对于城市轨道交通的正常运营有着重要意义。本项目首先介绍城市轨道交通车站的日常运作，然后介绍综控室的报表管理工作，并结合实例介绍综控室报表的填写规范。

学习目标

1. 知识目标

- 掌握车站开、关站及巡查作业流程。
- 熟记车站边门管理及站台作业办法。
- 掌握车站综控室报表填写方法。

2. 技能目标

- 在模拟场景中按照标准流程进行开、关站及车站巡查。
- 能够正确填写车站综控室报表。

案例导入

上海地铁站的"日常"故事

此时此刻，你是否在寒风中瑟瑟发抖，是否裹着羽绒服怀揣热水袋却依然冷到跺脚？你是否知道，在这个寒冷的季节里，有这么一群人，他们每天始终坚守着自己的岗位，时刻为乘客提供有温度的服务！

东亭地铁站里一位五十岁上下的阿姨背上背着、手上提着大包小包，步履蹒跚地走到安检处准备进站，当班的厅巡看到后赶紧上前主动接过阿姨手中的大包提袋（见图4-0-1），说道："阿姨，这个太重了，我帮您提吧。"过安检后，阿姨连连道谢，厅巡摆摆手说应该的，并提醒阿姨大件行李可以乘坐垂梯下到站台。

岳家嘴站4号线下行站台，一名维修人员搭着梯子，正在做站台滑动门的检修工作（见图4-0-2）。就在几分钟前，该滑动门发生了一点小故障，无法正常关闭，岳家嘴4号线行车值班员接到站台工作人员的报告后，为了行车正常不受影响，更为了广大乘客的人身安全，立即联系电工班到现场进行检查和修理工作。

图 4-0-1　厅巡帮乘客提行李　　　　图 4-0-2　维修人员检修站台滑动门

在城市生活的乘客一定知道，每天出行总要翻越两座"山峰"，一座叫作"早高峰"，另一座则是"晚高峰"，这两座"山峰"对上班族、上学族简直是不愿面对的考验。其实，这对于在地铁上班的站务人员来说，也是个不容易的差事：每每列车进站，都需要拿着扩音器重复喊着一样的话，一喊就是两小时；在有些车站，你甚至能看到包括部门管理人员和保安在内的六七位身着不同制服的工作人员。毕竟，在这种"非常时刻"，更需要保障每一位乘客出行安全和列车的准点率。

一个二十多岁的女孩在东亭地铁站客服中心问路时，突然倒地，客服中心工作人员立即联系120和女孩亲属，并为女孩做了一系列基本急救工作（见图4-0-4）。120赶到现场后，工作人员和车站保安一同协助医护人员将伤者抬上救护车。

 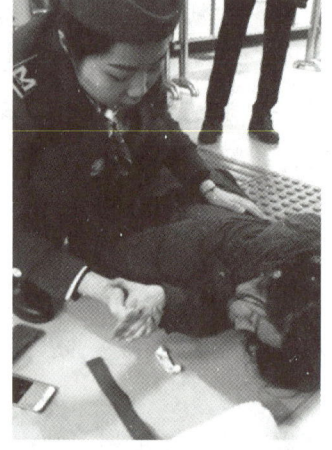

图 4-0-3　高峰期站务人员维持秩序　　图 4-0-4　工作人员对倒地乘客实施急救

思考：案例中车站日常运作涉及的岗位都需要做哪些具体作业？在进行日常作业时都有哪些注意事项？

任务 4.1　车站日常运作

> 城市轨道交通根据其运营特点，一般运营时间约为 18 小时，其他时间则用于维护和保养运营的设备设施。因此，车站的运作规律表现为运营时间开启与相应运营作业管理，非运营时间关闭。

4.1.1　车站开启

轨道交通线路各车站的开站时间随轨道交通首班车到达时间不同而有所区别。原则上在首班车到达前 10 分钟，完成所有服务准备工作，开启车站所有出入口。

1. 运营前准备工作

（1）行车准备工作

每日凌晨根据控制中心 OCC 行调的指令，车站值班站长组织行车值班员、站台安全员开展运营前行车作业准备工作。具体准备工作内容包括运营线路巡视、屏蔽门状态检查、LOW 机工作站准备、运营设备状态、清点行车备品等。

①运营线路巡视。

a. 在综控室确认检修施工销记、线路出清；

b. 检查站台区的轨旁设备、广告灯箱、接触网是否存在异常或侵限等情况；

c. 检查站台端、尾部是否遗留工器具或影响行车的物品；

d. 有岔车站需要按规定试验道岔。

②屏蔽门状态检查。

a. 检查站台端门和所有应急门是否已完全关闭且锁紧；

b. 检查所有滑动门开启后门头灯是否常亮，关闭后滑动门是否锁紧，门头灯是否熄灭；

c. 使用钥匙开关操作 PSL 盘，保证整侧滑动门正常开启关闭、指示灯显示正确；

d. 确认综控室 IBP 盘屏蔽门模块的指示灯显示正确。

③LOW 机工作站准备。

a. LOW 工作站按用户名、密码等规定登录系统并处于中控状态；

b. 非连锁站检查联锁区内轨道电路/计轴、道岔、信号机、站台门等行车设备状态是否显示正确；

c. 联锁站检查排列联锁区上/下行 ATP 进路、折返站两条 ATP 折返进路取消等操作；

d. 检查站控状态下 LOW 功能性操作情况。

④运营设备状态。

a. 与控制中心时钟系统的钟表时间进行对校，保证车站行车时间准确；

b. 检查供电系统、环控系统运行状态；

c. 检查综控室调度电话、站间电话、公务电话通话质量。

⑤清点行车备品。

a. 检查确认车站行车台账、备品齐全，检查行车备品箱加封情况；

b. 检查无线对讲机（400/800MHz）等行车备品功能使用状态。

（2）票务准备工作。

车站值班站长组织客运值班员、售票员开展运营前票务作业准备工作。具体准备工作内容包括以下几点。

①准备上岗用品，如票务钥匙、领取备用金及票卡；

②开启 AFC 终端设备，如自动售票机、自动检票机、查询机等，并检查其运行状态；

③检查对讲设备、票务备品状态和数量；

④确认完成对 AFC 终端设备的补币、补票作业。

（3）服务设备准备工作。

①开启车站照明；

②检查综控室 IBP 盘面各模块按钮、指示灯状态；

③检查站台、站厅 PIS 显示及音量情况；

④检查电扶梯和垂直电梯是否有异物、标识是否清晰、启动后使用状态是否正常；

⑤检查出入口设备设施情况；

⑥检查安检设备运行状态。

除此之外，值班站长还需要检查站务、安保等班组人员的出勤、到岗情况，检查上岗人员工具备品携带情况等，并指示行车值班员向控制中心行车调度员汇报检查情况。

2. 开站作业流程

为规范车站管理人员的工作行为，车站开启需要指定一定的工作规定。不同运营企业因运营时间的差异，对于车站的开启也有不同的规定，主要体现在执行各项工作的时间和执行人有所不同。但开启车站的流程基本相似，且执行人一般由值班站长指定。

表 4-1-1 为某城市轨道交通运营企业的开站流程示例。

表 4-1-1 城市轨道交通运营企业开站流程示例

序号	责任人	内容
1	值班站长、行车值班员、客运值班员	运营前检查开始时，客运值班员对 AFC 设备进行安装测试，确保 AFC 设备开站前满足运营需求；首列电客车出段/场前 30 分钟，值班站长及行车值班员按规定组织完成相应运营前检查工作
2	行车值班员	首班电客列车到达前 30 分钟，利用监控终端查看各系统设备运行情况
3	客运值班员	首班电客列车到站前 30 分钟为客服中心站务员准备好备用金、零钱、票卡及客服中心钥匙
4	客运值班员	监控客服中心站务员到岗后，在首班电客列车到站前 10 分钟完成开启车站大门及相应客运设备的工作
5	值班站长	在首班电客列车到站前 10 分钟巡视全站，重点检查各运营设备运行及人员到岗情况
6	站厅巡视员、站台安全员、客服中心票务员	在车站首班电客列车到站前 10 分钟领齐备品到岗，并完成各自工作区域的巡视工作
7	行车值班员	向乘客广播候车的注意事项

3. 注意事项

在进行车站开启作业时，各岗位需要做好相互监督、相互提醒，按照时间表来完成开站的各项作业任务。一般情况下，车站出入口需要在首班载客列车到站前 10 分钟开放，不得出现出入口卷帘门提前打开，客服中心和安检人员还未到岗位的情况。在运营期间，车站出入口必须开放，但以下情况除外。

①因实施车站管制而有必要暂时关闭车站和车站出入口；

②发生紧急情况；

③获得特定运营权限（必须通知行车调度员）。

> **小知识**
>
> **重庆首批智慧车站**
>
> 重庆首批智慧车站实施一键开关站、视频与扶梯联动等智慧车站功能。一键开关站基于智慧车站平台，结合智能场景业务应用，整合综合监控及各子系统功能，早晚间完成开关站任务，减少运营工作量，提高效率。智慧车站采用智能化的手段充分保证开、关站的可靠性和安全性。当车站自动扶梯出现拥堵、乘客摔倒和逆行等异常情况的时候，视频系统可经过智能判断后推送画面至车控室显示终端，并发送信息至综合监控系统，综合监控系统弹窗控制自动扶梯界面，闪烁报警。

4.1.2 车站巡查

车站巡查是车站工作人员日常工作的重要内容之一，其主要目的是及时发现和消除隐患，避免事故的发生。不同车站岗位人员巡查的范围、规则和内容均有所差异。车站巡查时，需要定期对车站的设备区、客服中心、公共区、管理用房及出入口进行检查。

1. 巡查范围

（1）站台安全员主要负责车站站台。

（2）站厅巡视员主要负责站厅公共区及出入口。

（3）客运值班员主要负责客服中心、站厅公共区、站台公共区及出入口。

（4）值班站长负责车站的设备区、客服中心、公共区、管理用房和出入口等所有场所。

2. 巡查频率

（1）站台安全员在接发列车间隙进行站台巡视工作，交接时接岗人员必须先巡视后接岗。

（2）站厅巡视员每2小时巡视一次，发现问题立即上报行车值班员。

（3）客运值班员根据需要对每个班组在工作期间巡视不少于4次，并记录相关情况。

（4）值班站长当班期间需要每2小时巡视一次车站，同时记录相关巡查情况，在交接班前同样需要进行巡视。

3. 巡查内容

在巡查车站时，主要关注车站的乘客动态及乘车秩序、设备设施状态及运作、可疑人和可疑物等异常情况、站内客流情况、车站卫生情况等，尽力消除安全隐患，并做好必要的记录，确保客运工作顺利进行。

（1）设备运行状态。

①有关员工在停止电扶梯或自动人行道前，必须确保梯级和踏板上均没有人，在紧急情况下除外；

②确保站台设备正常，发生故障及时报修。

（2）站内客流情况。

①随时关注客流情况，避免因人多拥挤而构成的危险；

②维持站台舒适安全的候车环境；

③做好在发生紧急情况时疏散乘客的准备，如广播、通告、应急方案等。

（3）消除安全隐患。

①及时清理地面积水、液体、污泥或其他污渍；

②遇雨雪天气时，及时铺设防滑用品及清扫出入口外积雪；

③避免在湿滑砖面和金属踏板上撒上沙粒；

④当隐患不能彻底消除时，设置适当的防护警示标志；

⑤在接触轨停电后，方可进入轨道区域，获授权处理紧急事宜的情况除外，但必须穿好绝缘鞋做好自身防护。

（4）乘客动态及乘车秩序。

①防止儿童在车站范围内嬉戏；

②防止乘客携带任何危险品、攻击性物品或有害物品进入地铁范围；

③防止乘客运送可能会导致意外、滋扰其他乘客或损坏公司财物的物品；

④要求携带笨重物品或行李以及使用轮椅的乘客使用垂直电梯，切勿使用扶手电梯，以免构成危险。

（5）特别注意。

①站台边缘或列车附近是否存在隐患，例如乘客扒屏蔽门，或在站台边缘、站台安全门上或附近摆放物品；

②留意车门、屏蔽门的关闭情况，特别注意是否有乘客可能被门夹住；

③确保站台设备正常，发生故障及时抢修；
④一旦出现异常情况，及时按动紧急停车按钮。

（6）车站房间。

有关员工必须经常巡查其可进入的房间，做好以下检查。

①已关闭所有不需要的照明；
②房间清洁，没有垃圾；
③无其他异常情况。

小知识

由于疫情原因，目前车站日常巡查内容增加了查验乘客体温、戴口罩情况和消杀等工作（见图4-1-1）。上海地铁已全部配置红外测温设备，严格执行对进站乘客的体温筛查；加强车站现场巡视力度，对不规范佩戴口罩的人员主动劝导，引导乘客提高防护意识；体温异常或不配合测温的，将被拒绝进站或上车。

同时，加强分类管理和精准防控。针对重点车站，实施严格的消毒措施（见图4-1-2）。对车站环境和栏杆、扶手、电梯、票务系统等乘客接触部位，确保每日消毒不少于4次，车站公共厕所、安检设备按照每1小时1次的频次消毒。每天运营结束后，还要对车站、列车进行彻底清扫消毒。

图4-1-1　查验乘客体温

图4-1-2　为车站设施消毒

4. 巡查记录

车站巡查可以消除或减少车站安全隐患，因此在车站的日常运作中具有极为重要的作用。车站当班人员不仅要做好巡查工作，还需要如实填写巡查表，发现问题必须在台账上详细注明，要有跟进措施，解决问题后签名确认。表4-1-2、表4-1-3分别为车站巡视的记录表样例和设备故障登记簿样例。

表 4-1-2　站台巡视记录表

车站：　　　　　　　　　日期：　　　　　　　　　检查人：

序号	检查项目	是否正常工作	问题描述及解决情况
	自动扶梯		
	楼梯		
	垂直电梯		
	屏蔽门		
	卫生间		
	广告板		
	照明		
	供电		
	…		

注：①没发生任何异常时在"是否正常工作"栏填"是"；
②发生异常时，必须立即向值班站长报告，并说明设备的正确位置和设备的损毁情况。

表 4-1-3　设备故障登记簿

巡查内容 \ 巡查情况 \ 巡查时间	时 分	时 分	时 分	时 分	时 分
用火用电					
安全出口、疏散通道					
安全疏散标志、应急照明					
消防设施、器材和消防安全标志					
防火门和防火卷帘门					
消防重点部位人员在岗情况					
车站设备状况					
其他情况					
巡查人员签名					
监督人员签名					

签 名	早 班	第一次巡查时间： 巡视签名：	第二次巡查时间： 巡视签名：
	晚 班	第一次巡查时间： 巡视签名：	第二次巡查时间： 巡视签名：

备注：

注：检查后在检查情况空格内打"√"

5. 巡查要求

巡查时应做到：

（1）认真：巡视人必须以认真负责的态度去巡视所管辖的范围。

（2）细致：从细微处着手，做到防微杜渐，从看、摸、嗅、听四觉入手。

（3）全面：巡视区域内的设备设施、导向指引、张贴揭挂、人员等。

（4）及时：巡查及时、记录汇报及时、处理及时。

4.1.3 车站关闭

与开站情况类似，不同车站的关闭时间随末班车的到站时间不同而有所差异。原则上，在末班车开出前10分钟，车站开始关站作业。至末班车到站后，在确认所有乘客都离开车站后，停止对外服务，关闭车站出入口。

在值班站长的组织下，严格按照车站关站流程有序组织各岗位完成关站作业。

1. 关站作业内容

接下来以某城市轨道交通运营单位为例，介绍具体的关站作业内容。其中，涉及时间时以"××"代替。

（1）值班站长。

①末班车开出前××分钟到站厅检查、确认所有TVM停止售票和禁止进站检票广播正在播放；

②检查安检员停止安全检查工作，引导进站乘客换乘其他交通工具；

③检查清站情况，确认电扶梯、出入口关闭；

（2）行车值班员。

①末班车开出前××分钟开始播放末班车即将进站的广播，提醒需要乘车的乘客抓紧时间进站乘车；

②末班车开出前××分钟，广播通知停止售票和进站检票工作。

（3）客运值班员。

①末班车开出前××分钟关闭TVM、进站自动检票机；

②末班车开出后负责组织站务员、保安员对站厅、站台进行清站作业；

③末班车开出后，关闭车站电扶梯和出入口。

（4）站务员。

①售票员听到"停止售票"的广播通知后，在窗口放置"暂停服务"牌，退出BOM，清点钱箱和票卡并登记，携带钱款、票卡及票务备品离开客服中心，确认将门

关闭且锁好；

②站厅巡视员在末班车开出后，对站厅进行清客作业，与站台安全员沟通，确保车站范围内无滞留乘客；

③站台安全员在末班车开出前确认乘客均已上车，无异常情况；

④站台安全员在末班车开出后对站台进行清客作业。

2. 关站作业流程

表 4-1-4 所示为某城市轨道交通运营企业的关站程序：

表 4-1-4　关站程序

序号	负责人	内容
1	行车值班员	上、下行末班车开出前 10 分钟开始广播
2	行车值班员	上/下行末班车开出前 5 分钟关闭 TVM，通知停止售票和进站检票工作，并广播
3	站厅岗（厅巡）	在最后一趟载客列车到达前 5 分钟挂"停止服务"告示单
4	站台岗（安全员）	在最后一趟载客列车开出前进行检查，确认站台乘客均已上车，无异常情况
5	站厅岗（厅巡）	在最后一趟载客列车开出后清站，并关闭车站扶梯和出入口
6	客服中心（票务员）	收拾票、钱，整理票务备品，注销 BOM 机，回点钞室结账
7	客运值班员	与票务员结账
8	值班员	运营结束后，执行车站节点照明模式
9	值班站长	在末班车到达前 15 分钟到站厅安排挂上"停止各种服务"告示牌
10	值班站长	在最后一趟载客列车到达前 5 分钟确认所有 TVM/AG 已关闭，停止售票广播
11	值班站长	清站，确认出入口关闭，扶梯、照明、售检票设备已全部关闭

4.1.4　站台作业

车站站台有着列车停靠时间短、乘客乘降数量多及车门、屏蔽门等设备联动控制等特点。站台设备运行和人员管理要求较高，因此站台作业是站务人员日常运作管理的重点。其中，接发列车作业和组织乘客乘降是顺利完成列车安全运输任务、提高车站运作效率的首要内容。

1. 接发列车作业

站台安全员在站台监护时，要佩戴无线手持台和一定数量的站台钥匙（如 PSL、

LCB、三角钥匙等），根据客流情况适时佩戴手提广播等备品，接发列车时也需要按照"三部曲"步骤作业。

（1）列车接近广播响起后，确认站台无异常、组织乘客有序候车，防止乘客出现拥挤、超越黄色安全线、依靠屏蔽门等情况。面向来车方向，站在车站客流集中的站台一端靠近紧急停车按钮附近或电（楼）梯口附近的位置接车，监护站台区域及列车进站。

（2）列车运行至接车地点后，面向来车；待列车停稳后，主动到乘客较多的车门处组织乘客乘降；列车关门提示音响起后，可原地立岗，或阻止乘客抢上抢下、维护站台秩序、监督司机关门，观察无夹人夹物情况后，监护列车出发。

（3）列车动车越过监护地点后，面向列车发车方向，待列车尾部越过端门后，继续巡视站台；若遇突发紧急情况应立即按下紧急停车按钮，用对讲机呼叫司机停车，到现场给予妥善处理。

2. 手信号显示

目前，轨道交通车站的列车控制和车站屏蔽门控制均已实现自动化，正常情况下站台安全员的接发列车作业主要是监护设备运行和乘客秩序，无须介入行车相关工作。但在自动化控制出现异常情况时，站台安全员则需要显示手信号，辅助指挥列车在站台的到发作业。

手信号是借助信号旗、信号灯或直接徒手显示的行车指挥号令。一般包括停车信号、紧急停车信号、发车信号、引导信号及"好了"信号等。使用信号灯或信号旗显示的手信号如表4-1-5所示。地下车站显示手信号一般按夜间方式显示。

表4-1-5 城市轨道交通运营手信号

序号	手信号	显示方式	
	类别（含义）	昼间	夜间
1	停车信号： 要求列车停车	展开红色信号旗	红色灯光，无红色灯光时，用白色灯光上下摇动
2	紧急停车信号： 要求司机紧急停车	展开红旗下压数次	红色灯光下压数次，无红色灯光时，用白色灯上下急剧摇动
3	减速信号： 要求列车降低速度运行	展开黄色信号旗；无黄色信号旗，用绿色信号旗下压数次	黄色信号灯，无黄色信号灯时，用白色或绿色灯光下压数次
4	发车（指示）信号： 要求司机发车	展开红色信号旗上弧线向车体方向作圆形转动	绿色灯光上弧线向车体方向做圆形转动
5	通过手信号： 准许列由车站通过	展开绿色信号旗	绿色灯光

表 4-1-5（续）

序号	手信号	显示方式	
	类别（含义）	昼间	夜间
6	引导信号：准许列车进入车站或车场	展开黄色信号旗高举头上，左右摇动	黄色灯光高举头上，左右摇动
7	降弓信号	左臂垂直高举，右臂前伸并水平垂直摇动	白色灯光上下左右重复摇动
8	升弓信号	左臂垂直高举，右臂前伸上下垂直摇动	白色灯光做圆形转动
9	"好了"信号：进路开通，某项作业完成的显示	拢起信号旗做圆形转动	白色灯光做圆形转动

4.1.5 边门管理

边门是指轨道交通车站设置的供特殊人群使用、不通过自动检票机进出付费区以及特殊情况下疏散乘客的通道门，一般设置于付费区与非付费区之间，是隔离围栏的一部分，可以单独打开和关闭上锁，如图 4-1-3 所示。

图 4-1-3　地铁站厅边门

1. 日常边门管理

在运营时间内，车站边门应设为常闭状态，并且均加锁管理。常规情况下边门钥匙配备六套，其中四套由站长管理，两套由客运值班员负责保管。车站工作人员需要根据相应管理规定开、闭车站边门，并认真做好进出人员审核登记工作。

（1）内部工作需要。

①员工所持工作票无效，可以按照规定进行登记后由边门放行；

②现场抢修人员由抢险负责人带队，出示工作证且核对无误后登记，可进出车站边门；

③志愿者凭志愿者证登记后，可开边门放行；

④参观接待时；

⑤新闻媒体采访时；

⑥车站付费区内商铺工作人员进出车站（仅限本站进出）。

（2）乘客服务需要。

①持纸票的乘客按照《车站票务管理手册》验票/售票后，可通过边门进出付费区；

②携带大件行李的乘客且行李符合《乘客守则》规定，边门管理人员确认已经刷卡检票后，可以开边门通行；

③车站实际运作中存在物品不在行李范围内但须开车站边门通过的情况（如轮椅、婴儿车等）时，边门管理人员确认已经刷卡检票后，可以开边门通行；

④办理团体票乘车的团体。

2. 特殊情况下的边门管理

（1）紧急情况下（如票务设备故障、火灾爆炸、列车晚点、清客、越站等），为疏散乘客可开放车站边门。

（2）车站突发大客流，采取边门辅助通行等客流控制措施时，车站按照相关管理规定放行。

（3）警务人员执行紧急任务时，出示相关证件并登记，即可开放边门。

（4）突发性工程抢修、抢险的，应开边门放行，可事后补登或由站务人员代登记。

（5）内部工作需要使用手推车或票箱运送车票、票款等大件物品，无法通过自动检票机时可开放边门。

（6）运送大型生产工具、办公用品、生产物资、备品备件等进出付费区时可开放边门。

（7）上级主管部门临时规定的免费乘车乘客，可凭有效证件、票卡等凭证登记后，免费进出车站边门。

（8）经车站区域副站长同意的其他特殊情况，在区域副站长或值班站长陪同下通过边门可进出付费区。

在车站边门管理时，要结合服务要求，适时做好边门免费通行的更新，值班站长应提醒车站员工做好便民服务和绿色服务工作。

任务 4.2　车站报表管理

4.2.1　报表种类划分

车站综控室的日常运作根据内容不同需要填写特定的日志报表，其中包含关于行车作业类、行车凭证类、施工管理类等与客运相关的一系列报表。常见的客运相关的报表包括以下几种。

（1）综合设备类包括《设备故障报修登记簿》《FAS 运行登记簿》等。

（2）客运日常管理类包括《交接班登记簿》《车站会议记录本》《车站公共区域暂存物品登记簿》《车站备品借用/归还登记本》《非运营时间进出车站登记簿》《外部人员出入登记簿》《门禁卡、钥匙借用登记本》等。

（3）安全管理类包括《车站人员变动台账》《安全会议记录本》《安全检查记录本》《FAS 系统报警登记本》《电梯/自动扶梯运行记录本》《车站巡视记录本》等。

（4）培训、演练记录类包括《车站级演练评估报告》《员工年度安全复训卡》《车站培训/演练记录本》《员工业务情况抽问本》等。

（5）客服及票务记录包括《车站票务事件说明》《客伤事件调查表》《乘客伤害处理表》《客伤事件处理记录表》《车站失物处理登记单》《充值卡未写卡协查单》《违规使用票卡暂扣凭证》《补收票款凭证》等。

4.2.2　报表管理与使用

1. 报表使用要求

（1）报表必须由主要负责工作的站务人员按规定认真填写。

（2）记录填写要求真实、准确、规范。填写错误的内容，先用红色横线划去后再更正，并在更正处填写修改日期后签名确认。

（3）填写报表要使用黑色或蓝黑色的钢笔、签字笔或圆珠笔。

（4）报表采用 24 小时全日登记，跨越次日零时的作业，以实际日期为准。

（5）报表不得撕扯或任意涂改。

（6）使用完的记录需汇总成册（包），并按照车站记录分类，归整存放，建立索引目录，便于查找。

2. 报表管理要求

（1）车站报表须由站区统一管理。

（2）车站报表属于车站备品，应提前向站区申请，由站区配发。

（3）报表使用完毕后应统一交回站区，由站区保存至规定期限后方可按相关规定办理销毁手续。

（4）通常站区保存期限定为3个月。

4.2.3 报表的填写

关于车站运营的报表，不同的城市轨道交通运营企业具体的填写要求略有不同。因此选取某城市轨道交通企业的主要报表进行填写要求的介绍。

1. AFC 设备故障登记表

AFC 设备出现报警时，用《AFC 设备故障登记表》记录报警情况及维修结果，其内容如表 4-2-1 所示。

（1）"日期""时间"：填写当班日期和具体登销记时间。

（2）"设备类别""设备编号"：填写故障的 AFC 终端设备类型及编号。

（3）"故障现象"：依据 AFC 设备故障情况如实填写。

（4）"到达时间""修复时间"：填写检修开始和修复完成的时间。

（5）"值班员签名""维修人签名"：填写当班的客运值班员姓名及检修负责人姓名。

（6）"设备修复状态"：一栏描述设备维修后的状态。

表 4-2-1 AFC 设备故障登记表

登记						销记				
日期	时间	设备类别	故障现象	到达时间	值班员签名	日期	修复时间	设备修复状态	维修人签名	值班员签名
1.29	10：08	TVM	回收单元皮带脱落	10：10	李XX	1.29	10：20	已修复正常使用	张XX	李XX

2. 调度命令登记表

行车调度员下达的书面命令须转交有关人员，抄录和摘抄有关内容时使用《调度命令登记表》，其内容如表 4-2-2 所示。

（1）"日期""发令时间""号码""受令及抄知处所""内容"等栏，行车值班员依据行车调度员下达的命令如实填写。

（2）"复诵人姓名""接受命令人姓名"等栏填写受令车站的综控室和当班的行车值班员姓名。

（3）"行调姓名"：一栏填写当班下达命令的行调工号。

表 4-2-2　调度命令登记表

日期	发令时间	号码	受令及抄知处所	内容	复诵人姓名	接受命令人姓名	行调姓名	阅读时刻（姓名）
1.29	10：13	0116	XX站	XX站交2056次司机：准XX公司1人、值班员1人，在XX站至XX站区间添乘2056次	陈XX	陈XX	T027	刘XX 10：15

3. 设备故障登记表

当车站客运设备故障时，用《设备故障登记表》记录故障报修情况，其内容如表4-2-3所示。

（1）"日期""时间"：填写当班日期和具体登销记时间。

（2）"设备类别"：填写故障设备的种类，例如"屏蔽门""直梯""电扶梯"等。

（3）"故障现象"：根据综控室监控设备故障报警描述设备具体的故障情况。

（4）"通知方式及部门"：填写上报维修岗位或者相关部门。

（5）"维修人员到达时间""修复时间"：填写检修开始和修复完成的时间。

（6）"值班员签名""维修人签名"：填写当班的客运值班员姓名及检修负责人姓名。

（7）"设备修复状态"：描述设备维修后的状态。

表 4-2-3　设备故障登记表

登记							销记				
日期	时间	设备类别	故障现象	通知方式及部门	维修人员到达时间	值班员签名	日期	修复时间	设备修复状态	维修人签名	值班员签名
1.29	10：08	PSD	未与车门联动	维调	10：10	李XX	1.29	10：20	已修复可正常使用	张XX	李XX

4. 车站公共区域暂存物品登记簿

《车站公共区域暂存物品登记簿》用以记录车站范围内存放物品的情况，其内容如表 4-2-4 所示。

（1）"车站""存放位置""占用面积""物品名称""固定方式""是否围挡""是否超长/超大""其他""施工管理单位、负责人、施工单位、负责人""计划存放时间""实际存放起时间"等栏由存放物品负责人填写，客运值班员对《车站公共区域暂存物品确认单》的有关内容进行核对并确认现场情况与登记内容相一致。

（2）"实际存放止时间"一栏由存放物品负责人在有关物品确已取走并将现场恢复完毕后填写，客运值班员负责监督填写并进行现场确认。

（3）"值班员签字""登记值班员"栏在客运值班员与《车站公共区域暂存物品确认单》的有关内容进行核对并确认现场情况与登记内容相一致后签名。

（4）"备注"一栏填写其他需记录的情况。

表 4-2-4　车站公共区域暂存物品登记簿

车站公共区域暂存物品登记簿							备注
基本情况		暂存物品管理					
车站	XX 站	施工管理单位	XX 公司				
存放位置	XX 站上行站台第 4 根柱子	负责人	张 XX				
占用面积	4m²	施工单位	XX 公司				
物品名称	电缆轴	负责人	王 XX				
固定方式	靠墙码放，钢丝固定	计划存放时间	起	1 月 29 日	实际存放时间	起	1 月 29 日
是否围挡	是	^	止	2 月 12 日	^	止	2 月 11 日
是否超大/超长	否	值班员签认	登记值班员	李 XX			
其他	无	^	注销值班员	李 XX			

> **思政园地**

除夕夜，地铁工作者在一线守护万家灯火

除夕夜，有人盼来了亲人团聚、休闲放松的时光，也有人迎来了最忙碌的时刻。在新春佳节的万家灯火中，北京地铁十五号线马泉营站区的地铁工作人员仍然奋战在工作一线，用实际行动保障广大市民过一个安宁祥和的春节。

23:45,春节联欢晚会进入尾声,而车站里,在寂静空旷的站台上,地铁站务员还在迎接着来往的车辆,坚守运营的最后一班岗(如图4-3-1)。站务员目送着最后一趟列车驶离,随后着手开始清站工作,为夜里的学习演练做准备。

图4-3-1 值班站长在车站综控室组织开展员工安全教育及培训演练工作

00:00,热气腾腾的饺子已经出锅,蘸着腊八醋,带着新年的期许,人们围坐着分享新年的第一口美味。车站里,地铁工作人员则召开专项会议明确新一年的工作重点,并进行实战演练,为春节期间车站的保障工作付出自己的一份努力(见图4-3-2)。

图4-3-2 马泉营站综控员进行送电前巡视工作

3:30,"岁阴穷暮纪,献节启新芳",团圆的人们珍惜相聚的时光,在守岁中互道衷肠。而车站里,马泉营站的综控员穿戴好装备,前往区间进行巡视,每一段轨道、每一个道岔区段,均要确保干净无杂物,保障首班车的顺利运行。

4:50,有人在守岁中打起了瞌睡,有人应着"开春"的好兆头早早起床,大部分人仍在梦中安睡。而车站里,一群身穿制服的员工,开启站内设备、车站大门,综控员以饱满的精神,迎接新年第一位乘客,送出新年的第一句美好祝福——"过年好,欢迎乘坐北京地铁。"

春节期间,地铁人的每一份坚守看似简单,但那一张张进站的车票、一趟趟疾驰的列车,在见证乘客平安归途的同时,也在默默述说着他们的点滴付出。

项目实训

1. 能力训练

对学生进行分组,每5个人一小组。

(1)模拟现场,分组设计场景,分配对应岗位进行车站日常运作的标准作业;

(2)根据不同场景的案例,练习填写车站综控室报表。

2. 综合测评

评价表

项目名称	城市轨道交通车站		学生姓名	
任务名称	任务1 车站日常运作 任务2 车站报表管理		分数	
目标			分值	考核得分
1. 车站边门管理的掌握情况			10	
2. 能规范进行站台作业			10	
3. 掌握车站开关站程序			20	
4. 能够根据岗位按标准进行车站巡查			20	
5. 能够根据车站运营情况规范填写相关客运报表			20	
6. 是否有小组计划			5	
7. 基本素养考核情况			15	
总体得分				
教师简要评语: 教师签名:				

项目练习

1. 日常车站巡查不同岗位有哪些巡查内容？巡查频率分别是如何的？
2. 车站巡查具有哪些要求？
3. 车站开关站流程是怎样的？
4. 在哪些情况下可以使用边门进出？
5. 综控室对报表有哪些要求？
6. 综控室报表分为哪几类？

项目5 城市轨道交通车站客流组织

项目概述

随着城市轨道交通网络化的形成，车站的进出站客流量会迅速增加，已建成车站的空间有限，与单位时间内客流增加造成的车站可用空间不足形成矛盾，解决这一矛盾的有效手段就是合理的客流组织。客流组织就是为实现乘客运输任务，组织乘客按照设定路线有序、安全地流动所采取的措施。本项目分析城市轨道交通客流分布特征和规律，介绍常用的客流调查与预测方法，并重点阐述车站日常客流组织和突发情况下的客流组织工作。

学习目标

1. 知识目标

- 掌握客流的定义、影响因素及城市轨道交通客流的三大特点。
- 理解城市轨道交通的客流变化规律。
- 了解城市轨道交通客流预测的方法和步骤。
- 熟练掌握车站日常客流及特殊情况下客流的组织方法。

2. 技能目标

- 能够采用正确的方法进行车站客流调查。
- 能根据城市轨道交通客流数据分析轨道交通客流的特点规律。
- 能够组织好各种情况下的车站客流。

案例导入

哈尔滨地铁1号线于2013年9月26日正式开通运营，运营23个站点。1号线线路走向大致呈"C形"，形成了贯穿南北的主要交通走廊，沿线经过城市中心区、多个商业区及城市客运站，平日客流量较大。经统计，2018年1号线日客流量超过18万人次。对2018年各工作日和双休日的全日客流量取周平均值,周一至周日全日客流量如图 5-0-1 所示。

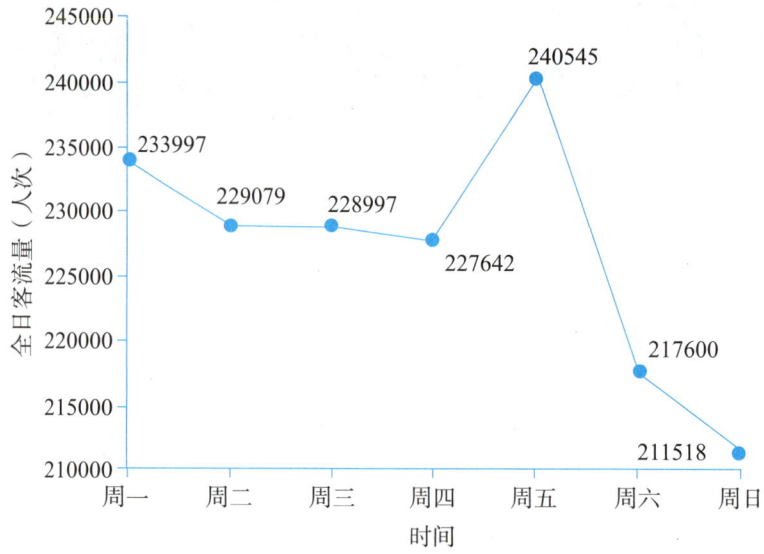

图 5-0-1　哈尔滨地铁 1 号线常规条件下的周分布

根据分析图可以看出周一至周四客流较为平稳,周五至周日客流量变化较大,其中周五客流量最大。进一步对 2018 年除特殊天气和活动以外的 254 天进行分析统计,得到工作日和双休日全日分时进出站客流分布图,如图 5-0-2 和图 5-0-3 所示。

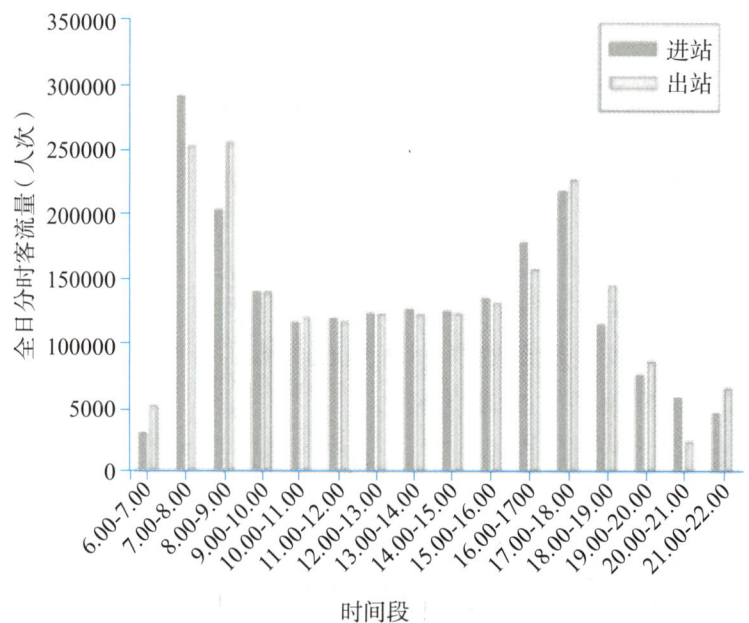

图 5-0-2　1 号线工作日全日分时客流分布

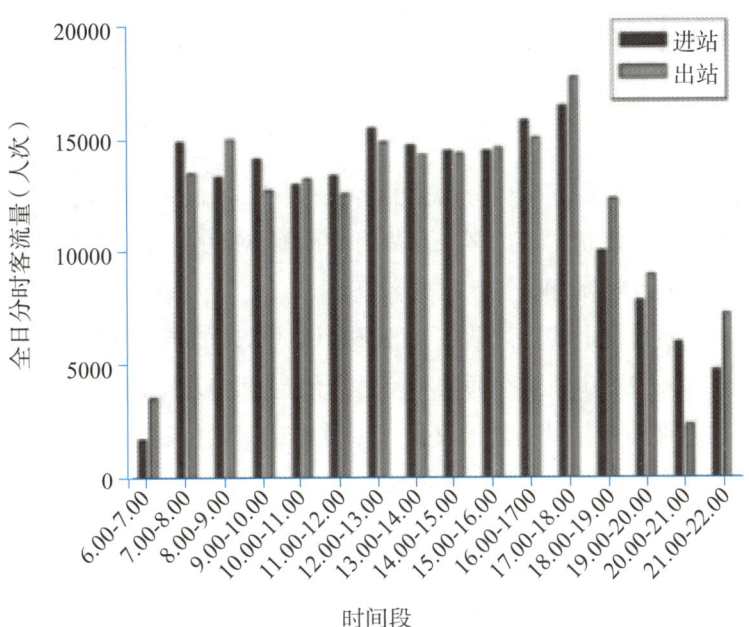

图 5-0-3　1 号线双休日全日分时客流分布

由图 5-0-2 和图 5-0-3 可知，工作日全日分时客流量呈显著的"双峰型"分布，而双休日则呈现"单峰型"趋势；工作日有明显的早晚高峰。

思考：案例提及了哪些种类的客流？案例中城市轨道交通车站的客流呈现出怎样的规律？客流数据可以采用哪些方法获取？面对案例中的客流特点，车站应如何做好日常工作？一旦突发特殊情况应采取哪些措施？

任务 5.1　客流概述

城市轨道交通客流是指当出行者产生出行需求时将轨道交通作为出行的方式，在一定的时空范围内进行有目的的移动，或是指轨道线路上单位时间内流动人数及流向的总和。轨道交通客流是一个矢量，其中包括出行者的人数、出行者的起点和终点、流动方向、距离。

5.1.1 客流的分类

1. 按照客流真实性分

按照客流真实性的来源，客流分为预测客流和实际客流两大类。预测客流是根据土地利用形态和居民出行现状，通过客流预测模型预测出来的客流。实际客流是在现场通过客流调查得出的能反映实际交通状况的客流。

开始规划城市轨道交通线路之前，一般都会根据城市轨道交通现状及发展预期，通过客流预测模型对未来城市轨道交通的客流进行预测，以此作为决策是否需要修建城市轨道交通、修建何种类型的城市轨道交通，以及确定车辆行驶、列车编组、行车密度、运行车配置数和车站建筑设计等的基本依据。

2. 按时间分布特征分

根据客流的时间分布特征，轨道交通客流可分为 3 种：全日客流、全日分时客流和高峰小时客流。全日客流是指全天的客流量；全日分时客流是指全日各小时的客流量；高峰小时客流是指高峰时段每小时的客流量。

3. 按空间分布特征分

根据客流的空间分布特征，轨道交通客流可分为断面客流与车站客流。

（1）断面客流。

断面客流是指通过轨道交通线路各区间的客流。在单位时间内，通过轨道交通线路某断面的客流量称为断面客流量。断面客流量分为上行断面客流量和下行断面客流量。断面客流中的单位时间通常是指一小时或一日。当时间单位是一日时，则为全日客流。当时间单位是小时，通常存在以下两个重要概念。

①最大断面客流量：单位时间内通过城市轨道交通同一条线路各个断面的客流通常是不相等的，其中的峰值称为最大断面客流量。

②高峰小时最大断面客流量：在以小时为单位计算断面客流量的情况下，全日分时最大断面客流量一般是不相等的，其中的峰值称为高峰小时最大断面客流量。

（2）车站客流。

车站客流是指在城市轨道交通车站上下车和换乘的客流，包括全日、高峰小时和超高峰期在城市轨道交通车站上下车和换乘的客流量，以及经由不同出入口、收费区的进出站客流量和不同方向的换乘客流量。

城市轨道交通的高峰小时一般出现在早晨和傍晚，分别称为早高峰小时和晚高峰小时。高峰小时最大断面客流量是确定行车组织和车站设备容量的一项基础资料；车站高峰小时和超高峰期客流量决定了车站的设计规模，是确定站台、售检票设备、自动扶梯、楼梯、通道、出入口等车站设备容量或能力的基本依据，如站台宽度、售检票机数量、楼梯与通道宽度等。

4. 按照客流来源分

根据客流来源，客流可分为趋势客流、转移客流和诱增客流。趋势客流是指在城市轨道交通建设的初始阶段所需求的客流，是基本的客流；转移客流是指城市轨道交通的优点，例如安全、可靠、方便等，促使一些原来主要通过公交和自行车出行的乘客改乘城市轨道交通出行，形成的客流。诱增客流是指由于轨道交通项目的不断兴建，原有的交通环境得到改善，进而使得对人的吸引力增加，诱使居民增加出行需求而形成的客流。

5.1.2 客流的影响因素

根据国内外研究现状可知，影响地铁站点客流量的因素很多，主要包括社会经济类影响因素、土地利用影响因素、站点可达性和其他影响因素。

1. 社会经济类影响因素

（1）政府政策出台。

一些环境政策、交通管制政策的出台，会影响轨道交通的客流量。比如，某市对小汽车的出行进行限号导致了市民出行方式的改变，平时用机动车代步的出行者不得不去选择平时较少选择的轨道交通作为出行的方式，进而对城市轨道交通客流量有一定的影响。

（2）城市人口。

城市轨道交通的客流量与人口的规模、构成类型、出行率有很大关系。流动人口、常住人口、暂住人口的出行率存在很大的不同；人口的职业、年龄、居住地等也是影响轨道交通客流的因素。如果一个城市的流动人口较多，比如旅游人群、外来务工人群，一般会在节假日等休息时间对该城市的客流造成比较大的影响。对于以务工人员居多的城市，春节时期客流会大幅减少；对于以旅游为主的城市，一般的假期期间，客流会明显增多。

（3）出行者的收入和消费水平。

对于出行者来说，选择出行方式不仅要考虑快捷、舒适、安全等需求，还要考虑其价格。一般来说，出行者的收入和消费水平会对轨道交通的客流产生影响。轨道交通主体客流定位在中低消费水平人群，高收入人群很难成为公共交通的主体客流。

（4）票价。

票价对客流的影响是和出行者的消费水平共同产生的，是重要影响因素之一。票价是政府把控的，定位的客流主体会对票价变动有较强的敏感性，如果轨道交通价格过高，他们可能会选择其他更为便宜的代步工具。比如在2014年，北京市对地铁票价进行了调整，当天早高峰客流量下了5.23%，一天的客流量约下降了53万人次，全市一天的客流量都发生了变化。

2. 土地利用影响因素

地铁站点周围的土地利用性质也是影响地铁客流量的重要因素，当地铁线路经过商业密集区或混合利用型土地时，则会吸引大量的通勤客流或其他目的的客流采用地铁出行。

据研究表明，站点周围土地利用性质多样化程度越高，则地铁站点吸引的客流量越大，因为混合型土地不仅拥有配套的商业、医疗、教育设施，还具有一定数量的居住设施，使得进出地铁站点的人数增多。另外，如果地铁站点周围有大型对外交通枢纽，如火车站、飞机场等，也会吸引大量的客流进出该地铁站点。

3. 站点可达性因素

出行具有目的性，需要考虑时间成本等问题。大部分出行者都会选择出行效率最高的交通方式。因此，城市轨道交通与其他交通方式衔接程度越高，越能吸引出行者使用。

实践表明，如果地铁站点周围的常规公交线路数量越多，由常规公交换乘地铁的人数就越多，则地铁站点吸引的客流量越多；如果地铁站点配备有公共自行车等公共服务设施，则也会提高地铁站点的可达性，从而为地铁吸引更多的换乘客流；如果地铁站点周围的路网密度越高，则说明该站点的交通可达性较好，有可能存在更多的换乘公交线路。

4. 其他影响因素

除了社会经济、土地利用、站点可达性方面的影响因素，地铁站点的客流量还会受到特殊天气（雨天、雪天、雾霾天等）、节假日、重大城市活动的影响。

5.1.3 城市轨道交通的客流特征

城市轨道交通客流特征是客流整体表现出来的，了解城市轨道交通的客流特征，是车站客流组织的重要内容。城市轨道交通的客流是不断变化的、动态的，其特征如下：

1. 高集中性

城市轨道交通的客流是由车站周边的各种出行方式集合形成的，由步行、自行车、公交车、私家车、出租车等多种交通方式接驳而产生，具有高度集中性。

此外，换乘站除具有普通车站的进出站客流外，还因其有多条相交线路而汇集了多座车站的换乘客流，使得换车站客流相对集中，更能体现轨道交通的客流高集中性。

2. 多方向及主导性

普通车站的客流包括进站客流和出站客流，换乘站除此之外还存在换乘客流。由于三类客流具有不同的出行目的，致使客流整体表现出来的出行方向也不同，因此车站中的客流具有明显的方向性。

在多方向性的客流当中，客流方向又存在着较为明显的主导性。例如，连接郊区居住地与市中心的线路上，早高峰进站客流明显高于出站客流，反之晚高峰出站客流明显高于进站客流。在换乘站的三类客流当中，通常换乘客流较多，占主导地位。而且在换乘站的多种换乘方向中，同样也存在着主导换乘方向。

3. 时间分布不均衡性

客流的时间分布不均衡主要体现在多个时间节点上。具体如下。

一日内小时客流会随着出行者的生活节奏和出行习惯而变化，通常表现为夜间少、晨起渐增、随着上班与上学达致高峰、而后稍减、傍晚逐渐增加后再次出现峰值后逐渐减少至运营时间结束。

一周内全日客流以周为循环周期呈现工作日与非工作日的明显不均衡性，以通勤、通学为主的线路上工作日客流量较非工作日偏高，而旅游线路上则非工作日客流量较大。

另外，客流量会在全年的不同季节呈现出不均衡的特征，例如北方城市夏、冬季轨道交通客流量较春、秋两季客流量明显增加；或在举办重大活动或天气骤然变化的时候也会出现与平时较大差别的客流量。这些都体现着轨道交通客流时间分布的不均衡性。

4. 空间不均衡性

（1）各条线路的客流不均衡性。

对于有多条线路的城市轨道交通系统，各条线路的客流不均衡性主要体现在现状客流分布不均衡和客流增长不均衡两方面。途径繁华地段的线路，客流量相对较大；途径欠发达地区的线路，客流量相对较小。线路的客流不均衡，构成了整个城市轨道交通线网客流分布的不均衡。

（2）同一车站上下行方向的客流不均衡性。

在城市轨道交通线路上，由于客流的流向原因，上下行方向的客流量通常是不相当的。在放射状的轨道交通线路上，早高峰和晚高峰时段的上下行方向客流不均衡尤为明显，这种不均衡性通常导致同一车站进出站高峰小时的不同。

（3）同一线路各断面的客流不均衡性。

轨道交通的线路一般比较长，线路全程需经过多个区域，因此会遇到各种开发程度不同的区域，客流在不同的区域会有不同的变化。经济发达、开发程度高的地区客流大；郊区、开发程度低的地区客流小，这导致轨道交通全线各断面客流存在很大的不同，具有不均衡特性。

5. 短时冲击性

城市轨道交通的客流分布是不均衡的，它随着列车的到站、离站表现出脉冲式的分布规律。尤其在换乘站，客流会在短时间内对换乘设施产生冲击作用。由于短时冲击的存在，使得一批客流到达时，易在设施前形成拥堵和客流排队，当拥堵人数较多时，将会带来较大的安全隐患。因此，这种冲击作用是对换乘能力的最大考验。

除以上主要客流特征外，站台的客流也是动态变化的。从上下车到离开站台这个短时周期内，不同阶段乘降区乘客分布状态也是迥然不同的。当列车未到站时，进站客流量较小的车站乘客一般会选择距离下行扶梯较近的乘降区候车；进站客流量较大的车站乘客会在车门开启位置附近排队等待列车。在列车到站停稳后，乘客会自动向每个车门两侧集结，等待车门开启。

5.1.4 城市轨道交通客流变化规律

轨道交通的客流分布一般可以分为两类：时间和空间。按照时间分布特征，包括一日小时客流、一周内日客流、季节性客流、突发性客流、车站高峰小时和超高峰小时客流；按空间分布特征，包括车站客流和断面客流，而车站客流可以分为换乘客流和上下行方向客流。轨道交通客流具有动态特性，随时间和空间的改变而改变，对实际客流数据进行统计和分析，了解客流在时间、空间上的变化情况，掌握其一般的变化规律，对轨道交通车站客运组织具有重要意义。

1. 客流的时间分布规律

（1）一日内小时客流分布规律。

一日内的小时客流会随着一天之内人们生活节奏的变化而变化，城市轨道交通的路网结构、运输能力、车站地点等因素都能影响客流的分布，会导致各个站点的客流不相同，具体有以下几种分布规律。

①单峰型。

单峰型车站一般来说周边土地开发性不高或者周边地区用地功能性质单一，具有交通走廊的潮汐特征，车站客流分布集中，有早晚错开的进出站高峰，如图 5-1-1 所示。例如，连接居民区与工业区之间的交通走廊，各车站通常只在上、下班时段有较多单向乘客，其他时间乘客稀少，表现出明显的单峰特征。

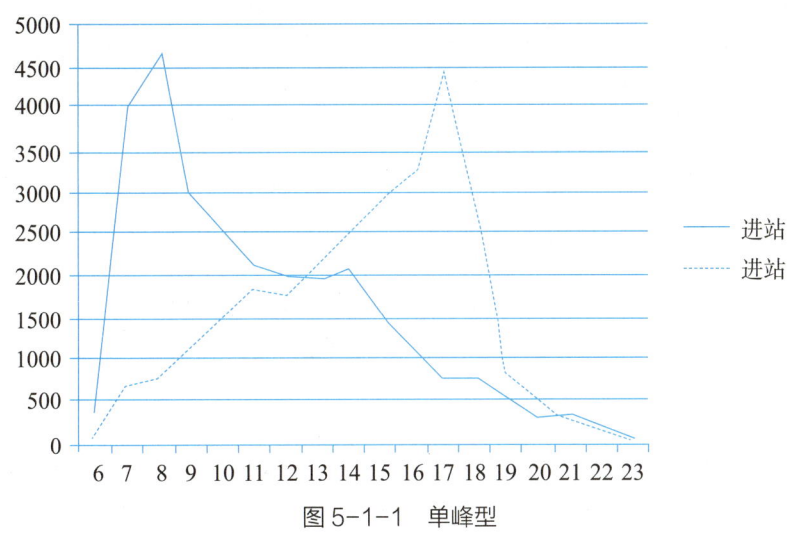

图 5-1-1　单峰型

②双峰型。

双峰型车站一般位于土地开发性强、周边具有工作区和生活区和其他交通方式站点等综合功能的地区，双向客流分布均匀，进出站均会出现早晚高峰。如图 5-1-2 所示。

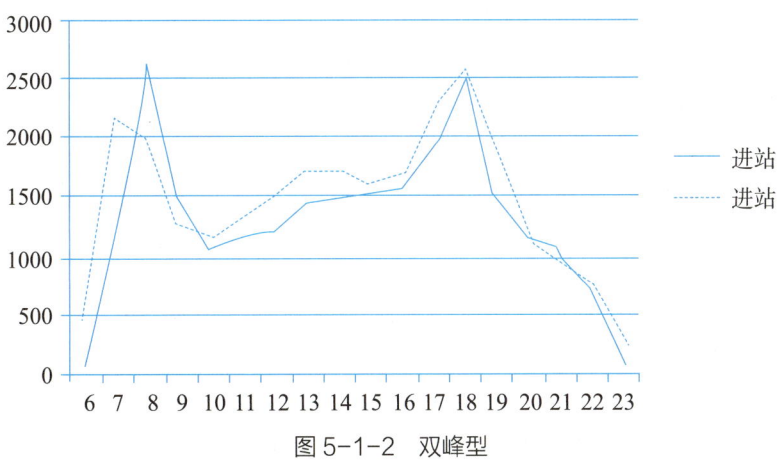

图 5-1-2　双峰型

③全峰型。

全峰型的轨道交通车站周边的土地基本高度开发，周边有大型商场、办公楼、居民楼或者比较出名的旅游景点等，在轨道交通运营时间内的客流分布无明显低谷，进出站客流不会发生太大的变化。如图 5-1-3 所示。

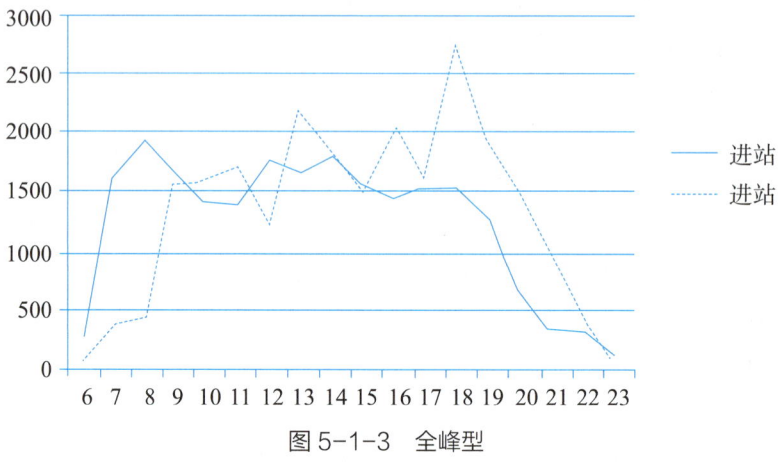

图 5-1-3　全峰型

④突峰型。

突峰型车站通常位于体育场、影剧院等大型公用设施附近，演出或比赛开始或结束前后，有一个持续时间较短的突变进出站高峰。由于活动的举行，在很短的时间内会聚集大量客流，但随着活动结束又会再次减少。峰值出现的时间和活动举行的时间有关，并没有规律性，如图 5-1-4 所示。例如，某城市于 9 月 8 号举行演唱会，导致附近地铁车站当天某一时段比平时客流量激增。

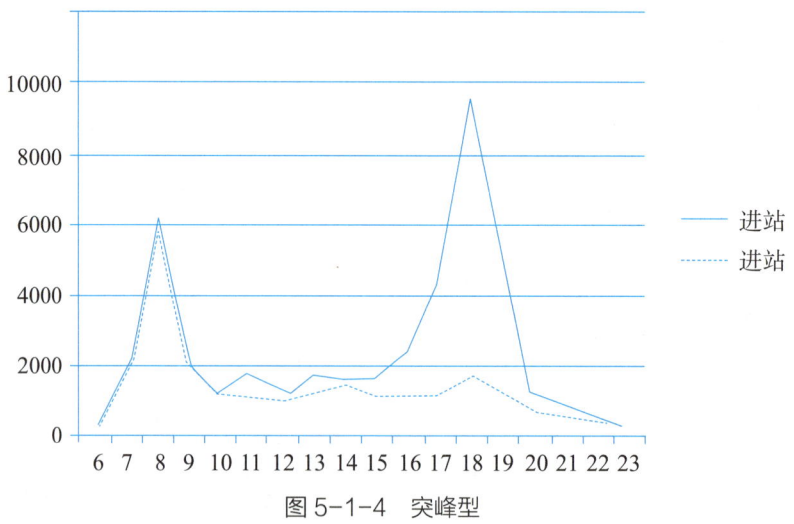

图 5-1-4　突峰型

⑤无峰型。

无峰型车站除了出现在城市轨道交通本身运能较小的线路以外，还可能会出现在土地开发性较低的区域，全天客流量均较小，无明显峰值出现，如图5-1-5所示。

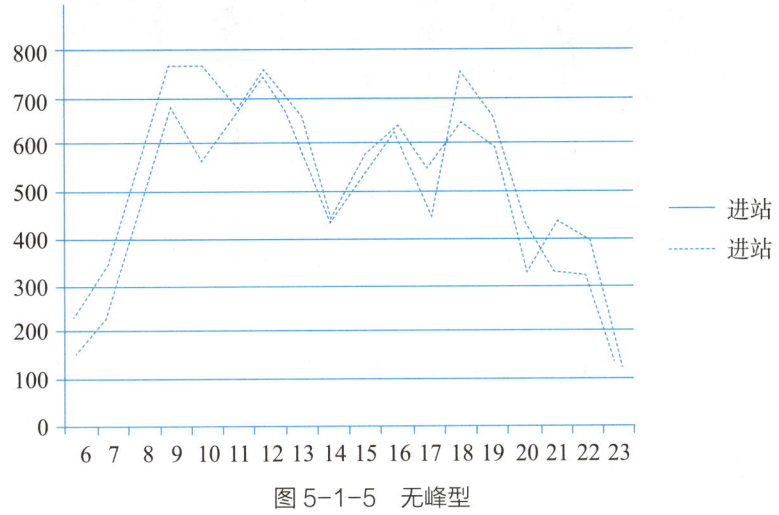

图5-1-5　无峰型

（2）一周内全日客流分布规律。

由于人们的工作与休息是以周为循环周期进行的，这种活动规律性必然要反映到一周内全日客流的变化上来。以一周为周期进行循环，周一至周五为工作日，周六、周日为休息日。因此可以将一周日客流分为工作日客流和非工作日客流来分别进行分析。

工作日客流表现为周一到周五的客流会比周末的客流量多，周末客流量会明显减少，主要出现在以通勤、通学为目的的线路上，集中在工业园区、写字楼、学校等区域。非工作日客流表现为周一到周五客流量较少，而到了周末客流量明显增多，主要出现在连接商业网点、旅游景点的轨道交通线路上，如图5-1-6、图5-1-7所示。

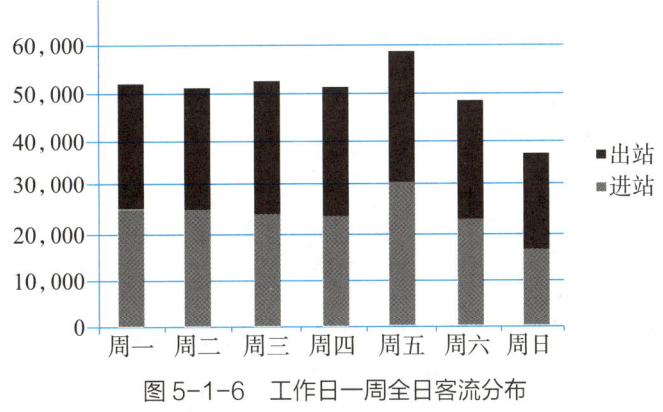

图5-1-6　工作日一周全日客流分布

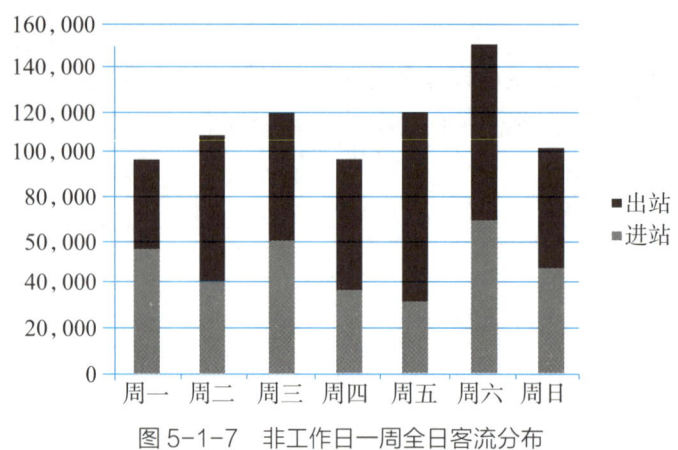

图 5-1-7　非工作日一周全日客流分布

另外,与工作日的早、晚高峰出现时间相比较,非工作日早高峰出现时间往往推迟,而晚高峰出现时间又往往提前;周一与节假日后的早高峰小时客流、周五与节假日前晚高峰小时客流,会比其他工作日的早、晚高峰小时客流要大。

（3）季节性客流分布规律。

一年之中,客流会随着季节的变化而变化。对于旅游城市来说,旺季和淡季会使轨道交通的客流量发生变化。香港每年12月圣诞打折季的到来引起香港地铁客流较大幅度的变化,如图显示。此外,季节性的轨道客流规律与节日特点密切相关,7月至9月与学生假期有关,10月至12月与"十一"长假期、元旦节日活动有较强相关性,如图5-1-8所示。

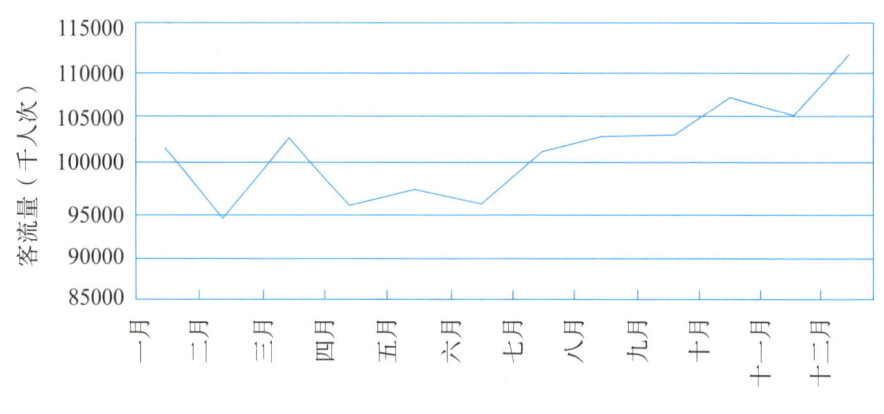

图 5-1-8　香港地铁月客流量统计图

（4）突发性客流分布规律。

突发性客流激增通常发生在举办重大活动或遇到天气骤然变化的时候。当客流在短期内增加幅度较大时,运营部门应及时执行大客流应急疏导方案以确保客流安全、有序地乘车。

车站高峰小时客流是确定车站设备容量或能力的基本依据。车站高峰小时客流分析，首先应确定进、出站高峰小时的出现时间，其次才是分析客流量的大小。此外，还应分析客流的发展趋势，随着轨道交通新线投入运营、既有轨道交通线路延伸，高峰小时进、出站客流会发生较大变化。而车站吸引区内住宅、商业和文化娱乐等方面的发展也会使高峰小时进、出站客流发生较大变化。研究表明轨道交通车站高峰小时客流具有以下分布规律：

①车站客流的进、出站高峰小时出现时间与断面客流的高峰小时出现时间一般不同；

②各个车站客流的进、出站高峰小时出现时间一般不同；

③同一车站客流的进、出站高峰小时出现时间一般不同；

④同一车站工作日客流与非工作日客流的进、出站高峰小时出现时间一般不同；

⑤工作日高峰小时进、出站客流一般大于非工作日高峰小时进、出站客流。

为了避免超高峰期内特别集中的客流影响乘客顺畅地进出车站，甚至影响列车的正常运行秩序，在确定车站设备容量或能力时有必要适当考虑车站客流在高峰小时内分布的不均衡性。一般采用超高峰系数来反映车站超高峰期的客流强度，即超高峰期内单位时间平均客流量与高峰小时客流量的比值，通常取值 1.1～1.4。常规情况下，对终点站、换乘站和客流较大的中间站可取高限值，其余车站则可采用低限值。

2. 客流的空间分布规律

将一条线路上的各个车站在同一时间上行或下行方向的客流量进行排列，组成一个序列，则可以通过这个序列的变化归纳出客流在不同时间内的断面分布规律。断面客流的分布规律主要可以归纳为以下几类。

（1）"凸"型。

线路两端断面客流人数较少，中间几个断面客流比较多。一般存在于两端为土地开发强度较低的郊区，而途径大型商场、写字楼、居住区等土地开发强度较高的综合性城区的线路，如图 5-1-9 所示。

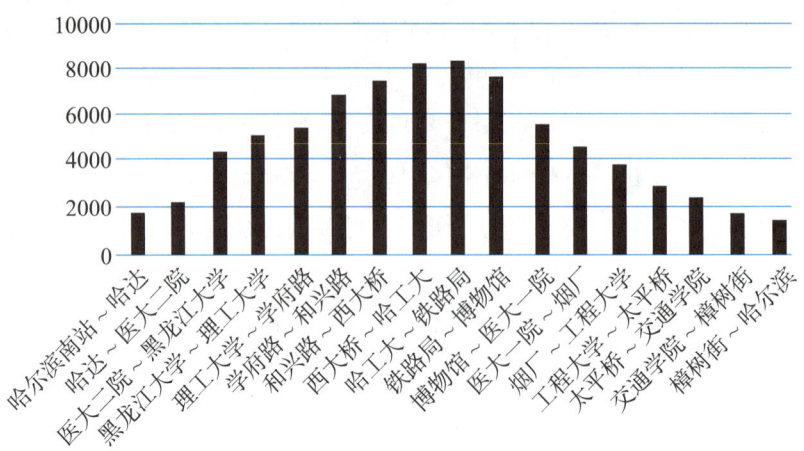

图 5-1-9 "凸"型断面客流

（2）"平"型。

即在整条线路运营过程中或者全线某一段线路上，各断面客流量接近，客流强度几乎在一个水平，一般在沿线土地开发状况基本一致的线路上。该线路对出行者的吸引力差不多，如图 5-1-10 所示。

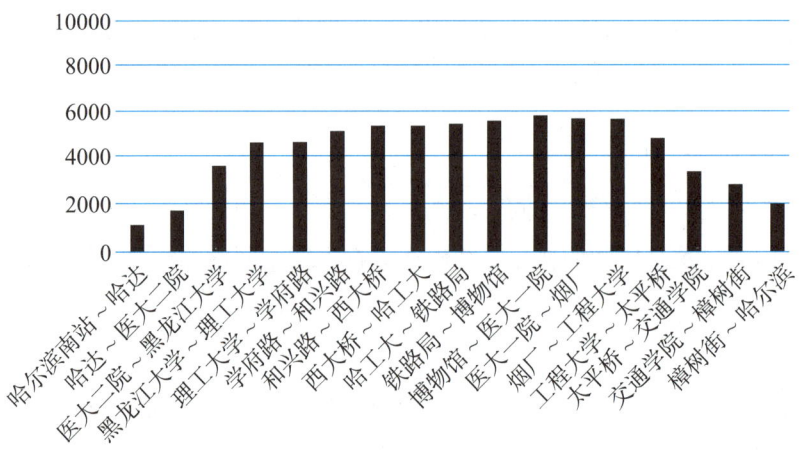

图 5-1-10 "平"型断面客流

（3）"斜"型。

轨道交通线路的一端连接着中心城区等土地开发性较高的地区，另一端连接着郊区等开发性较低的地区，断面客流变化呈由大至小的降低趋势，如图 5-1-11 所示。

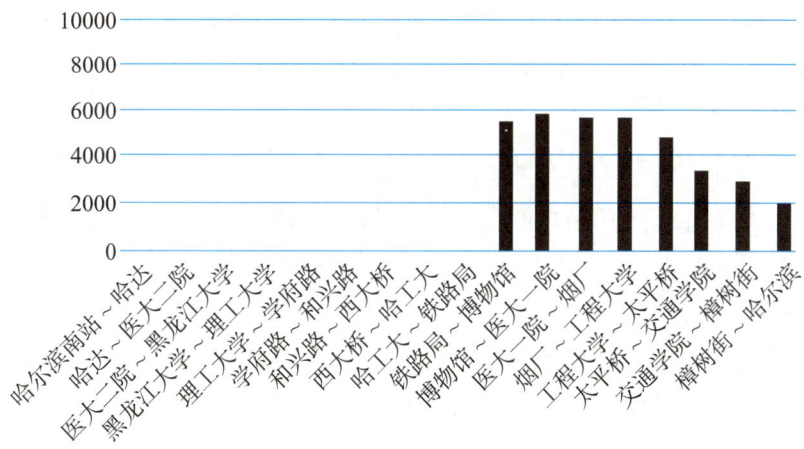

图 5-1-11 "斜"型断面客流

（4）"凹"型。

与"凸"型断面客流量的动态变化特点正好相反，中间几个断面的客流量低于两端断面客流的客流量，但此类型在实际线路中较少。

任务 5.2　客流调查与预测

5.2.1　客流调查

城市轨道交通客流是动态变化的，在运营过程中对客流进行调查统计分析，既可以了解客流在时间和空间上的动态变化规律；又可以通过对既有线路的运营客流特征分析，为后续实施线路或其他城市规划路网提供参考数据。为了掌握客流现状与变化规律，必须经常性地进行各种形式客流调查，因此客流调查是轨道交通日常客运工作的组成部分。

客流调查涉及客流调查地点、时间及内容的确定、调查表格的设计、设备的选用、方式的选择，以及调查资料汇总整理、指标计算和结果分析等多方面问题。

1. 客流调查种类

（1）全面客流调查。

全面客流调查是对全线客流的综合调查，通常也包含了乘客情况抽样调查。这种类型的客流调查时间长、工作量大、需要配备较多的调查人员。但通过调查及对调查资料进行整理及统计分析，能对客流现状及变化规律有一个全面清晰的了解。

全面客流调查有随车调查和站点调查两种方式。随车调查是在运营时间内，于列车车门处对所有上下车乘客进行写实调查；站点调查则是在运营时间内，调查自动检票机处进出站乘客数量。

一般全面客流调查需要连续调查，时长为 2～3 天，故因站点调查的便利性，轨道交通全面客流调查通常采用站点调查。在车站运营时间内，需以 5 分钟或 15 分钟为调查时间间隔将调查数据分组进行记录，便于后续数据统计分析。

（2）乘客情况抽样调查。

抽样调查是用样本来近似地代替总体的调查方法，这样有利于减少客流调查的人力、物力和时间。乘客情况抽样调查通常采用问卷方式进行。

调查内容包括乘客构成情况和乘车情况两部分。乘客构成情况调查一般在车站进行，内容包括年龄、性别、职业、出行目的等基本情况；乘车情况调查则视调查对象及调查内容的不同而有所差异，包括日均乘车次数、上下车站点、到达车站的方式和所需时间、目的地及对现行票价的认同度等内容。

进行抽样调查一般需要优先确定抽样方法和抽样数量。现行的抽样方法主要有简单随机抽样、分层抽样、整群抽样和多阶段抽样，可根据调查技术条件适当选择。我国主要城市在进行抽样调查时，一般根据车站客流量或调查范围人口大小采用 3%～4% 的抽样率。

（3）断面客流调查。

断面客流调查是一种经常性的客流抽样调查。根据需要，可选择一个或几个断面进行调查，一般是对最大客流断面进行调查，调查人员用随车调查法直接观察车辆内的乘车人数。

（4）节假日客流调查。

节假日客流调查是一种专题性客流调查，重点对法定节假日和若干民间节日期间的客流进行调查。调查内容包括学校、企业等单位的休假安排，城市旅游业、娱乐业发展程度，市民生活方式的变化等基本情况。一般采用问卷的方式。

（5）突发客流调查。

突发客流调查主要针对影剧院、体育场等客流快速集散的站点进行专项客流调查，主要涉及这些场所的规模及对附近轨道交通站点客流的影响程度、持续时间等内容。

2. 客流调查统计指标

客流调查结束后，对客流调查资料应认真汇总整理，列成表格或绘成图表，计算各项指标，并将它们与设计（预测）数据或历年调查数据进行比较，分析数据增减的比例及原因。轨道交通全面客流调查后应计算的主要指标如下。

（1）乘客人数：具体包括分时与全日各站上下车人数、分时与全日各站换乘人数、各站全线高峰小时乘客人数、各站与全线全日乘客人数、高峰小时乘客人数占全体乘客人数的比例。

（2）断面客流量：具体包括分时与全日各断面客流量、分时与全日最大断面客流量、高峰小时最大断面客流量。

（3）乘坐站数与平均乘距：具体包括本线乘客乘坐不同站数的人数及所占百分比、跨线乘客乘坐不同站数的人数及所占百分比、平均乘车距离。

（4）乘客构成：具体包括全线持不同票种乘客人数所占百分比，按年龄、出行目的等统计的乘客人数所占百分比等。

（5）车辆运用：具体包括客车公里、乘客密度、客车满载率和断面满载率。

（6）服务指标：列车运行正点率、乘客投诉率、乘客满意程度等。

5.2.2 客流预测

客流预测是一门科学，以现行运输统计制度提供的部分基础资料为依据，辅以对城市、港口、车站等处的调查，然后在此基础上进行预测。客流预测可分为区域预测、运输方式运量预测、平均运程预测、到发运量预测等几种类型。不同的预测类型，决定了预测结果的不同用途。

1. 客流预测的基本方法

城市交通需求预测起源于美国，在全世界得到了迅速发展。20 世纪 60 年代美国率先开发了包括交通方式划分在内的四阶段交通需求预测法，开创了城市综合交通需求预测的先河。四阶段预测法按照交通生成预测、交通分布预测、交通方式划分和交通分配四阶段来分析城市现状和未来的交通状况，是目前交通规划领域应用最广的方法，此外还延伸出将两个或几个阶段合并的预测方法及结合离散选择模型的预测方法。

轨道交通客流预测是城市交通客运需求的一部分，其预测原理与城市交通需求预测是一样的。国内外轨道交通客流预测通常采用四阶段法。运用该法进行客流预测的步骤是：首先要把研究对象城市划分若干交通小区，进行城市人口、就业、土地利用等资料的调查。第二，进行居民出行调查，在此基础上进行居民出行产生预测、出行分布预测、交通方式划分预测和交通分配，以获得所需的轨道交通需求数据。

按照《城市快速轨道交通工程项目建设标准（试行本）》的规定，客流预测年限分为初期、近期和远期。初期为建成通车后的第 3 年，近期为交付运营后的第 10 年，远期为交付运营后的第 25 年。

2. 客流预测的工作流程

建议城市轨道交通客流预测按图 5-2-1 所示的流程进行。

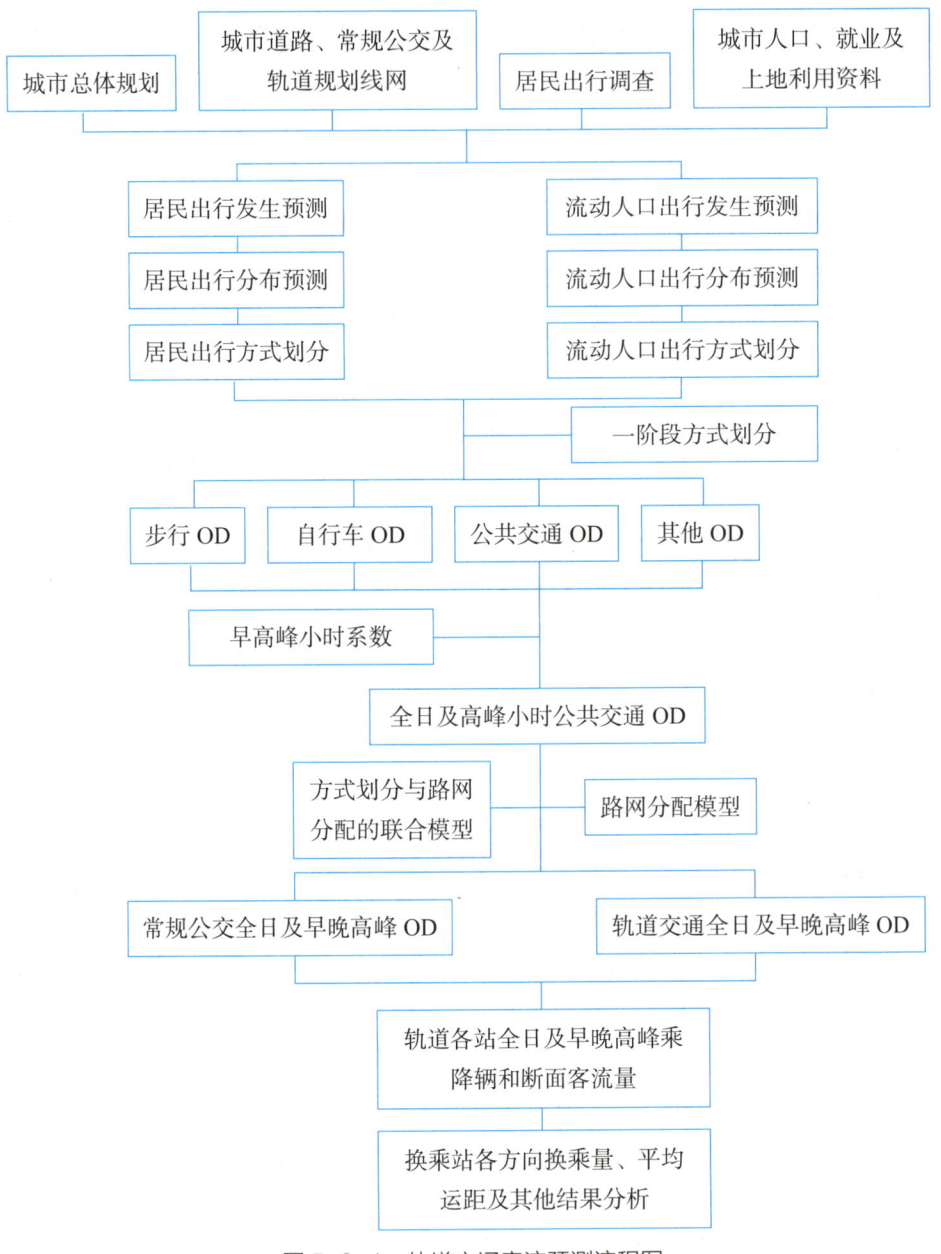

图 5-2-1 轨道交通客流预测流程图

3. 客流预测模式

目前，随着研究的深入，人们发现客流预测是极为复杂的问题，不再是简单一种类型的模型就可以解决的，不同的预测目的对于预测结果提出了不同的精度要求，对此应采用不同的客流预测方法，重要的是要有量身定做的预测模型。

（1）非基于出行分布的客流预测模式。

将相关公交线路和自行车出行的现状客流向轨道交通线路转移，得到虚拟的轨道交通基年客流。然后根据相关公交线路的客流增长规律确定轨道交通客流的增长率，并据此推算轨道交通远期客流。这种客流预测模式又称趋势外推客流预测模式，在确定轨道交通客流增长率时采用指数平滑法、多元回归预测等方法。

该预测模式虽然可以较好地反映近期客流量的增长情况，但并未考虑土地利用因素对客流的影响程度，远期客流预测精度较低，可作为定性分析的辅助手段。

（2）基于出行分布的客流预测模式。

以出行者出行 OD 调查为基础，得到现状全方式出行分布，在此基础上预测规划年度的全方式出行分布，然后通过全方式划分得到轨道交通的站间 OD 客流。这种客流预测模式即为四阶段预测法。国内许多城市的轨道交通客流预测均采用该方法，但在实践中，参数标定、具体模型选择以及交通规划软件选用等方面存在不同情况。

（3）三次吸引客流预测模式。

该客流预测模式认为，一个轨道交通车站对客流的吸引范围是可以确定的，车站吸引范围是一个以车站为圆心、合理地到达车站的时间或到达车站距离为半径的圆形区域，再分析车站吸引范围内的土地利用性质，以及确定合理步行区与接运交通区，在此基础上可以预测通过步行、自行车和常规公交三种方式到站乘车的人次，它们分别称为一次吸引客流、二次吸引客流和三次吸引客流，还可以在车站客流量的基础上进一步推算线路的断面客流量。

该客流预测模式的关键是合理确定轨道交通车站客流吸引范围。研究认为：到达轨道交通车站的合理步行区应是以车站为圆心、半径为 600～800m 的区域；到达轨道交通车站的合理接运去应是以车站为圆心、半径为 2500～3000m 的区域。在有快速公交线路接运的情况下，合理接运区半径可超过 3000m。

任务 5.3　日常客流组织

> 城市轨道交通主要通过合理的客流组织及设备运用来完成其大容量的客运任务。客流组织的核心是流线的设计。所谓流线，是指车站内乘客的流动过程和流动路线。这些流线具体反映了乘客对车站各类设施的设置布局的基本要求，流线组织的合理性影响着车站的作业安全、工作效率及能力，也直接关系到乘客服务质量。

5.3.1 车站客流组织基本原则

车站开展客流组织工作应以人为本，以满足客流要求、乘降安全、疏导迅速为原则。组织人流路线时，应贯彻执行以下客流组织原则。

（1）进、出站客流路线及换乘客流尽量避免对冲、减少交叉；

（2）合理设置导向指引标志，充分利用导向系统进行人员集散；

（3）车站的出入口、通道、站厅、站台等公共区域应保证客流的畅通、有序，满足乘客进站、购票、检票、候车、乘车、出站的要求；

（4）客流流线组织应考虑乘客"就近习惯"，并贯彻"右行原则"；

（5）坚持客流秩序可控、疏散有力的原则，确定客流警戒线，密切关注客流变化情况，当客流达到或超过警戒线时，及时采取限流措施，保证乘客秩序和安全；

（6）拓宽、消除客流"瓶颈"，并贯彻"出站优先"原则快速疏散客流；

（7）车站要以"安全、便利、舒适、文明地为乘客服务"为宗旨，合理使用客运设备设施，合理组织客流，保证乘客进站方便、出站迅速，为乘客提供便利服务。

5.3.2 车站客流流线分析

一般而言，非换乘地铁车站客流流线共有进站流线、出站流线两大方向；换乘站客流流线较为复杂，包括进站流线、出站流线、各换乘方向的换乘流线。客流流线的复杂程度受车站结构及服务设施的影响，各方向流线上的流量受不同时段的客流需求影响。客流流向应尽量简单有序、避免交叉。下面展示某城市轨道交通典型车站进站客流流线、出站客流流线、换乘客流流线流程图。

进站客流流线：乘客从出入口进入车站后先到站厅层购票，然后在进站闸机处刷卡检票进入付费区，后到站台层候车，待列车到达后上车，如图 5-3-1 所示。

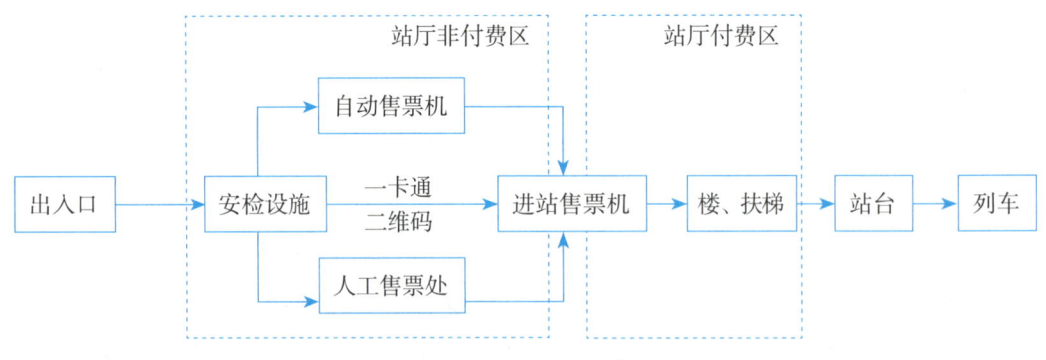

图 5-3-1 进站客流流线

出站客流流线：待列车到达后上车，到达目的车站下车，下车后从站台层到达站厅层，在站厅层出站闸机处检票出闸，通过导向标识指引选择正确的出入口出站，如图 5-3-2 所示。

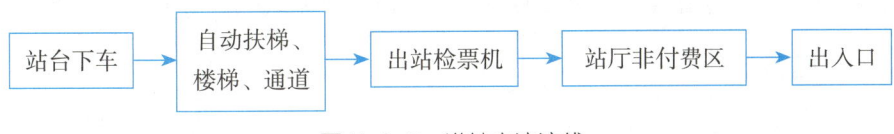

图 5-3-2 进站客流流线

换乘客流流线的客流路线，根据车站结构、换乘方式的不同而有所差异。图示 5-3-3 仅为其中几类情况。换乘流线从乘客随列车到站后开始，乘客从站台乘自动扶梯或楼梯进入站厅，经换乘通道进入另一站厅，再乘自动扶梯或楼梯进入站台候车，并在列车到达后乘车。

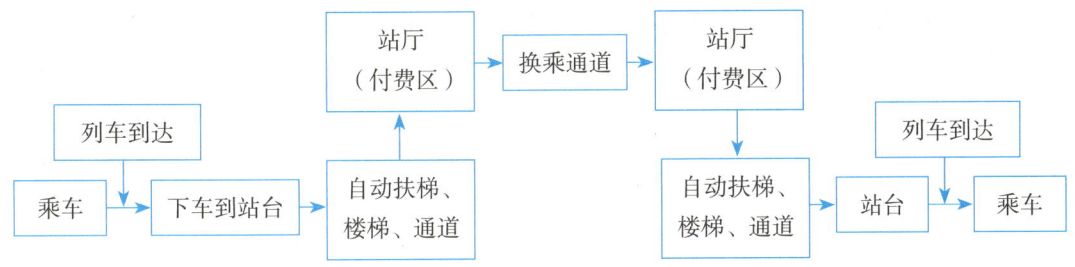

图 5-3-3 换乘客流流线

图 5-3-4 为城市轨道交通常规车站站厅的客流流线示意图，从图中可以看出客流组织较为方便，在付费区内乘客流线无明显交叉现象，非付费区进、出站流线分明，出站闸机至出入口路径短，便于乘客离散。这种站厅布局广泛应用在城市轨道交通车站的设计当中。

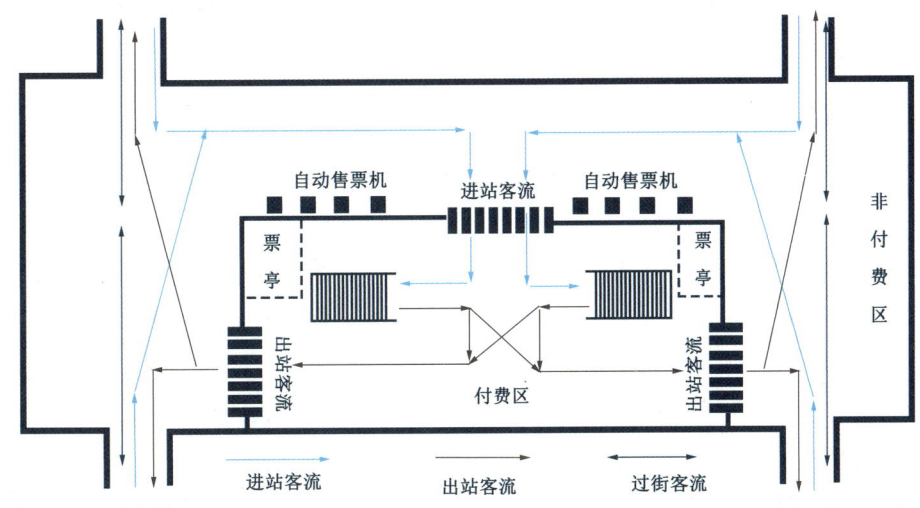

图 5-3-4 车站站厅客流流线

5.3.3 车站日常客流组织

车站日常客流组织是指在车站客流正常平稳状态下对乘客流动过程的组织。包括出入口客流组织、进站客流组织、出站客流组织、换乘客流组织。

1. 出入口客流组织

（1）正常情况下出入口客流组织。

车站进出站口的客流组织应结合实际的客流状况，当车站设施能够满足客流需求时，各出入口全部开放，进出站楼梯上下行方向可混合行走，无须隔离分流；必要时可在出入口处楼梯上设置分流设施，保证进出站客流不相互干扰，不发生客流冲突。

对于经过通道与站厅连接的出入口，当客流较大时，可在通道内进行排队组织，当客流过大时，需在出入口外限流，分批放入乘客进站或临时关闭出入口。

对于与商场、单位连接的出入口，应考虑客流的组成和出行特征，当客流较大时，应按照相关单位共同制订的措施进行客流组织。

（2）恶劣天气时出入口客流组织。

当天气突变尤其是大雨天气时，很多乘客因避雨需要，在出入口处大量聚集，导致其他乘客进出站困难。因此车站应做好恶劣天气时的出入口客流组织方案，确保进出站客流的安全。具体做法如下。

①站务人员要经常巡视出入口状况，观察天气状况。

②雨雪天气时在出入口铺设防滑设施并及时清理站内湿滑地面，避免乘客摔伤。

③雨天加强排水沟巡查及淤塞清理。

④加强出入口处的宣传疏导，提高乘客出站速度，并提示乘客防止滑倒。

⑤地面线及高架线车站要密切关注车站建筑设施漏雨情况，采取有效措施进行控制，向乘客做好宣传解释工作，保证乘客安全。

2. 进站客流组织

（1）组织引导客流经出入口、通道（楼梯、自动扶梯或垂直电梯）进入车站站厅非付费区。

（2）组织引导有购票需求的乘客在自动售票机、客服中心或临时票亭购票后检票通过进站闸机进入付费区，引导持一卡通、计次票等不用购票的乘客直接检票通过进站闸机进入付费区。

（3）乘客进入站厅付费区后，组织引导乘客再通过楼梯、自动扶梯（或垂直电梯）进入站台层候车。

（4）乘客到达站台层后，工作人员组织引导乘客于屏蔽门两侧候车，通过导向标志和乘客信息系统选择乘车方向和了解列车到发时刻；对于没有屏蔽门的车站，应宣传"请站在黄色安全线以内候车，不要探身瞭望，以免发生危险"的提示语。

（5）列车进站时，关注乘客安全。有屏蔽门的车站要防止乘客倚靠或手扶屏蔽门，避免门开启时乘客被夹伤或摔倒。没有屏蔽门的车站，要确保乘客均站在黄色安全线以内，特别要注意站台车尾位置，避免有乘客跳下或跌下站台，发生危险。

（6）列车停稳开门后，引导乘客从车门两侧遵循"先下后上"的原则顺序乘降。站台工作人员要做好组织工作，防止乘客抢上抢下，还应防止乘客或物品被车门夹住。

（7）加强对站台四角的巡视，防止乘客进入区间。

（8）乘客物品掉入道床，要阻止乘客跳下站台捡拾物品，及时使用工具为乘客提供捡拾服务。

3. 出站客流组织

（1）乘客下车后到达车站台，组织引导其经楼梯、自动扶梯（或垂直电梯）进入站厅层付费区。

（2）乘客通过出站闸机或人工验票，进入站厅层非付费区，并组织引导乘客找到相应的出入口，经通道、出入口出站。

（3）组织引导有票务处理需求的乘客到客服中心办理相关业务后，引导其出站。

4. 换乘客流组织

换乘客流的组织应采取引导表示和分隔控制的设施来保证换乘客流不会与进出站客流产生交汇。换乘站应有清晰的换乘标识（见图5-3-5）引导乘客经换乘区域到达指定换乘线路站台。

图 5-3-5　上海地铁地面换乘标识

目前城市轨道交通车站乘客主要集中在两个区域进行换乘：付费区换乘和非付费区换乘。付费区换乘是指乘客到达换乘站下车后，无需通过出站闸机，直接在付费区内根据换乘导向标志指引经楼梯、自动扶梯（或垂直电梯）、换乘通道或平台等到达另一站台层换乘候车。具体包括：同站台平面换乘、站台立体换乘及通道换乘。这种换乘组织要求有良好的引导标志和通道设计，在容易出错的地点安排工作人员职守引导，保证乘客尤其是初乘者安全顺利完成换乘，如图5-3-6所示。

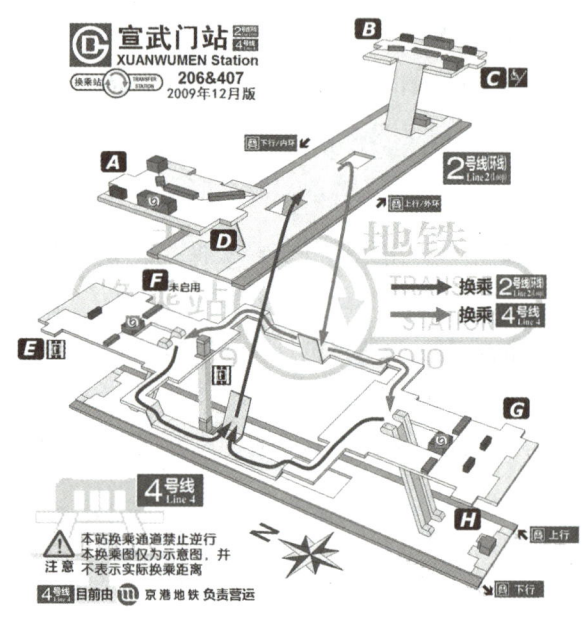

（a）北京宣武门站站台立体换乘

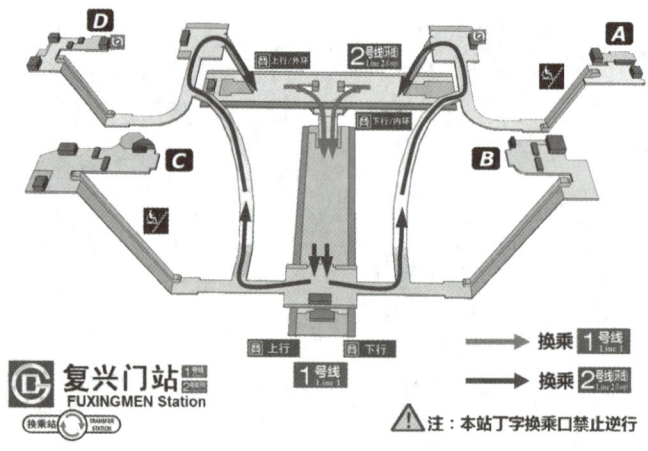

（b）北京复兴门站通道换乘

图 5-3-6　车站换乘示意图

非付费区换乘是指乘客到达换乘站下车后,根据换乘导向标志指引经楼梯、自动扶梯(或垂直电梯)、出入口出站到达另一换乘线路重新进入付费区换乘。这种换乘组织需要最大限度缩短乘客的走行距离,配备良好的衔接引导标志,避免客流交叉。

不同的换乘方式其客流组织不尽相同。

(1)同站台换乘。

同站台换乘是指两条不同线路的站线分设在同一站台的两侧,乘客可同站台换乘。这种换乘方式适用于两条平行交织的线路,乘客无须换乘行车,换乘时间最短,但换乘方向受限。双岛式站台只能实现4个换乘方向的客流,单岛式站台每一层只能实现2个方向的换乘客流,其余换乘方向的乘客仍然要通过站厅或自动扶梯、楼梯进行换乘,换乘时间相应增加。

(2)上下层站台换乘。

上下层站台换乘是指乘客由一个站台通过楼梯或自动扶梯到另一站台直接换乘。根据地铁线路交叉的情况及车站的位置,可形成站台与站台的T形换乘、L形换乘、平行换乘和十字换乘的形式,如图5-3-7所示。

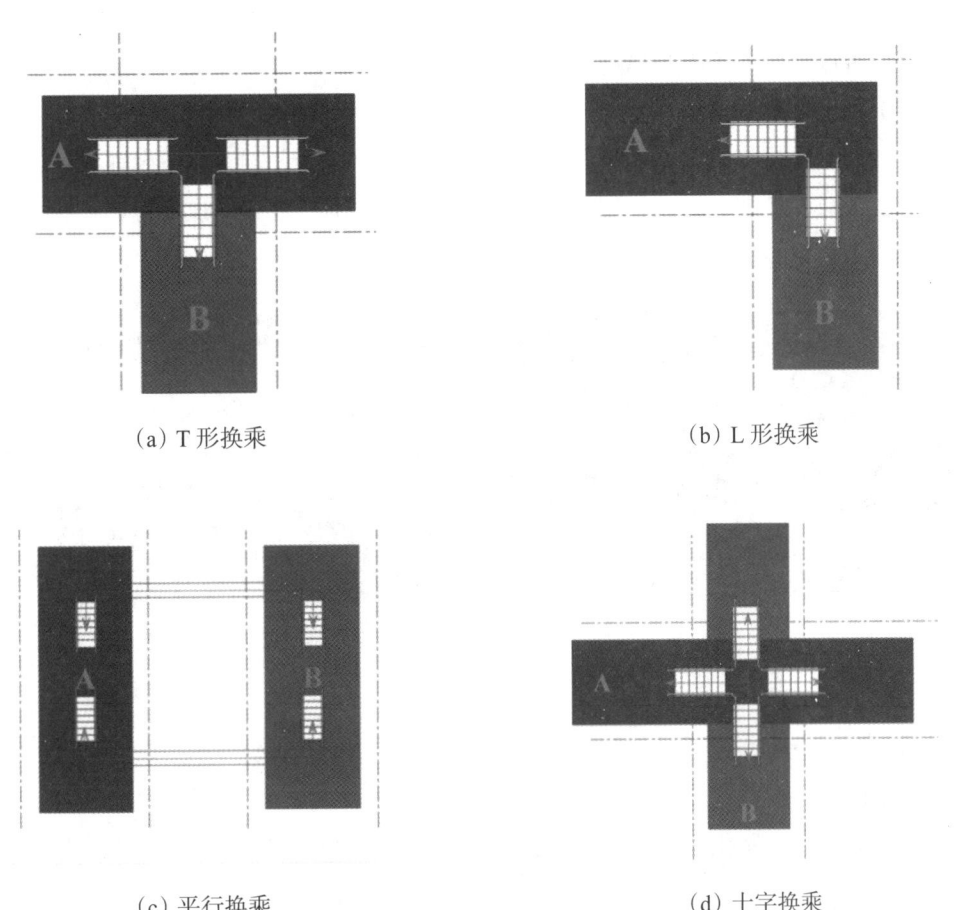

(a) T形换乘　　　　　　　　　　(b) L形换乘

(c) 平行换乘　　　　　　　　　　(d) 十字换乘

图 5-3-7　上下层站台换乘形式

（3）站厅换乘。

站厅换乘是指乘客由一个站台通过楼梯或自动扶梯到达另一个车站站厅或两站共用站厅，再通过站厅前往另一个站台乘车的换乘方式。站厅换乘一般用于相交车站的换乘，换乘距离比站台换乘长。

（4）通道换乘。

通道换乘是指在两个或几个单独设置的车站之间设置连接通道，方便乘客完成换乘。通道可直接连接站台，换乘距离相对较短；还可以连接站厅，但换乘距离相对较长。

换乘客流的客流组织具有客流流线复杂，容易产生三方向客流交叉与对流，对客流导向及服务设施要求高，非乘客客流的组织和引导易被忽视以及紧急情况下客流疏散困难等特点。所以，在组织换乘客流时，应注意：

①随时掌握客流变化规律；

②必要时设置安全线或栅栏隔离；

③避免双方向客流相互冲击；

④增设统一导向标识，尽量为乘客提供方便，减少进出站、换乘时间及距离；

⑤建立完善突发事件应急客流组织和统一的调度指挥系统。

具体可以采用以下组织措施：物理切割法、提高流速法和源头控制法。

（1）物理切割法。

物理切割法是将进出站客流和换乘客流在空间上进行分割，以减少冲突点，从而降低干扰度，减少换乘时间。物理切割法可以借助活动围栏或其他设施将客流在平面上进行空间分割，如图5-3-8所示。

图 5-3-8　使用活动围栏空间分割客流

（2）提高流速法。

通过选用最短路径来提高乘客的走行速度，相对降低乘客对车站设施、设备的占用时间，从而提高设备利用率和流线的流动速度。同时，也可以运用客运服务人员维持各站台和通道秩序，避免乘客长时间逗留，从而保持各区域的畅通无阻，如图5-3-9所示。

图 5-3-9　站厅巡视员引导乘客迅速换乘

（3）源头控制法。

源头控制法是通过控制各种流线的流量以达到疏解流线交叉的目的，减少客流对冲的可能性。

任务 5.4　大客流组织

地铁车站大客流是指特定时间内车站客流集中到达，客流量远超车站疏导能力，导致列车、站台、楼梯、扶梯、通道、闸机、安检处滞留乘客不断累积，站内人员十分拥挤，具体表现为乘客通行效率降低、客流流线交叉严重、秩序紊乱、面临拥挤踩踏事故安全隐患。

地铁线网出现大客流时，随着客流的逐渐增多，客流需求超过列车运能，此时可通过缩短行车间隔，增加列车数量等方式提高列车运能，减少车站滞留乘客。

5.4.1　大客流分类

通过对地铁车站大客流的出现时间、持续时间、客流量随时间分布特性的分析研究，大客流可分为可预知性大客流、突发性大客流。可预知性大客流根据发生时间、原因又可分为工作日早晚高峰客流、休息日（双休日、节假日）高峰客流、大型活动大客流。车站管理人员应根据不同种类的大客流的特点分别制订大客流组织方案。部分大客流具体特征如下。

1. 工作日早晚高峰客流

潮汐特性十分明显的车站工作日客流主要集中在早晚高峰，部分车站早晚高峰时段客流甚至达到全天的 70% 以上，工作日早晚高峰大客流组织与管控已成为地铁日常安全运营管理中的重要一环。

2. 双休日、节假日高峰大客流

部分地铁车站由于周边分布大量购物休闲娱乐场所，在双休日及元旦节、劳动节等国家法定节假日特定时段会迎来因旅游、购物及娱乐需求引起的客流。此类客流属于可预知性大客流。对此类车站双休日节假日历史客流数据进行统计分析，总结客流规律特征，借助数学手段预测未来节假日、双休日高峰客流后，针对客流特征，提前制定客流组织及行车组织方案，可避免类似"突发性"大客流造成的影响。

3. 大型活动大客流

部分地铁车站位于重大体育赛事、文艺活动、商业活动等大型活动举办场所周边，大型活动发生时，此类车站迎来的客流量远高于平峰时段的大客流。此类大客流一般具有"短时、集中、方向不均匀"等特性，活动发生时，到达客流急剧上升，随后急剧下降，活动结束后，离散客流急剧上升，随后急剧下降。此类大客流属于可预知性大客流，地铁运营管理部门应结合大型活动大客流特点，提前制定应急预案，包括客流控制、站内流线组织、行车组织、站务人员安排、站内服务设施及信息引导设备调配等，保障地铁安全运营及乘客安全高效出行。

4. 突发性大客流

地铁车站突发性大客流一般是由恶劣天气、地铁系统故障或地铁突发事故等引起的。恶劣天气发生时，大量使用其他交通运输方式的乘客转移至地铁，导致车站客流急剧上升；地铁系统发生故障或者遇到火灾、大范围停电等突发事故导致列车延误时，车站滞留客流因不能及时疏解导致不断积压。此类大客流属于不可预知性大客流，车站运营管理人员不能提前制定应对措施进行缓解疏导，只能通过加派疏导人员、密切关注监控视频，根据大客流现场实时状况临时制定有效应对措施。

根据大客流产生的影响和后果分为一级大客流和二级大客流：

（1）一级大客流。其判定标准为各车站与本站的正常乘客数量相比较，站台聚集人数达到或大于站台有效区域的 80%，并且持续时间大于实际行车间隔时间。这种情况会给乘客及轨道运营安全造成影响，存在明显的安全隐患。

（2）二级大客流。其判定标准为各车站与本站的正常乘客数量相比较，站台聚集人数达到站台有效区域的 70%，并有持续不断上升的趋势。这种情况下，乘客的正常出行和轨道交通所提供的服务水平受到一定程度的影响，车站比较拥挤，乘客感觉比较压抑，但尚未对乘客及轨道交通运营安全造成影响。

5.4.2 车站大客流影响因素

1. 车站周边环境

地铁车站客流情况与车站所在地理位置息息相关。车站所在的区域及所在区域的城市建设、远期规划情况直接影响到车站客流量大小、乘客出行特征等。站点附近多为住宅，车站客流主要为附近居民，出行呈现早进晚出的特点；而邻近商圈的站点客流主要为前往商圈上班或购物的人群，正常情况下会出现早出晚进，中间络绎不绝的情况，在商圈开展活动时也有突发性客流的出现。

通常来说，地铁车站的客流量在线网发展的不同时期也是不断发展的，需要车站根据周边环境的变化，合理的调整车站的客流组织。

2. 车站候车空间

地铁车站的候车空间可以分为出入口及通道、付费区和非付费区三个部分，是客流在车站内活动的主要场所。在地铁设计阶段，设计人员应就站点周边规划、居民分布情况、居民出行特征等问题进行考察及资料收集，综合各方面情况考虑车站候车空间，细化候车空间设计。出入口及通道是乘客进站出站的密集之处，一般车站根据进出站流线设置引导标识，减少流线交叉，避免客流冲突。进出站检票机及围栏将站厅分为付费区、非付费区两部分，也将进站乘客和出站乘客区分开。

3. 车站通过能力

除地铁车站的候车空间外，车站的通过能力也是影响客流组织的因素之一。车站通过能力包括通道通过能力、乘降设备通过能力、检票设备通过能力及列车输送能力。正常情况下，地铁车站通过能力较弱的地方就是车站出入口通道、乘降设备。通道需要依据客流流量和区域远期规划进行设计。乘降设备主要包括电梯、楼梯以及自动扶梯等，其对乘客的流动速度具有重要的影响。目前，很多城市的地铁车站设计中，自动扶梯协助乘客乘降成为主要趋势。检票设备影响客流进站速度，合理控制检票设备能够确保客流有序，起到及时疏导的作用，避免发生安全事故。

5.4.3 大客流组织措施

当线路运输组织方案与大客流需求不匹配时,通常都采取调整车站最大疏解能力、控制站内总客流量或两者相结合的思路进行大客流组织。具体应对措施如表5-4-1所示。

表5-4-1 车站大客流组织思路

客流组织思路	组织措施思路
调整车站最大疏解能力	调整车站列车通行能力 调整车站乘降设备(楼梯、扶梯、垂直电梯)的通过能力 调整车站售检票能力 调整安检能力
控制站内总客流量	车站采取出入口限流措施 与其他交通工具配合(公交接驳等)

1. 增加列车运能

列车运能是大客流组织的关键,应根据大客流的流向,利用就近的折返线、存车线组织列车,增加列车运能,从而保证大客流的疏散。

> **小知识**
>
> **2020年12月25日起上海地铁6号线工作日早晚高峰时段增能提效**
>
> 为切实提升乘客出行品质,改善上海地铁6号线工作日高峰时段的拥挤状况,上海地铁持续自我加压、挖潜增效、优化列车运行方式。根据计划:12月25日起,6号线将再次启用新列车运行图,通过在工作日早晚高峰时段增投上线列车数,实现高峰时段增能提效,提升运营质量。
>
> 根据客流情况,工作日早高峰时段巨峰路站至高青路站区段内客流最为密集,运营方精准施策:12月25日起,工作日早高峰时段6号线将增投10列上线列车,届时,早高峰时段,巨峰路站至高青路站区段运行间隔为平均2分钟,最大运力覆盖时间延长;同时还将适当提升大交路港城路站至巨峰路站区段运营服务水平,以上措施将有效缓解6号线早高峰时段线路拥挤的情况。
>
> 同时,工作日晚高峰时段6号线也将增投3列上线列车,增投列车后各个区段列车运行间隔保持不变,但增加了港城路方向列车列次,减少了乘客大小交路换乘频率,适当缓解巨峰路站客流积压压力,也更进一步方便乘客进行。

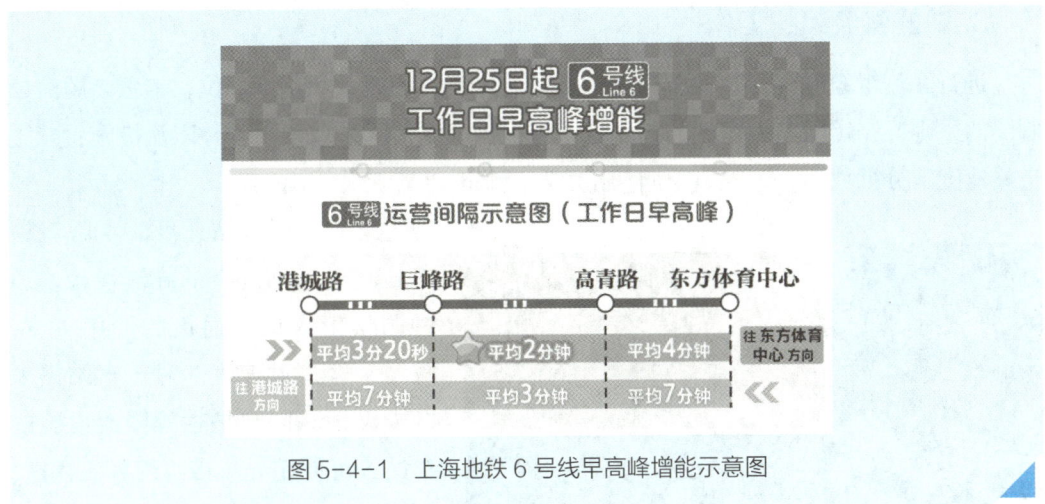

图 5-4-1　上海地铁 6 号线早高峰增能示意图

2. 增加售检票能力

当进出站客流大于现有售检票能力时，值班站长应安排加强车站客运组织力量，可通过在闸机、售票、通道等重点部位增加人力来疏散大客流。例如，可以通过增加临时售检票窗口，如图 5-4-2（a）所示，或开通互联网购票，如图 5-4-2（b）所示，来加快售检票速度。此外，值班站长还应根据车站的客流情况，调整闸机的使用情况，用有利于客流组织的方式设置双向闸机，当进出站客流都很大时，应首先保证出站客流顺利出站。

（a）临时售票亭　　　　　　　　　　　　（b）互联网售票机

图 5-4-2　地铁增加售票能力

3. 做好客流组织工作

进行客流组织时，要掌握车站制约客流通过能力的瓶颈和重点部位，本着"超前控制"的原则，制定限制大客流的控制点。可根据客流情况采取以下4种限流措施：减缓进站速度、分批放入、出入口单向使用、利用临时处置权关闭出入口。

（1）减缓进站速度。本限流措施是利用车站现有的导流设施，通过调整出入口和通道的使用宽度，减缓乘客进站速度。对于车站出入口未设铁马隔离护栏等限流设施的车站，可使用导流带组织客流秩序，如图5-4-3所示。

（2）分批放入。当车站站台压力过大或发生其他情况需要限流时，采取本限流方式。具体操作时，首先由专人关闭出入口，在站外组织乘客排队等待，根据站台乘客滞留

图5-4-3　地铁站外限流

情况引导乘客进站。

（3）出入口单向使用。当进出站的客流集中于某个出入口时采用本限流措施将进出站客分开。对于设定为单向出站的出入口，应设置好导向标识、围栏，配合人工引导及广播宣导措施，限制客流的方向，从而保持出入口、通道的畅通及站厅、站台客流的秩序，引导客流按照指定路线进出站，如图5-4-4所示。

图5-4-4　天津地铁和平路站出入口单向使用措施

（4）利用临时处置权关闭出入口。在难以采取有效的措施及时疏散客流时，为保证疏散客流的安全，可采用临时关闭出入口的措施（见图5-4-5），限制进站客流量及延长大客流疏散时间。

图5-4-5　天津地铁和平路站津湾广场站临时关闭出入口及车站

4. 采取临时疏导措施

这是应对大客流的一项重要措施，疏导位置主要包括车站出入口、站厅层及楼梯、自动扶梯和站台层。疏导措施主要包括设置临时导向标识、设置警戒绳或隔离栏杆、采用人工引导及通过广播宣传引导等。

5. 特大客流应急措施

当车站遭遇特大客流时，应遵循"由下至上、由内至外"的人潮控制原则，在车站出入口、进出站闸机和站台处进行三级客流控制。

5.4.4　三级客流控制

车站大客流已达到一定流量时，在站内关键控制点采取"引导、干预、控制"等措施控制乘客移动速度和移动路径，确保车站客流组织有序。客流控制指当城市轨道交通车站服务能力不能满足大客流需求时，为了保证乘客的安全，利用自动扶梯、闸机、铁马等站内外设施对客流量进行限制，以避免由于客流过大而引发事故。客流组织控制办法根据客流量的大小及站内排队拥挤程度分为三级，根据车站不同区域客流大小，在车站不同地点进行客流控制，其分级及客流控制的地点和内容如图5-4-6所示。

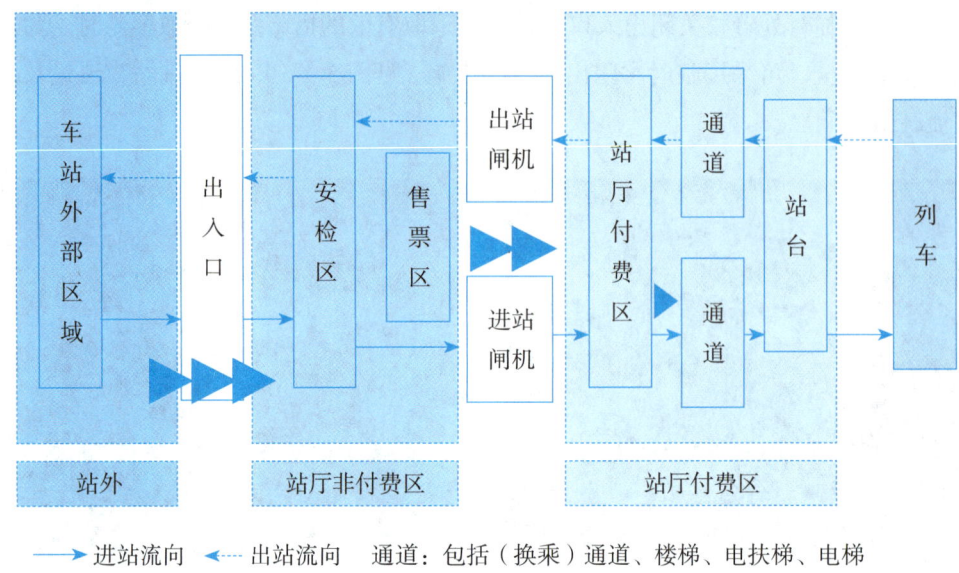

图 5-4-6 三级客流控制示意图

根据车站不同区域客流大小,在车站不同地点进行客流控制,其分级及客流控制的地点和内容如表 5-4-2 所示。

表 5-4-2 三级客流控制分级

客流控制等级	客流控制地点	客流控制内容
一级客流控制	通往站台的楼、扶梯处	控制通往站台客流
二级客流控制	进站闸机/安检处	控制通往车站站厅付费区客流
三级客流控制	出入口处	控制通往车站非付费区客流

注:表中,车站付费区是指进出站闸机范围以内,乘客需刷卡入闸的车站区域,非付费区是指车站付费区以外的站内区域。

随着"二维码"进站、"刷脸"进站等入站方式的普及,乘客入站方式正在发生颠覆性改变,经乘客进站方式意向调查及 AFC 系统数据分析发现,乘客更倾向于使用刷码方式进站,系统内使用单程票入站方式的客流大约只占两成。可见,通过控制自动售票机数量、增设人工售票亭等进行客流疏导的方式普遍适用性已不高。经分析,为保证站台客流密度与车站动态客流相匹配,三级客流控制具体实施措施如下。

1. 一级客流控制

一级客流控制,是为减缓乘客到达站台的速度和减少站台乘客数量,在站台设置控制点的客运组织行为。当站台候车乘客超过站台面积的三分之二时，可考虑通过在通往站台的楼梯扶梯处、换乘通道口设置可伸缩式拦截铁马，间歇拦截，分批放行；或更改电扶梯方向，将通道站台的电扶梯设置为出站方向等，待后续列车将客流有效缓解后解除控制。

一级客流控制的控制节点在站台楼梯扶梯处，其导流设施长度不得小于2m，宽度不得大于楼梯扶梯口宽度，需要设置引导人员。调节扶梯时应提前广播，提醒乘客注意安全。特别要注意的是控制点放行前应做好广播宣传，逐渐拦截，避免通行客流拥挤引发事故。

2. 二级客流控制

二级客流控制，是为减缓乘客进入付费区的速度和减少付费区内乘客数量，在非付费区设置控制点的客运组织行为。当付费区乘客超过整个付费区面积的三分之二时，可考虑将客流控制升级为二级客流控制，一般有以下几种方法。

（1）关闭部分售检票设备。

（2）将部分进站闸机调整为出站闸机。

（3）分批拦截站厅换乘客流。

（4）在付费区设置回形线路以延长进入付费区走行距离等。

3. 三级客流控制

三级客流控制，是为了减少车站乘客数量或减缓乘客进入车站的速度，在出入口处设置控制点的客运组织行为。当非付费区乘客超过整个非付费区面积三分之二时，在二级客流控制方案基础上，进一步采取在站外设置迂回限流隔离栏杆限制入站客流或将车站出入口设为单向使用的方法，使乘客只出不进，保障车站出站客流的顺畅。

（1）联合公安、护卫在出入口控制进站客流，对进站乘客进行拦截，视情况分批放行，必要时将部分出入口设置为只进不出，或只出不进。

（2）关闭部分进站闸机和TVM。

（3）在出站闸机及关键控制点处安排站务人员，加快出站客流的疏导。

（4）向行调申请增加停站时间或加开空车。

（5）拦截站厅换乘客流，视情况分批放行。

二、三级客流控制的控制节点在站厅、出入口处。应根据车站空间布局规范站内外流线，避免客流交叉冲突。设置围栏应注意其稳固性，关注围栏末端防止乘客拥挤推倒围栏。若出站客流较集中，可打开边门或常开闸机，同时安排专人回收单程票。

在实施车站三级客流控制后，站厅站台客流仍无法得到疏导且持续一定时间时，车站可考虑上报控制中心启动线控、网控，线路部分车站实施联动限流措施，关闭预制票点及一定数量的进站闸机，限制进站客流速度至一定值。合理的线网限流方案可有效降低部分客流量过大车站的滞留客流量，使线路内各车站客流压力较为均衡。制定限流方案最重要的是确定控制时段、控制车站、控制强度。

案例分析

广州体育西路地铁车站位于以天河城为中心的"天河路商圈"，临近天河城广场、时尚天河商业广场、天河体育中心、广州购物中心以及办公大厦等大型公共类场所，附近又有多处住宅区，客流组成极其复杂。该车站是广州地铁3号线、3号线北延段及1号线的交汇换乘站。站厅呈"T"字形叠交，南北两个站厅与1号线A端站厅连接。1号线有A、B、C、D四个出入口，3号线有E、G、H三个出入口。车站客流大部分集中在C口及E口。试问应如何进行三级客流流线组织？

其各出入口周边情况如表5-4-3所示。

表5-4-3 体育西路地铁车站各出入口周边

出入口名称	邻近建筑设施
A口	主行街道、公交车站、行政管理部门
B口	两条街道
C口	购物商场、街道、车站
D口	体育馆、购物商场、公交车站
E口	大型地下商场
G口	医院、公交车站
H口	税务局、公交车站

以体育西路站为例，车站晚高峰各流向客流按流量大小排序依次为进站客流、出站客流、1号线换乘3号线及3号线北延线、3号线及3号线北延线换乘1号线，进站客流分布在ABCDEGH7个进站口，3号线及3号线北延线换乘1号线客流可等效为出站客流，因此高峰客流流线组织可重点考虑换乘客流（1号线换乘3号线及3号北延线）、出站客流。体育西路地铁车站不同客流级别下的流线组织形式如下图所示。

一级客控流线组织较为简单，在 3 号线站厅部分区域设置铁马及站务人员控制点，限定换乘客流及出站客流流向，避免区域出现拥堵，如图 5-4-7 所示。

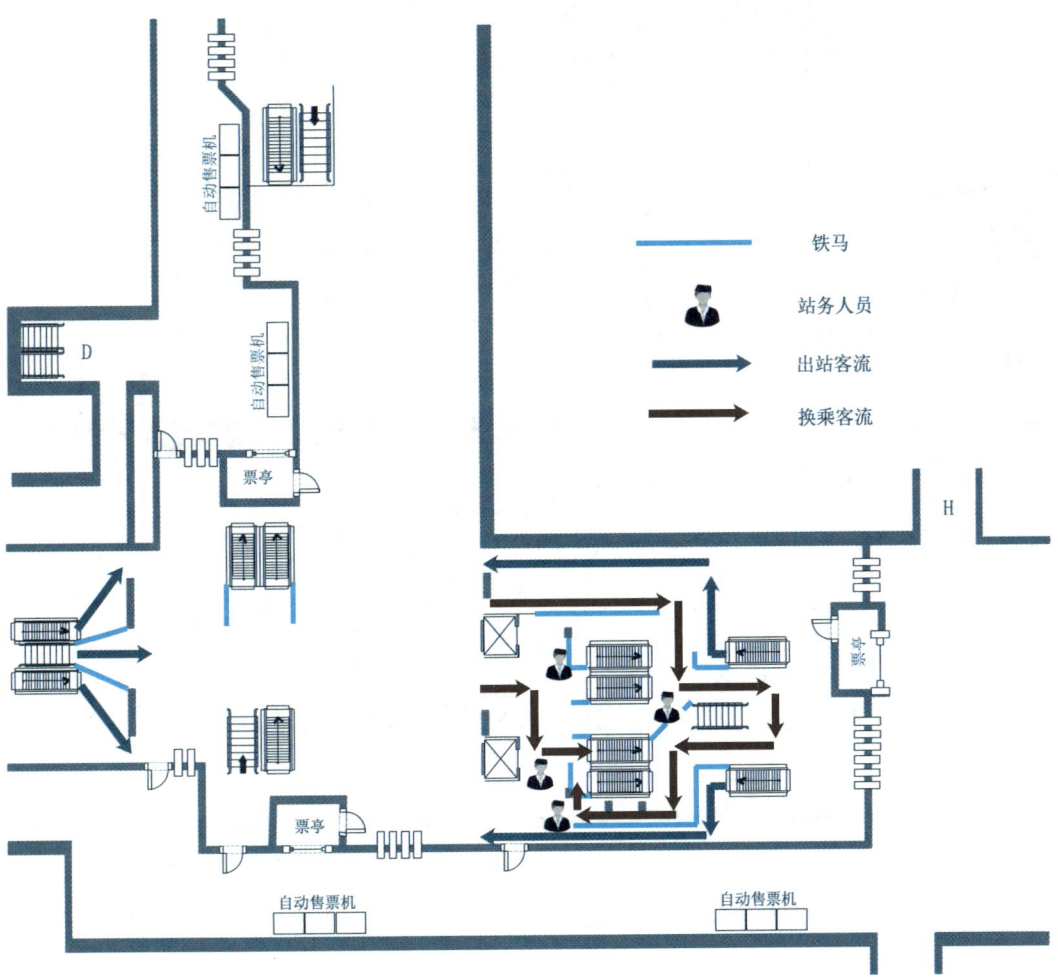

图 5-4-7　一级客流控制流线组织

二级客控流线组织形式如下图 5-4-8 所示，在一级客控流线组织基础上，延长铁马、伸缩带等设施，扩大流线干预范围，使 3 号线换入客流及出站客流绕行距离增加，空间客流密度均衡。

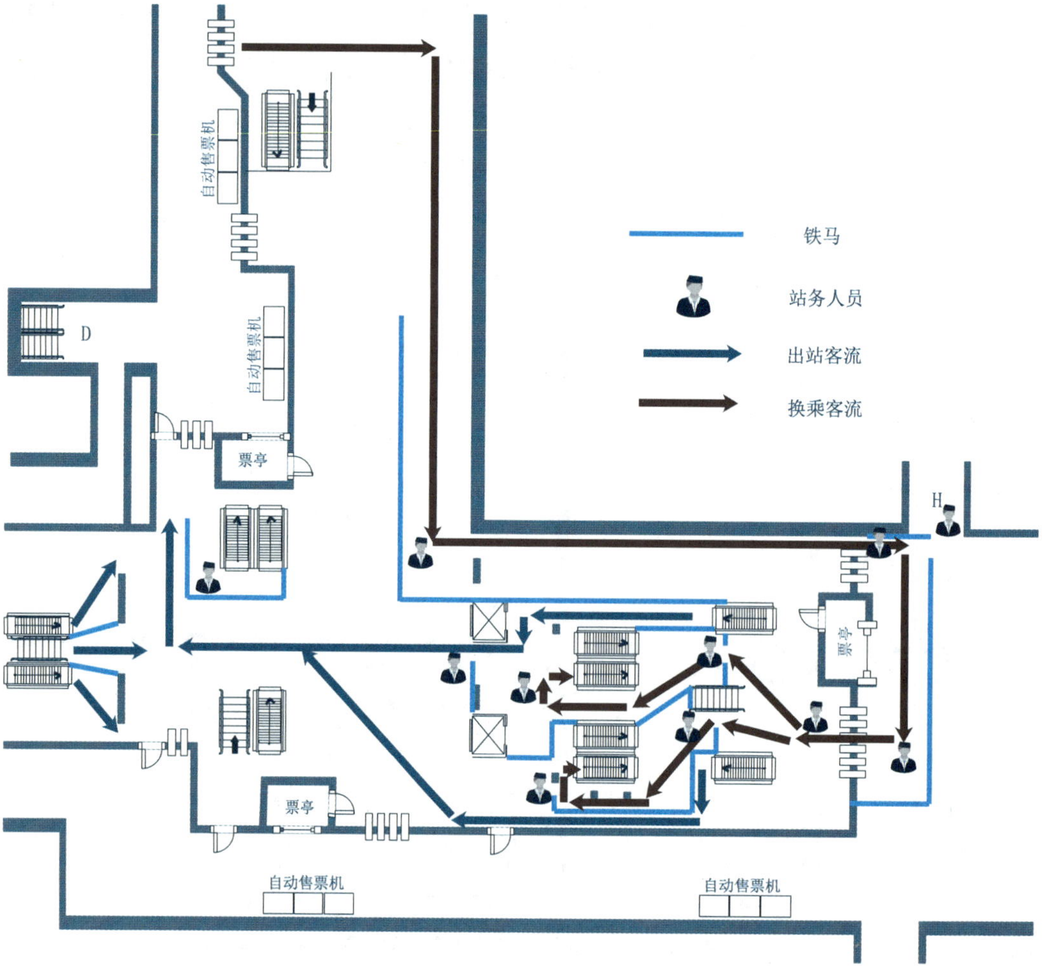

城市轨道交通客运组织

图 5-4-8 二级客流控制流线组织

三级客控流线组织形式如下图 5-4-9 所示。铁马及伸缩带布置形式较前两级更为复杂，3 号线换入客流需绕行更远距离进入站台，经流线干预后，空间客流密度较为均衡，局部区域拥堵问题得到缓解。

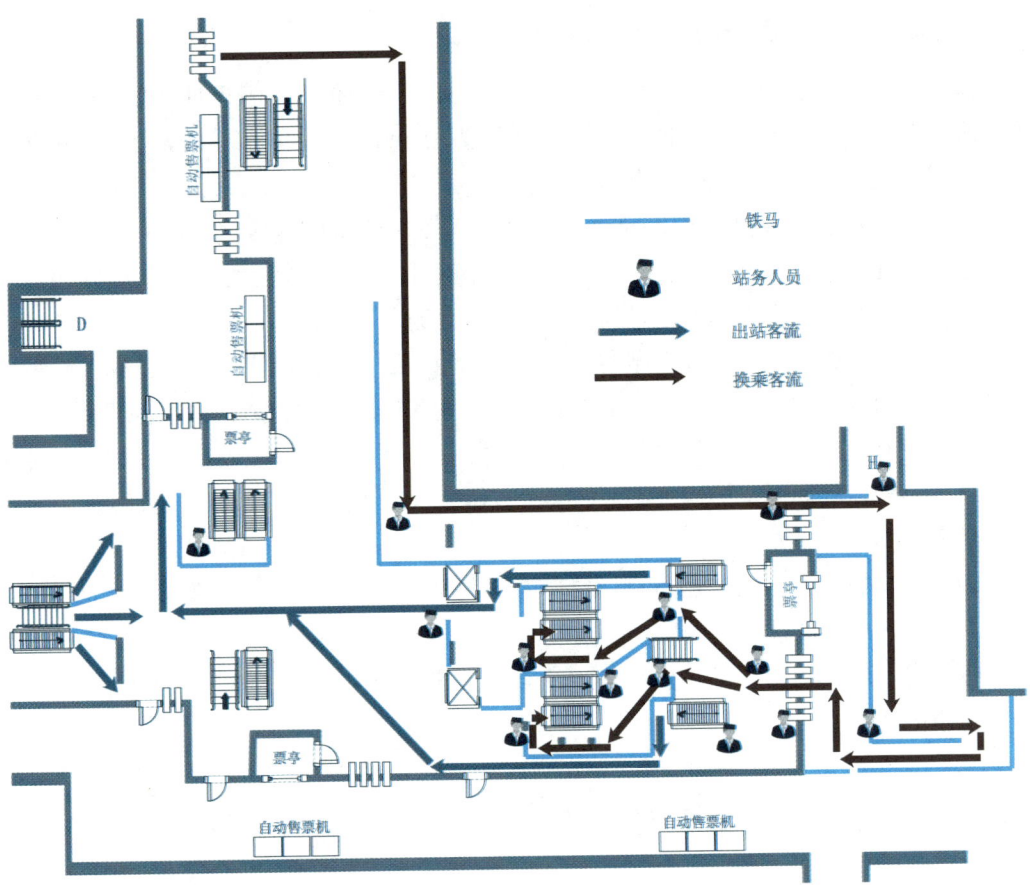

图 5-4-9　三级客流控制流线组织

任务 5.5　突发事件客流组织

5.5.1　城市轨道交通突发事件概述

1. 概念

城市轨道交通突发事件是在城市轨道交通的区域范围内突然发生的会对城市交通系统产生紊乱性影响或者导致交通系统失控的事件。会直接影响公共交通的正常秩序，也会对社会秩序产生重大的影响。无论是自然灾害事件、生产事件、社会公共事件、恐怖袭击事件，只要是对城市轨道交通的正常秩序产生影响的，都可以归类为城市轨道突发事件。

2. 城市轨道交通突发事件的特征

城市轨道交通系统是城市交通的骨干力量，可有效缓解城市的交通压力，降低城市的堵塞问题。一旦发生突发事件，如果出现决策不当或者处置不合理，就会向公共危机演变。城市轨道交通突发事件具有以下的特点。

（1）突发性和紧急性。城市轨道交通突发事件是难以预测的，尤其是一些列车的重大事故往往没有任何预见性，存在很强烈的隐蔽性，且诱发因素也有复杂多样的特点，因此很难对各种突发事件的发生时间做出准确的预测。

（2）危害和破坏性。不同类型的突发事件都会导致严重的破坏性，会造成人员伤亡、财产损失。而且，越是严重的突发事件，其破坏性和危害性就越高，并且会迅速向外部蔓延，在没有做出及时反应的情况下，会导致社会公众的恐慌，以及造成一些不必要的次生事件出现。例如对于地铁火灾，如果没有做好合理指挥，不及时疏散乘客，会导致极大的人员伤亡。

（3）社会影响性。由于城市轨道交通有着大量的人流，因此一旦发生突发性事故，必然会导致比较大的社会影响。目前城市轨道交通都在采取网络化运营，一旦某一条线路出现故障，就会对整个网络造成极大的影响，甚至会导致整个轨道交通网络的瘫痪，造成城市的混乱。

5.5.2 线路各车站的联动关系

突发事件有一定的演变过程，必须在有限的信息、资源和实践条件下迅速做出反应和抉择，采取应急手段，控制局势，掌握处理方法，化解突发事件造成的后果，使运营尽快恢复到正常状态，以保障乘客的利益。

由于城市轨道交通行车组织实行高度集中统一指挥的列车双线单方向运行的方式，一旦运营线上发生意外，点连线、线连网，牵一发而动全身，造成全线列车运行秩序异常，列车运行或中断、或延误，打乱了正常的车站客运组织秩序。为此，突发事件客流组织处理应因不同车站而有所区别。事件车站与相关车站联动关系示意图，如图 5-5-1 所示。

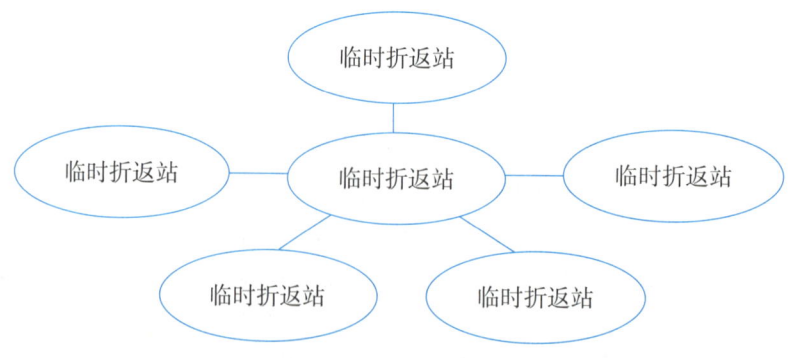

图 5-5-1　事件车站与相关车站的联动关系示意图

5.5.3 突发客流应急实施程序

发生突发事件时，车站应按照事件发生的线路、影响程度、发展情况等因素立即组织力量进行抢险救援，控制事态并减少损失。突发事件车站职责分工如图 5-5-2 所示。

图 5-5-2　突发事件车站职责分工

运营线路能够及时、迅速地开通受应急客流组织方案中报告程序的直接影响。良好畅通的信息传递能够使乘客了解事件原因及等候时间等有关信息，有利于现场组织。事故报告应遵循"迅速""准确""逐级"等原则。具体现场情况的报告内容如图 5-5-3 所示。

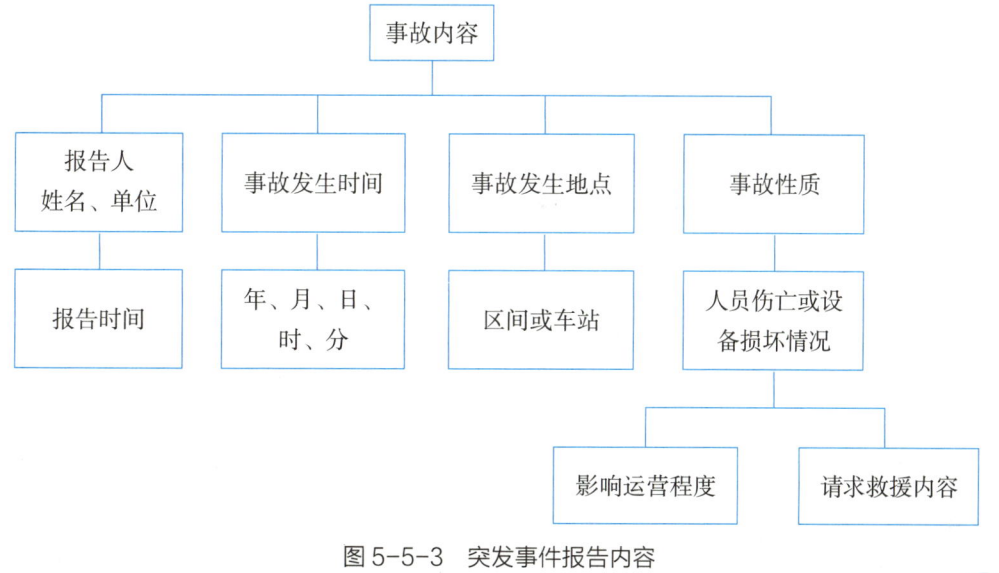

图 5-5-3　突发事件报告内容

5.5.4 突发事件的客流组织

当发生突发事件时,车站可根据实际情况采用不同的客流组织办法对乘客进行疏导。主要有疏散、清客、隔离三种办法。

1. 疏散

疏散是指在紧急情况下,利用一切通道和出口迅速将乘客从危险区域全部转移到安全区域的客流组织办法。按照疏散地点不同,可分为车站疏散和隧道疏散。

(1)车站疏散组织办法。

当车站发生火灾、列车事故、炸弹恐吓、气体泄漏、水淹等事故时,都需要进行紧急疏散。

车站疏散时各岗位的工作内容如下。

①值班站长工作组织(见表 5-5-1)。

表 5-5-1 值班站长疏散工作组织

步 骤	工作事项	具体内容
1	确定事故的种类及地点	·派站务人员前往现场查看事故情况,并通过 CCTV 进行监控; ·上报行车调度员及通知所有车站员工; ·确定是否执行紧急疏散程序
2	指挥抢险,进行疏散	·通过 PIS 宣布疏散车站,并注意避免引起乘客恐慌; ·临时担任现场指挥直至上级领导到达; ·如乘客被困站台,请求行调安排空车协助疏散; ·通知站内人员离开车站并到集合地点报到; ·命令车站员工执行车站紧急疏散计划,组织乘客撤离车站; ·视情况需要,要求行调召唤 119、110、120 等紧急服务,安排站务人员引导救援人员进站,要求行调不要放车进站
3	指挥撤离	·疏散完毕后,检查是否还有乘客滞留,安排员工关闭车站出入口; ·灾害危及车站员工安全时,组织员工到紧急出入口集合
4	恢复运营	·当事故处理完毕后,确认线路出清; ·上报行调,得到确认后恢复正常运营; ·通过 PIS 通知乘客服务恢复正常

②车站员工工作组织（见表 5-5-2）。

表 5-5-2　值班站长疏散工作组织

步　骤	工作事项	具体内容
1	组织乘客疏散	·在车站 IBP 盘上操作 AFC 紧急放行模式，确保闸机全部开放； ·将 TVM 设为暂停服务； ·开启相应的环控模式； ·暂停自动扶梯或将其转用适当的运行模式； ·组织乘客疏散，必要时使用扬声器，并为伤残人士提供必要帮助
2	完成疏散后	·检查所有乘客是否已离开车站； ·张贴车站关闭通告； ·前往集合地点报到

（2）隧道疏散组织办法。

当列车在区间发生故障，且无法行驶至下一车站时，需要进行隧道疏散。隧道疏散程序如下：

①值班站长在接到行车调度员或客车驾驶员需要隧道疏散的通知后，通知各岗位员工执行车站疏散程序，并在上级领导到达前担任临时现场指挥；

②开启隧道灯，需要时开启隧道风机进行排烟（或由环控调度员开启）；

③带领车站员工，穿好荧光服，携带应急灯、无线对讲机等设备前往隧道疏散现场，引导乘客前往车站站台疏散；

④疏散完毕，在确认乘客全部离开和线路出清后，报告行调，关闭车站；

⑤消防、公安人员到达车站后，告知有关情况，协助其参加抢险工作。

疏散需要城市轨道交通运营企业各部门的高度配合，力争在最短时间内完成客流的转移。对于城市轨道交通运营企业而言，应定期进行现场模拟演练，让每位员工充分了解自己的岗位职责及作业流程，以便保证突发事件发生时疏散工作井然有序，乘客得到安全、快速的转移。

2. 清客

由于地铁系统大都处于地下，而地下区间环境非常复杂，存在着诸如照明、通风设备故障等诸多现实问题。一列满载乘客的地铁列车在高峰时段可能会有上千人，在有限时间内完成如此多乘客的安全疏散是一项极其艰巨的工作。当车站发生大面积停电、列车故障，短时间无法恢复运营时，需要进行区间清客。

一旦列车在区间发生紧急情况无法继续运行且短时间内无法恢复时，应由行调下达列车区间清客的命令。具体组织流程如下。

（1）行调在下达区间清客的命令之前，应确保区间上下行轨道接触轨（接触网）已经停电。

（2）控制中心综合监控调度应启动环控系统"列车阻塞"模式，开启故障列车所在区间通风，保证列车内部的空气流通。此外，还要开启全部区间照明，满足乘客区间疏散需要。

（3）在车站接应人员到达之前，由司机担当现场指挥。司机应开启列车紧急通风装置，保证车厢内空气正常流通，同时不间断地通过列车广播对乘客进行安抚，稳定乘客情绪，避免乘客恐慌。司机还应向行调报告列车内所载乘客的大致数量，便于车站安排接应人员。

（4）就近车站在接到行调关于区间清客的指令后，立即组织人员赶赴区间协助司机清客。下轨人员至少为3人，同时穿戴好安全防护用具（绝缘鞋、荧光背心），携带必要物资，如无线手持台、强光手电、扩音喇叭、发光指挥棒、担架等。

（5）车站人员到达列车后，和司机进行信息沟通并取得现场指挥权。司机打开列车一端的紧急逃生门，组织乘客有序下车。车站应安排至少一名接应人员进入车厢组织乘客有序下车。优先安排特殊乘客并给予重点关照。另外一人在车下接应，第三人走在队伍前面带领乘客向就近车站行走。

（6）如区间有疏散平台，则可以通过列车客室门进行清客。

（7）在区间清客过程中，司机应通过列车广播向乘客进行安全提示，引导乘客正确疏散。同时，也应定时向行调汇报现场情况，以便控制中心实时掌握现场救援进度。

（8）乘客在区间走行过程中，应在重点部位（例如区间联络通道、道岔区段等）安排人员做好防控，防止乘客误入其他行车区域。

（9）待乘客全部疏散至车站后，应组织车站人员对乘客做好后续安抚工作。有受伤的乘客要及时送医，有票务纠纷的乘客要积极配合处理，有其他纠纷的乘客要诚恳致歉，争取取得乘客谅解，对于围观乘客要及时劝离，避免出现次生灾害。

（10）司机和车站在区间清客完毕后要立即报告行调，听从行调指挥配合下一步救援抢险工作。

区间清客需注意以下问题。

（1）当故障列车上乘客较多，车站工作人员无法应对时，应及时启动应急支援程序，寻求其他车站或公司救援队伍的支援。支援人员到站后，由车站站长进行人员分工，安排支援点位。

（2）一旦启动区间清客程序，必然在短时间内无法恢复正常运营秩序。区间两端车站及邻近车站要根据控制中心临时调整的行车方式，做好对乘客的信息发布，告知乘客可能延误的大概时间，必要时提示乘客换乘其他交通工具，避免造成车站人员积压。

（3）本线路其他车站及其他线路也要根据受影响程度做好车站的客运组织工作。

（4）如果采用列车客室门疏散乘客，切不可将一侧车门全部打开，以防大量乘客同时涌出后出现不可控的情况。

（5）区间疏散应尽可能实行"单向"疏散，疏散车站为距离故障列车较近的车站。

（6）列车应预存一定数量的应急广播。当发生突发事件时，司机可启动应急广播对乘客进行安抚，这样可以减轻司机的劳动量，分担一部分工作压力。

（7）地铁车辆在设计时，应在每节车厢设置紧急通风窗。当列车在区间长时间停车且车辆应急通风无法满足时，可打开紧急通风窗，实现车厢和外部环境的空气流动。

（8）为提高乘客应对突发事件的素质和能力，应在平时加强对乘客的安全宣传教育及必要的应急知识普及。当出现意外时，乘客就可以处乱不惊，正确使用相关应急设备，积极配合救援抢险工作。

小知识

清客又分为计划性清客和非计划性清客。计划性清客，是指乘客上车前即得知该趟列车运行的终点站，列车需要清客后进行折返或退出服务。比如列车（含短线车）到达终点站时需进行清客。而非计划性清客是指列车运行中，由于设备故障或发生突发乘客事务等，导致列车无法继续运营服务而需要清客。两者最大的不同是前者为乘客事先知情，后者乘客事先是不知情的，此时司机会通过车厢广播告知乘客，车站工作人员也会上车协助清客。

3. 隔离

隔离是指采用某种方式或设备人为地隔开人群或封闭某个区域。根据造成隔离的原因，隔离的组织方法有以下4种。

（1）非接触纠纷隔离。

乘客发生口头纠纷时，离现场最近的工作人员要立即上前调解，必要时要把纠纷双方分别带到人少的地方（或带到车站会议室），进行劝说和调解。如有其他乘客围观，应将其劝离现场，维持好车站正常秩序。

（2）接触式纠纷隔离。

乘客发生肢体冲突时，离现场最近的工作人员要立即赶到现场，与车站保安人员一起把双方隔开。值班站长应赶到现场处理，将肇事双方移交地铁公安处理。车站要及时疏散围观的其他乘客，并寻找目击证人，填写事件记录。

（3）客流流线隔离。

当车站某一端的排队购票队伍与进出站客流发生交叉干扰时，车站工作人员可利用伸缩铁制围栏、隔离带、警戒绳、铁马等设备器具人为地隔开人群，保持进出站客流畅通，并利用手提广播引导一部分乘客到人少的一端购票进站，避免乘客排长队的现象发生。

（4）疫情隔离。

车站发现有恶性传染病疫情时，必须采取隔离组织的办法，关闭各出入口，列车通过不离车，对与疑似人员有过密切接触的物品、人员进行消毒、隔离，未经防疫部门的许可不得离开车站。

案例分析

大型活动的人流疏导方案

香港每逢有大型的活动，大部分香港市民都会选择地铁出行，使得某些车站的拥挤情况非常严重。在同一时间内有大量乘客涌进车站，使车站挤得水泄不通，大大超过车站往常的负荷。为此港铁公司准备了多套人潮管理的应急方案，而每个方案也会针对每个车站人流来制定防止意外事故发生的措施，现以2010年农历年的烟花汇演期间红磡车站的人潮疏导方案为例进行说明。

1. 简介

农历新年的烟花汇演将于2010年2月15日晚上8：00在维多利亚港举行，历时约23分钟估计有十多万市民在尖沙咀至尖东一带欣赏烟花，为提高公众及铁路乘客安全，警方与港铁红磡车站实行人潮管理。

2. 人潮管理安排

（1）值班站长需与警方保持联系及监察人潮进出车站情况，不断更新人流数据预警方案，使警方作出适当的人员调度安排。

（2）值班站长需执行预设的人潮控制方案及安排车站人员执行各种措施，并将车站内的情况汇报警方及车务控制中心。

烟火汇演结束后，警方将会实施单向人潮疏导措施，将人群由天桥从尖东方向往红磡车站疏导，届时往尖东的天桥入口将不会开放，以免发生事故。

当乘客进入车站后须将乘客分流到以下几个地点。

（1）从出口"D"进入车站；

（2）从19号楼梯分流乘客往大堂进入闸机；

（3）从北面中层大堂进入车站。

3. 站台人流安排

根据经验，烟火汇演过后，站台后方部分会异常拥挤，对站台的负荷有一定影响。为避免因人多拥挤而发生意外事故，并以疏导乘客安全为目标，站台人员必须将乘客分流至站台中间部分。值班站长需留意此时的人潮情况并在有需要时将出入闸机临时关闭用以控制人潮，并不时以广播通知乘客本站情况，将行车间距时间显示于PIS，并应根据环境的温度将空调系统调拨至最大效能，使车站及大堂气温凉爽以减低乘客候车时的局促感觉。

最后，所有人员必须遵照人潮控制应急措施程序来实行工作，并不时汇报值班站长最新情况以做出恰当安排。

4. 总结

确保车站人流通畅及避免事故发生，各人员必须和管理人员不时沟通汇报并与警方保持联系，高度遵守既定的人潮管理措施，以减低重大事故发生的可能。

最后，车站人潮管制没有特定和标准的法则来规划和执行，应根据个别车站的设计和附近环境的配合来做出适当的措施，平时的模拟演练对提高人员的合作性和应急性有很大的帮助，既然意外事故是在有通知下发生的，那么预防工作是可以未雨绸缪的。

思政园地

上海地铁 5G 技术实现智慧客流引导

周一的早高峰时段，上海地铁惠南站和往常一样实施限流。但与往常不同的是，每列车进站后该安排多少位乘客上车，不再是简单地靠人眼识别，而是由电脑给出数据。

图 5-6-1　上海地铁控制室的智慧客流引导系统

惠南站客流有着明显的潮汐式特征。早高峰期间，在开往龙阳路方向的列车上，乘客几乎只上不下。为了让限流更为精准，在惠南站的智慧客流引导界面上，显示着惠南站出入口客流、即将到站的车辆信息以及往龙阳路站方向的其他几个限流车站的实时客流情况。系统以这些数据为基础，基于内部算法，计算出建议放行数量，并动态更新。

图 5-6-2　地铁站正在实施限流

从2019年底，惠南站试点建设智慧车站，不仅能更加精准地掌握进站客流放行量，还能控制车站内各种设备的状态，并对其进行实时监控。车站开始运营前，从打开照明、系统自检、通讯自检、设备开始运作，直至最后卷帘门打开，一套开站流程大约只需5分钟，而以往依靠人工逐项操作，至少要一个小时。

目前，上海轨道交通全网络运营线路总长为831km，车站数增至508座。为保证日益庞大的轨道交通网络安全运营，并提升乘客的出行体验，上海地铁近年来加大了对地铁运营管理智慧化的探索。

2019年，上海地铁"信号系统智能运维体系"上线。作为国内首创，该系统破解了地铁关键系统健康状态量化评估的难题，针对人、车、物、地、事件信息进行实时采集与分析，将危险源、隐患、事故等数据联动，实现了智能化的主动维修决策。

2020年，上海地铁又试点推出客流状态等信息的实时查询服务。该服务集成大数据、云服务等多项智能科技手段，实现车厢客流状态、列车行进位置、车厢温度等信息的实时采集，列车运行数据上传云平台自动计算并实现无线传输，及列车载客运营情况的动态反馈和分享。乘客可通过 Metro 大都会 APP，实时查看各条线路的平均满载率、列车车厢拥挤度等信息。

目前，上海地铁"智慧车站"的建设已经逐渐完善。首先，客流监测系统能通过热力图，对车站的所有人员的分布情况进行准确监测。其次，在车站的重要通道安装鹰眼镜头，使工作人员在车控室内可以无死角地观察换乘通道的状况。第三，在进入办公区域的位置新增人脸识别装置，使得工作场所的人员出入管控更加安全。另外，站厅内还有语音购票服务，只要乘客报上景点名称就可以导乘到相关站点。

目前，上海地铁正在加快5G网络建设与创新应用，并在地铁安全管理、运营服务、设备智能运维等方面探索5G创新应用。

项目实训

1. 能力训练

（1）客流调查。

实训说明：设计城市轨道交通客流调查问卷，进行客流调查，写一份城市轨道交通客流调查方案。要求设计客流调查表、设计调查的具体工作内容。

（2）车站日常客流组织。

实训说明：可以利用模型、实训软件，让学生自己设计人员、设施摆放的位置，对不同的方案在正常客流组织方面的优缺点进行分析，提高理论知识的理解程度。

（3）大客流客运组织。

实训说明：对学生进行分组，每5个人一小组。对模拟的车站情况进行大客流组织作业。

（4）突发事件客流组织。

实训说明：可以运用角色扮演法组织学生理解、记忆相关突发事件客流组织的内容。

2. 综合测评

评价表

项目名称	城市轨道交通车站	学生姓名	
任务名称	任务1 客流概述 任务2 客流调查与预测 任务3 日常客流组织 任务4 大客流组织 任务5 突发事件客流组织	分数	
目标		分值	考核得分
1. 客流基本知识的掌握情况		10	
2. 采用正确的方法进行车站客流调查		15	
3. 根据城市轨道交通客流数据分析轨道交通客流特点规律		10	
4. 根据岗位按标准组织好车站日常客流		15	
5. 根据岗位按标准组织好车站大客流		15	
6. 根据岗位按标准组织好车站突发客流		15	
7. 是否有小组计划		5	
8. 基本素养考核情况		15	
总体得分			
教师简要评语： 教师签名：			

项目练习

1. 简述客流、断面流量和最大断面流量的含义。
2. 客流调查有哪几种分类方法？
3. 客流的不均衡性体现在哪些方面？
4. 大客流组织有哪几种方法？简要论述各方法。
5. 简述城市轨道交通客流如何分类。
6. 简述城市轨道交通客流的时间分布特征与空间分布特征。
7. 简述客流调查的种类及客流调查方法。
8. 简述城市轨道交通客流组织有哪些原则。
9. 乘客在进出站过程中客流组织需注意哪些方面？

项目 6

城市轨道交通车站客运服务

项目概述

城市轨道交通工具作为一种乘客运输的现代化交通工具，是一个复杂的交通运输系统，而直接面对广大乘客的就是轨道交通的客运服务工作。客运服务质量是直接反映轨道交通系统运营管理水平的重要标志之一，也是反映城市文明程度的一个窗口。要做好客运服务工作，就需要服务人员全面掌握相关知识。本项目将介绍城市轨道交通客运服务的规范，并重点介绍车站相关客运服务的内容。

学习目标

1. 知识目标

· 掌握客运服务规范。
· 了解车站日常客运服务及特殊服务的内容及要求。

2. 技能目标

· 能够规范进行日常客运服务。
· 能够规范处理乘客事务及失物事件。
· 能够规范处理乘客投诉事件。

案例导入

护卫对讲机讲粗口，引起乘客不满

2003年3月9日19：45左右，有3名乘客在D口站厅准备购票时，站厅保安发现他们携带鸡、鸭等家禽进站，便向其解释动物不能带进站，但乘客却固执地要求车站出示相关规定给他看，值站收到通知后用对讲机讲"请乘客稍等"。在此期间，站台保安用对讲机问乘客是男是女，另一站台保安用对讲机问："是谁，这么嚣张！"，被乘客听到，乘客误认为是骂他，一定要保安上来向他道歉，值站向乘客解释，但乘客拒不接受并投诉了该车站。

思考： 案例中涉及岗位人员存在哪些服务方面的问题引发乘客投诉？遭遇乘客投诉应该如何处理？在日常服务作业中，应注意哪些服务规范以保证为乘客提供良好的服务环境？

任务 6.1　城市轨道交通客运服务规范

根据《城市轨道交通客运组织与服务管理办法》第二十条的规定，运营单位应根据客流需求，不断提高乘客服务体验。客运服务规范是车站客运服务管理的主要依据，也是车站服务工作应达到目标的衡量尺度。在日常工作中，客运服务人员要以端庄大方的仪容举止，给乘客提供美好的形象服务；以热情、和蔼、谦虚的态度，给乘客提供礼貌的语言服务；以文明、和谐的乘车氛围，给乘客提供高质量的文化服务。

6.1.1　仪容着装规范

1. 仪容修饰规范

（1）女员工不留怪异发型、不染不自然发色，头帘不能遮挡眉毛。长发（头发过肩）的女员工身着工作制服时，必须佩戴头花，将头发挽于发网内，头花呈水平状态，不得过高或过低，耳鬓两侧没有碎发；短发女员工则应将两鬓头发束于耳后。

（2）男员工头发要修剪整齐，禁止剃光头，不准留长发，不能留怪异发型和染不自然的发色，前额蓄发不得露于帽外，脑后头发不能触及衣领，鬓角不得超过 2cm，不准留胡须。

（3）女员工上岗前化好淡妆，妆容不能过白或过浓。

2. 仪表着装规范

（1）上班时间应按规定整齐、统一穿着工作制服，配饰齐全。

（2）工作制服要保持整洁，不缺扣、不立领、不挽袖挽裤。领带要经常清洗熨烫，着衬衣时，衬衣干净，领口、袖口无污迹，衬衣袖口扣子必须扣上，袖口不可卷起，衬衣扣不得漏扣或缺扣；衬衣下沿应束进裤内。凡着工作制服时，必须按规定穿着黑色皮鞋，并保持光亮、整洁。

（3）女员工穿着制服时，佩戴项链不可露出制服、戒指只可带一枚样式简单的、耳钉只可带一副无坠的、手表不佩戴款式怪异的，其他饰品一律不允许佩戴。男员工只可佩戴一枚样式简单的戒指或手表。

（4）原则上只能在工作地点、工作时间穿着工作制服。在公司或车站范围内，当班时间应按规定穿齐工作制服；已下班，但仍穿着工作制服的员工，在车站内行为举止一律按上岗时的规定执行。如图6-1-1所示。

（5）除特殊情况以外，工作制服穿着类型应保持统一。

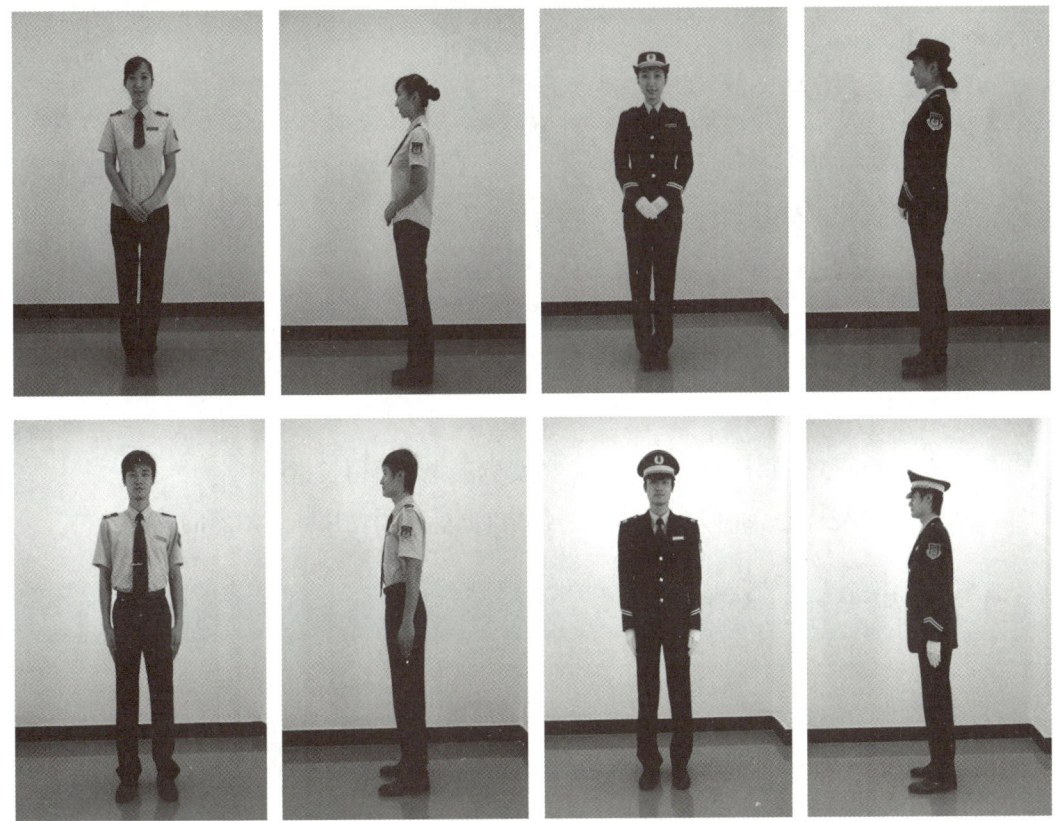

图 6-1-1　仪表着装规范样例

3. 配饰规范

（1）冬季男员工佩戴工号牌、工帽。女员工佩戴工号牌、工帽，丝巾（在设备区当班的员工可不佩带工帽并置于乘客视线范围外）；夏季男员工佩戴领带、肩章、工号牌。女员工按要求佩戴丝巾或领花、头花、工号牌。

（2）因工作需要佩戴绶带、袖标时，绶带佩戴于左肩上，佩戴样式为左肩右斜；袖标佩戴于左臂上，距肩约 15cm（见图 6-1-2）。

（3）上岗时可佩戴一枚戒指，不可戴手链、手镯、脚链及过多饰品。

（4）女员工可戴一副简单造型的小耳钉，项链以颈链为准，项链应放入制服内；不可戴夸张、艳丽的头箍、头花。

（5）男员工不可戴耳环等饰物，如佩戴项链应放入制服内，且不得外露。

图 6-1-2　绶带、袖标佩戴规范样例

4. 卫生规范

（1）双手清洁，不得涂有色指甲油；男女员工均不得留长指甲。

（2）讲究个人卫生，面部干净整洁，不得文身，不得使用味道浓烈的香水。

6.1.2　行为举止规范

1. 站姿

站立是生活中常见的姿势，也是服务接待的主要姿势。站立服务传递着随时为乘客服务的信息，能体现出对乘客的尊重，正确的站姿规范（见图 6-1-3）是：

（1）在岗时，站姿挺拔、不得背手、手插进口袋或手搭在物品上；

（2）女员工：站立时双腿并拢，双脚脚跟靠紧，脚掌呈"V"字形，脚尖展开 45°左右；双手虎口相对，右手轻握左手自然放置在腹前，或双手自然下垂。

（3）男员工：站立时两脚分开与肩同宽或比肩略窄；双臂自然下垂，或双手放在身后，左手半握拳，右手握左手手腕处。

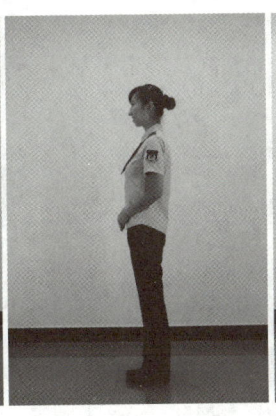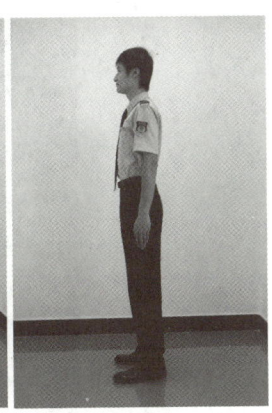

图 6-1-3　站姿标准规范样例

2. 坐姿

坐姿即人们就坐之后呈现的姿势。端正的坐姿能体现服务人员的修养，正确的坐姿规范为：

（1）坐姿要后背挺直、双脚并拢，双手自然放在双膝上或工作台面上，坐满椅子的三分之二，双膝相靠，如图 6-1-4 所示。

（2）禁止背靠椅背斜躺、抖腿、用手托腮及趴在桌面上。

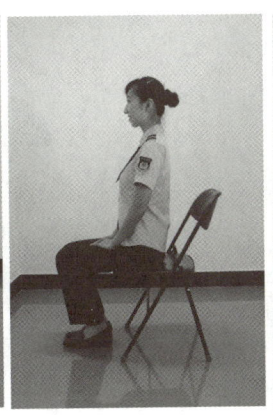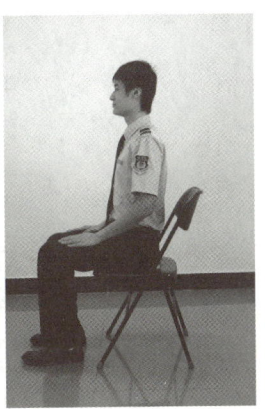

图 6-1-4　坐姿标准规范样例

3. 行姿

行姿是以静态的站姿为基础的动态姿势。行走时，要抬头、挺胸、两眼平视前方、面带微笑、双臂自然下垂，协调摆动于身体的两侧，跨步均匀，如图 6-1-5 所示。禁止行走时互相挽臂、牵手、勾肩搭背、嬉戏打闹。

图 6-1-5　行姿标准规范样例

4. 蹲姿

服务人员需要拾捡东西或做卫生清洁时，需要运用蹲姿，城市轨道交通服务人员通常采用的蹲姿为高低式蹲姿。高低式蹲姿要求双膝一高一低，下蹲双脚前后错开，形成左膝高右膝低的姿态。下蹲拾物时先走至物品侧面，下蹲，从侧面拾起物体，不可从正面捡拾物体，拾物时不得臀部向上，如图 6-1-6 所示。

图 6-1-6　蹲姿标准规范样例

5. 指引

指引标准规范样例如图 6-1-7 所示。

（1）指引时掌心斜向上，四指并拢，大拇指自然分开

（2）以肘为轴，前臂自然上抬，臂弯的角度在 135°～180°之间

（3）视线移向指示方向，同时兼顾到乘客是否看到指示方向。

（4）不得用手指指引或手持物品指引。

图 6-1-7　指引标准规范样例

6. 举止

（1）在岗时要精神饱满，举止大方，行为端正。不得将个人情绪带到工作上，不得在乘客面前剪指甲、挖耳朵、打哈欠或伸懒腰等。

（2）认真工作，不得在岗位上聊天、说笑、追逐打闹或做与岗位工作无关的事，如看书、看报、吃东西、会客、玩手机等。

（3）注视乘客时，目光应坦然、亲切、和蔼有神，与乘客视线接触时，应点头微笑表示尊敬，不准用俯视的眼光打量乘客，不对乘客频繁的眨眼或挤眉弄眼。回答乘客问询时，要耐心有礼，面带微笑。不得不理睬，不得边走边回答，不得边工作边回答也不得以摇头、点头等方式回答乘客，应站立或停下手中工作认真回答（如工作确实无法终止应请乘客稍等，并在工作后第一时间回答）。对自己无法回答的询问，应请教同事，不得误导乘客。对违反地铁有关规定的乘客应采用解释、诱导、委婉的方式，严禁对乘客有大声喝斥、推、拉、扯、拽等行为。

（4）着制服的员工在乘车、候车过程中，不得坐在座椅上，并应主动维持乘客候车、乘车秩序。

6.1.3 服务语言规范

语言是服务的第一工具，服务人员在同乘客接触的整个过程中，始终离不开语言交流。

服务人员的语言运用、表达能力直接影响服务的水平。

（1）语言规范。

在城市轨道交通服务中，服务人员须注意语言的规范性、礼节性、完整性、准确性、逻辑性、策略性，说话的声调要温和、文雅、生动、亲切、谦逊，切不可说脏话、粗话、怪话，更不可用粗野庸俗的话刺激、侮辱乘客，服务用语规范包括：

①语音标准。使用普通话，亲切和蔼，口齿清晰，音量适宜，语速适度。

②词语文明。对乘客的称呼要文明得体，坚持使用文明用语：请、您、您好、对不起、谢谢、再见。

③恰当表达。与乘客沟通交流时应简明易懂、语义明确。

处理违反规定事宜要态度和蔼、以礼为先、不得讲斗气、训斥、顶撞的话语。行走时遇到乘客问询，要站稳面向乘客，亲切回答问题，不得不理睬。

（2）日常礼貌用语。

车站日常运营常用的礼貌用语包括：

①接待乘客时：您好；

②乘客接取钱票时：请收好；

③检查三品时：对不起，请您把包装打开，给您添麻烦了，谢谢合作；

④宣传文明乘梯时：请上电梯后靠右站，把左侧让给有急事的乘客通行；

⑤宣传文明乘车时：请您位于车门两侧，先下后上；

⑥维持排队秩序时：请您按顺序排队，不要拥挤；

6.1.4 服务态度规范

（1）主动关心乘客，并乐于协助老、弱、病、残、孕及其他有困难的乘客。

（2）安全意识强，在岗时时刻保持警惕，以确保乘客和行车安全为自己的首要职责。

（3）处理乘客问题时，应公平、公正、合理。

（4）遵守公司的各项方针、政策。

（5）遵循服务首问制度。当乘客询问工作人员时，被询问的工作人员必须负责到底，第一时间解决乘客的问题，不准让乘客询问其他工作人员，不准将问题推诿给其他工作人员解决，不准给乘客提供错误信息。

> **小知识**
>
> **西安地铁优质服务"1567"**
>
> 一个服务理念：地铁所至、爱心相随
>
> 5s 服务标准：
>
> 安全（safe）
>
> 快捷（speedy）
>
> 标准（standardy）
>
> 微笑（smile）
>
> 满意（satisfied）
>
> 服务要求"六心"：
>
> 热心——视乘客为亲人，热情主动为乘客服务；
>
> 耐心——耐心解答乘客询问，对乘客反映的问题，要一丝不苟、不厌其烦，直到乘客满意为止；
>
> 贴心——做乘客的贴心人，想乘客之所想，急乘客之所急，不断创新服务内容；
>
> 用心——用心做好为乘客服务的每一件事，在岗一分钟，尽心60秒；
>
> 真心——真心对待每一位乘客，用真诚付出换取乘客的理解和支持；
>
> 细心——注意为乘客服务的每一个细节，不放过任何一个可能给乘客带来不便的环节。
>
> 服务要求"七不准"：
>
> 不准和乘客吵架；
>
> 不准有欺瞒乘客的行为；
>
> 不准拒绝乘客的合理要求；
>
> 不准对乘客的困难置之不理；
>
> 不准对乘客的违规行为视而不见；
>
> 不准对乘客有推、拉、打、踢等粗暴行为；
>
> 不准对乘客投诉弄虚作假或隐瞒不报。

任务6.2 车站日常客运服务

> 乘客乘坐地铁由进站—购票—进闸—候车—乘车—下车—出闸—出站八部组成，只有在每个环节完善相关的软、硬件设施，提高每一个环节的服务质量，才能为乘客提供优质的服务，让乘客满意。

6.2.1 进站客运服务

1. 服务内容

进站客运服务的内容是指引乘客进站,通常利用站外客运导向标识实现该服务,必要时采用人工指引服务。

(1)客运导向标识。

从乘客没有进站开始,在每个地铁站的周边 500m 圆形辐射范围内,都设有地铁导向标识,它所指引的方向便是离此地最近的地铁站方向。导向标识上也清楚地标注了距离地铁站的实际米数、地铁站名、出入口编号等信息,如图 6-2-1 所示,便于乘客进行服务选择。

图 6-2-1 站外客运导向标识

(2)人工指引服务。

人工进站指引包括维持进站秩序、引导乘客顺序进站、为特殊人群提供特殊服务等内容。

2. 服务规范

在进行人工指引服务时,为保证乘客有序进站,需要服务人员做到耐心疏导。具体的服务规范如表 6-2-1 所示。

表6-2-1 进站人工指引服务规范

服务内容	作业要求	服务用语	不当行为
进站指引	①有力疏导，避免乘客发生冲突 ②高峰期站外限流时，耐心劝解乘客，如乘客不冷静，要尽快处理，降低影响范围	①请您听从工作人员指引，顺序进站 ②请您不要拥挤，顺序进站 ③目前车站客流较大，我们正在采取限流措施，请您配合	①与乘客发生言语冲突 ②使用非礼貌用语，例如："现在人多，排着吧""现在限流，我也没招"等

3. 服务质量标准

进站客运服务必须做到以下3点：

（1）站外引导标识必须清晰、准确且醒目。

（2）限流措施得当。

（3）人工指引需热情、周到。

6.2.2 站厅客运服务

1. 服务内容

站厅客运服务主要包括安检服务、问询服务和售检票服务。

（1）安检服务。

国内城市轨道交通车站站厅处均设置安全检查，乘客进入站厅第一件事就是接受安检，以保障城市轨道交通运营的安全，如图6-2-2所示。

图6-2-2 地铁安检服务

（2）问询服务。

人工问询服务可以分为有人式服务和无人式服务。有人式服务通常在车站站厅设有售票问询处或服务咨询台，如图 6-2-3 所示。在车站正常运营时间内，都会有地铁车站服务人员值守。站台的上下行方向也都设有保安，若是乘客想要问路或是有其他的问题，都可以向车站的服务人员进行咨询。无人式服务是指车站设置计算机查询平台，可供乘客查询线路、票价及各类票卡的金额等。

图 6-2-3　地铁问询服务台

（3）售检票服务。

城市轨道交通车站设有先进的 AFC 系统，也就是自动售检票系统。它能够让一个乘客在没有人力协助的情况下，独自通过机器设备，完成买票、检票进站、检票出站等一系列行为，自动化程度非常高。当然，在车站站厅也会至少设立一处客服中心，当乘客由于各种原因无法独立完成买票进站、出站的操作时，都可以向售票问询处的工作人员求助，工作人员都会热心地对其进行帮助。

2. 服务规范

在进行站厅客运服务时，为保证乘客顺序安检、顺利购票并刷卡进站，需要服务人员做到安检尽责、售票熟练、引导文明刷卡。具体的服务规范如表 6-2-2 所示。

表 6-2-2　站厅客运服务规范

服务内容	作业要求	服务用语	不当行为
安检服务	①主动宣传、耐心解释、认真负责 ②当乘客寻求其他帮助时，不得拒绝推诿	①您好，请配合安检，谢谢合作 ②乘客请顺序安检，谢谢合作 ③您好，您的箱包需要开包检查，请您打开箱包，谢谢合作 ④您好，您携带的物品属于公示的禁、限带品，不能携带该物品进站	①与乘客发生言语冲突 ②使用非礼貌用语，例如："这是规定，不得不检""不知道，这不归我管"等
问询服务	熟知城市轨道交通线路及车站周边相关信息，准确提供线路咨询服务	您好，您需要先乘坐XX方向列车，到XX站下车换乘XX线路，再乘坐XX方向列车，到XX站下车即可	①错误告知乘客信息 ②使用非礼貌用语，例如："不知道"等
售票服务	①严格执行"一问、二收、三唱、四操作、五找"的售票、充值、找零等作业流程 ②乘客使用自动售票机遇到困难时，应主动提供帮助服务 ③遇有多名乘客同事寻求帮助，不得慌乱、怠慢，按顺序依次提供服务	①请您稍等，我逐一为大家处理 ②我可以帮助您使用自动售票机 ③您好，请您按顺序排队购票 ④对不起，让您久等了	①对乘客的不耐烦情绪视而不见 ②乘客自助购票发生困难时，视而不见 ③乘客需要帮助时，推诿搪塞
引导检票服务	①细心观察，微笑服务，主动热情 ②乘客遇票卡问题时，要耐心安抚、快速处理	①请您右手持票，有序刷卡 ②请您站在黄线以外刷卡 ③请您刷卡，快速进站	对乘客存有不耐烦情绪

3. 服务质量标准

站厅客运服务必须做到以下两点：

（1）保证安检过程、售检票过程顺畅。

（2）保证问询服务周到、得体。

6.2.3 站台客运服务

1. 服务内容

站台客运服务的内容主要是乘降组织服务。目前城市轨道交通车站均采用屏蔽门系统以保障乘客的候车与乘车安全。在屏蔽门与候车区之间设有明显的候车安全线,并标注上车、候车和下车区,协助有序上下车。如图6-2-4所示。服务人员则需要维持站台候车秩序,提示乘客在列车未进站停稳、车门未完全打开前于安全线以内候车,以防意外事件发生。

图 6-2-4　站台客运服务

2. 服务规范

在进行站台客运服务时,为保证乘客遵循"先下后上"的原则排队上车,需要服务人员做到积极维持站台秩序、文明组织乘客上下车。具体的服务规范如表6-2-3所示。

表6-2-3　站台客运服务规范

服务内容	作业要求	服务用语	不当行为
乘降组织	①积极宣传组织乘客分散上下车,文明候车、先下后上 ②发现异常情况及时汇报,果断采取措施	①请您在站台安全线以内候车 ②请您不要依靠屏蔽门,以免发生危险 ③请您抓紧时间上下车,先下后上,谢谢合作 ④请勿抢上抢下,顺序上下车	①与乘客发生言语冲突 ②发生异常情况,臆测原因,随意向乘客解释 ③粗鲁催促乘客上下车

3. 服务质量标准

站厅客运服务必须做到以下 3 点：

（1）站台导向标识清晰、明确。

（2）候车时间合理。

（3）上下车过程有序，做到先下后上。

6.2.4 换乘客运服务

1. 服务内容

不同的换乘方式，提供的客运服务有所差异。同站台的换乘方式，站台区客运服务就可以满足换乘服务需求；除此之外，则需要通过换乘通道提供额外的换乘客运服务。具体包括：

（1）提供舒适的换乘通道环境。

（2）清晰的换乘导向标识。

（3）换乘需要搭乘电梯时，乘梯组织要到位。

2. 服务规范

在进行换乘客运服务时，为保证乘客安全、高效、文明地换乘，车站的换乘通道要舒适、换乘标识要清晰、乘梯组织要到位。具体的服务规范如表 6-2-4 所示。

表 6-2-4 换乘客运服务规范

服务内容	作业要求	服务用语	不当行为
乘梯组织	①宣传引导乘客文明乘梯 ②发现异常情况及时汇报，果断采取措施	①请您文明乘梯 ②请注意安全，扶好扶手 ③请您靠右站立，左侧通行	与乘客发生言语冲突

3. 服务质量标准

换乘客运服务必须做到以下 4 点：

（1）换乘导向标识清晰、明确。

（2）换乘通道距离适当。

（3）换乘通道乘梯组织到位。

（4）换乘环境良好。

6.2.5 出站客运服务

1. 服务内容

出站客运服务与进站客运服务相似,内容是指引乘客出站,通常利用站内导向标识实现该服务,必要时采用人工指引服务。

(1)客运导向标识。

车站站厅非付费区设置各类导向标识(见图 6-2-5),告知乘客出站的方向。

图 6-2-5 出站客运服务类标识

（2）人工指引服务。

人工出站指引则需要站务员熟悉周边环境及地面公交换乘信息，为前来咨询的乘客进行解答。

2. 服务规范

在进行出站客运服务时，为保证乘客顺序检票出站，需要服务人员做到能够及时处理异常问题、准确记忆出站信息。具体的服务规范如表 6-2-5 所示。

表 6-2-5　出站客运服务规范

服务内容	作业要求	服务用语	不当行为
出站指引	①有力疏导，避免乘客发生冲突 ②细心观察，微笑服务，主动热情 ③针对乘客票卡问题，要耐心安抚，快速处理	①请您右手持票，有序刷卡 ②车票回收，请您投票出站 ③请您刷卡（投票），快速出站	①与乘客发生言语冲突 ②错误告知乘客信息 ③使用非礼貌用语，例如："不知道"等

3. 服务质量标准

站台客运服务必须做到以下 3 点：

（1）出站标识清晰、准确。

（2）检票出站方便、有序。

（3）票务事务处理快捷、热情。

任务 6.3　特殊客运服务

6.3.1　乘客事务处理

车站乘客事务处理程序及要求具体如下。

（1）接到信息后，必须第一时间处理，如果当事人无法处理，应立即通知上级，相关人员接到信息后，必须在 3 分钟内到场为乘客处理相关事务。

（2）如乘客对车站现场的回复不接受，车站工作人员可指引乘客填写《乘客意见卡》，并转交所在部门处理，由部门服务管理人员在两个工作日内回复乘客，如乘客仍不接受则立即将《乘客意见卡》转交服务总台处理，乘客信息处理员按照相应的流程处理，回复乘客。

（3）对于较严重的乘客投诉（如人员服务态度、员工错误操作等），车站须立即报所在部门及服务总台备案。

6.3.2 乘客失物处理

1. 处理程序

（1）遗失物品均由车站当班值班站长（或乘务派班员）与拾获人共同清点后，当班客运值班员（或乘务派班员）在《拾遗物品登记簿》上登记，写明现金数额、物品的名称、数量、详细特征以及拾获的时间、地点、拾获人姓名。

（2）交给车站的遗失物品，车站客运值班员在填写《拾遗物品登记簿》后，及时通知指挥中心服务热线员，以便失主通过服务热线电话查询；有失主资料的，由车站值班站长通知失主到指定车站认领，做好认领登记，填写《拾遗物品认领登记簿》。

（3）车站应及时将遗失品情况公布于车站公告栏或揭示板，以便失主认领，公布保留期限。

（4）十五天内，只公布遗失物品类别（名称）及拾到时间，不得对遗失物品特征做详细描述。

（5）超过公布期限无失主认领的失物，交由地铁公安处理。

（6）对地铁公安不予受理的遗失物品可通过拍卖、捐赠等方式酌情处理。

2. 认领程序

（1）由认领人提供失物特征，车站（或服务热线员）初步确认在所有遗失物品登记信息中是否有相符物品。

（2）如有相符物品，请认领人提供两项以上最能表现失物特征的证明，如一致则请认领人到失物所在车站办理认领手续。

（3）认领人必须凭本人身份证或有效证件办理领取手续，详细填写领取人相关信息，留下真实联系电话（认领经办人现场电话确认）。

（4）认领人取走遗失物品后，认领经办人及时通知服务热线员，取消相应遗失物品的在服务热线记录。

小知识

北京京港地铁提供失物招领的便民措施，在京港地铁官网实时更新失物招领信息（见图 6-3-1）。

失物招领

乘客到车站后与车站工作人员一起确认遗失物品后方可签收领取

请输入物品名称、地点、时间等信息 搜索

编号	时间	丢失地点	物品名称
F/2021-000560	2021-08-21 22:10	国家图书馆站-L16	包——袋子(1)
F/2021-000559	2021-08-21 18:17	北京南站-L14	电子产品——手机(1)
F/2021-000558	2021-08-20 22:10		电子产品——手机(1)
F/2021-000556	2021-08-19 10:25	甘家口站	包——袋子(1)

图 6-3-1　京港地铁官网失物招领信息

3. 特殊物品处理规定

（1）食品与易腐物品：有包装食品保管期限为 24 小时，如无人认领由车站按垃圾废弃物处理；无包装食品及易腐物品（如肉类、蔬菜等），保管到当天运营结束由车站按垃圾废弃物处理。

（2）贵重物品（如珠宝、首饰、手机、手提电脑、照相机、现金等）达到公布保管期限后，由车站值班站长移交地铁公安处理。

（3）对有“机密”“绝密”等字样的信（文）件、图纸、重要证件立即移交地铁公安处理。

（4）军用物品（包括枪支、弹药）、违禁物品以及其他危险物品，在《拾遗物品登记表》上登记后，立即移交地铁公安处理。

（5）对已付邮资的未投寄信件，由车站当班值班站长指定人员代投寄，并由经办人在《拾遗物品登记表》备注栏内登记确认。

（6）其他所有邮件均作为普通失物，达到公布保管期限后，由车站值班站长移交地铁公安处理。

6.3.3 乘客投诉处理

城市轨道客运服务人员每天面对的是成千上万的流动乘客，其中的大部分乘客是当地长住人群，因此，如果当乘客对服务不满意时投诉起来比铁路、航空等要方便一些。按照服务行业的要求，企业一般应在公共场所公布投诉或举报电话，设立热线处理顾客投诉。需要时，城市轨道公司应设专门的投诉处理中心为乘客提供适时服务。

1. 投诉的原因分析

乘客投诉的原因很多，有些乘客投诉属正当权益保护，视为有效投诉；有些乘客投诉属无理取闹型，应为无效投诉。因此，当接到乘客投诉时应认真对待乘客的两类投诉，妥善进行处理。处理时应注意：受理乘客投诉时使用礼貌规范用语，认真聆听、及时填写"乘客意见表"，问清乘客投诉的原因，记录相关资料内容和联系方式等。

2. 处理乘客投诉技巧

（1）易地处理：将乘客请至房间内或僻静处处理，尊重乘客。

（2）易人处理：必要时，交与其他同事处理。

（3）易性处理：原则性与灵活性有机结合。

3. 乘客投诉应对步骤

处理乘客投诉应遵循3个基本原则：换位思考，真心诚意；耐心倾听，诚恳道歉；尊重事实，恰当处理。正确应对乘客投诉，可按下列步骤处理。

（1）换位思考。

接到乘客投诉，切不可情绪激动，跟乘客对着干。作为服务工作人员，我们应该保持尊重事实的态度，首先承认自己存在做得不妥的地方，并且尊重他们的意见，必要时向乘客表示歉意。我们应该给投诉者留下良好的第一印象，为妥善处理投诉奠定基础。

（2）耐心倾听。

投诉者投诉的目的是希望自己的意见能引起充分重视，但投诉者表述的时候往往因为主观情绪过于激动，让接待人员无所适从。我们应保持冷静的态度，让乘客的情绪充分发泄，善于观察乘客言语中的细节，不要因为乘客言语的不友好而影响自身的服务礼仪和服务标准，耐心倾听，从中找到乘客的真实需求。

（3）诚恳道歉。

不管在什么情况下，当乘客投诉时，都应该虚心接受。首位接待的员工应该全程跟进负责，并且遵循百分百回复和满意的原则，对乘客的感受要用心去理解，并且感受乘客不满情绪的来源。同时，要保持语言的友好，我们首先应该有一个较好的沟通开场白，比如"这件事发生在你身上，我感到十分抱歉"。在投诉的分类中，我们可以看出人员服务占比较小，说明投诉时站务人员可能与投诉产生的原因毫无关系，但我们也应该秉持负责任的态度，做好乘客安抚工作，先感性后理性，然后再对产生问题的原因做进一步说明。

（4）恰当处理。

当乘客投诉时，其最终的诉求还是解决问题，所以，站务人员需要在一步一步地沟通过程中找到乘客的最终要求，并且主动给出解决问题的办法。如果乘客提出的问题超过了自己能处理的范畴，不要直接拒绝乘客，不确定的问题应该及时向上级汇报，并且承诺给乘客回复的时间，主动地协助上级人员解决问题。切记不能对乘客表示由于权限有限、我们办不到的意思，更不可随意对乘客给出任何做不到的承诺，使乘客的不满升级。

（5）改进工作。

对一线服务工作人员，对各类型投诉数据进行分析，从结果推导原因也是提高运营服务标准的重要手段。应每年对于车站发生的典型服务事件和案例进行具体分析，提出对应的整改措施，并有意识地制定服务的红线。车站各类员工，尤其是管理人员应对投诉产生原因及后果进行反思和总结，并进行深入的、有针对性的分析，定期召开分析会和探讨会，共同提升服务管理水平。

6.3.4 特殊乘客无障碍服务

城市轨道交通的无障碍通道、无障碍标识，均属于无障碍服务的硬件设施。但要真正实现无障碍服务，还需要有相应的服务支持。无障碍服务支持包括政策层面的无障碍支持和面对面服务层面的无障碍支持两种。

（1）政策层面的无障碍服务支持，源于城市轨道交通运营企业的决策层，比如设计轮椅乘客乘车免费、盲人乘客乘车免费、开辟残疾乘客专用通道等政策，从制度层面为残障乘客提供服务。

（2）面对面服务层面的无障碍支持，指的是站务人员对残障乘客提供的面对面服务。比如，在"无障碍"服务过程中，针对进站乘车的残障人士采取"一对一"服务措施。当残障人士到达车站时，可通过拨打车站各出入口、电梯处的爱心服务热线与工作人员取得联系，工作人员及时地帮助残障人士进站乘车，同时在残障人士登车以后，及时通知目的地车站做好接应准备，帮助其顺利出站，如图6-3-2所示。

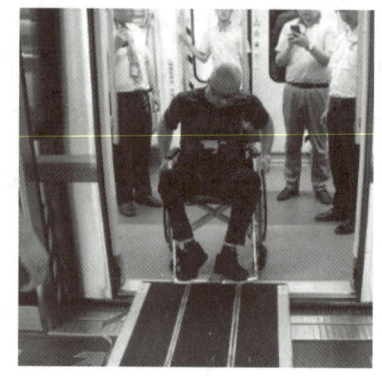

图 6-3-2　站务员为残障乘客提供乘车/出站服务

案例分析

[案例 1]

2010 年 1 月，有两位乘客持同一张公交一卡通进站，当一名乘客刷卡进站后，把一卡通给了同行的人，但另一名乘客无法刷卡进站，因客流量较多，站务员没有问清原因，直接对该一卡通进行了进站更新，另一名乘客也顺利进站，但出站时被站务员发现，乘客不满意，认为已经刷过两次并扣完钱了，坚持不肯补票，站务员认为他们违规使用车票，故意逃票。

（1）事件分析

①帮助乘客更新车票时没有了解和确认原因，乘客一票多人进站，给后来纠纷的发生埋下了种子。

②乘客不清楚票务政策，认为已经扣过两次钱，导致乘客和站务员发生争执。

③站务员主观意识过强，认为是乘客故意逃票，导致乘客和站务员的纠纷升级。

（2）服务技巧

①员工在处理乘客车票时应加强工作的责任心，当乘客持一卡通无法进站时，应确认乘客是否为一票多人进站。

②发现情况后，不能主观臆断，应该先礼貌地了解原因，向乘客做好票务政策的解释工作，注意在和乘客沟通的过程中应耐心地使用礼貌用语。

[案例 2]

2009 年 1 月，因为有一位乘客丢失贵重物品请求工作人员的帮助，××车站的客服中心前排起了长队。好不容易办完了此项业务，刚要给排队的乘客办理售票，另一名工作人员带领一位乘客过来，该乘客的票不能出站，售票员随即给这位乘客办理，此时排在队首的乘客变得不满:"你们怎么做服务的,怎么先给后来的人服务啊?"售票员急忙解释:"按公司规定,我们需要先为不能出站的乘客服务。"乘客不听解释:"让你们领导过来,我要投诉。"恰好值班站长经过,听了售票员的解释以后,对乘客说:"您好,我们的售票员没有做错,公司确实是这样规定的。"乘客不满意,继续进行投诉。

(1)事件分析

①工作人员在给乘客提供服务时,没有顾及其他乘客的心态,导致乘客产生不满情绪。

②当乘客抱怨自己的不满时,售票员没有第一时间安慰乘客,只是为自己的行为辩解,乘客的不满没有得到安抚。

③值班站长到场时,没有耐心倾听,便急着向乘客解释售票员没有做错,忽视了乘客的建议和投诉。

④值班站长漠视乘客的抱怨、没有从乘客角度出发、没有耐心倾听投诉是导致乘客最后投诉的主要原因。

(2)服务技巧

①售票员在为丢失物品的乘客服务时,花费时间较多,应该及时联系车站控制室,请求其他工作人员协助。

②当发现乘客有不满意的情绪时,应第一时间给予安抚,并找其他同事协助办理,而不应该第一时间向乘客解释,推脱自己的责任。

③值班站长到场时,应先耐心地倾听乘客的投诉,并表示虚心接受乘客的意见。

④值班站长不能直接指出售票员没有错,而是应该向乘客委婉地解释,并表示歉意,给乘客一个台阶下。

[案例3]

某日,客流高峰期,乘客非常多,车门即将关闭的提示音已经响起,一位乘客企图冲上车,被一位站务员拦住了(因为站务员觉得很危险,拽了这个乘客一下,可能是弄痛了乘客)这位乘客非常气愤,直接就骂了句粗话:"你以为你是谁啊,你凭什么拉我,弄伤了你负责啊!"站务员态度也不是很好:"你没看见车门关上了呀?"两个人争吵了起来……

(1)事件分析

①站务员为了乘客的安全阻止乘客上车,这个出发点是对的。

②站务员和乘客发生了直接的碰撞是乘客生气的主要原因。

(2)注意事项

①在阻止乘客上车时,应尽量避免和乘客发生直接碰触,减少纠纷的发生。

②在遇见有乘客说粗话骂人时，我们不应该给予直接反击，只能提醒乘客，否则只能使冲突升级。

思政园地

申城"80后"创办"服务创新工作室"为地铁乘客服务
——平凡岗位中的不平凡

2014年，申通地铁集团公司工会成立"熊熊服务创新工作室"，该工作室以全国五一劳动奖章获得者、上海市劳模熊熊命名。工作室团队领衔人熊熊表示，地铁上海火车站站、上海南站站、虹桥火车站站将组建成"铁三角服务联盟"，推出无障碍特色服务、团队售检票服务、三个枢纽站间无缝链接服务、快速票务处理、双语服务、票种选购指导服务等6项特色服务，为广大乘客提供更专业、更优质、更舒适的客运服务。

熊熊是上海地铁的一名年轻的老员工，在上海地铁已经工作16年了。2002年，熊熊从学校毕业进入地铁站工作，因为学的是机电专业，所以被分配到了AFC班组。刚工作时候，熊熊极其不适应，早上6点钟必须完成全部设备的日间保养，晚上11点地铁停运了才能回家。但她想起毕业时老师曾对她说过："选择你所喜欢的职业，或者喜欢你所选择的事业。"因此渐渐地，她成为了在1号线火车站站独当一面的维修"老师傅"。

正当前途大好时，熊熊却遇上了企业的第一次"改革"。此后，她变成了一名地铁站服务员。

在她认知里，"服务员"嘛，就是卖好车票、指好路，没有难度、价值低，所以一开始很排斥这份工作。熊熊一度认为，最远的距离就是和她的白领同学之间隔着的那层售票窗口的玻璃，她很害怕别人叫她"服务员"，害怕自己在琐碎的平凡中找不到前进的方向。但是，"变化"总是和"机遇"同在，"改革"也总是和"挑战"同行。

2008年，一个偶然的机会，熊熊参与到了1号线上海火车站站的服务品牌创建工作中，成为了一名复合型站务员。针对车站的特点，在同事们的支持和帮助下，熊熊创建了"小熊为您服务台"，两平方米的小小服务台不仅是上海地铁首个特色服务台，其因特殊的地理位置，更是被乘客们称为"上海接待第一站"。在服务乘客的过程中，熊熊每天会遇到各种各样的问题，"哪里买票"这样的问题，每天遇到的次数不少于2000次。这个不起眼的岗位使得熊熊"心力交瘁"，但也乐此不疲。

从世博会到进博会，从一个服务台到一个服务团队，熊熊对于上海地铁给予的平台充满无限的感恩。同时，从最早的"服务员"到现在的"站务员"，岗位名称的这一变化也说明上海地铁的发展对岗位的复合型要求越来越高，进入地铁服务这一行的年轻人不会再小看这个平凡的服务岗位。客运服务的要求从标准变为了精准，又从多元化提升到了定制化，各种线上APP使得乘客对人工服务的需求逐渐变少，但对服务质量的要求同步提高了，乘客们需要更多有温度但是没有痕迹的服务。地铁人也应该不忘初心，不断整合方方面面的力量，为乘客的便捷出行付出努力。

项目实训

1. 能力训练

（1）服务规范训练

针对城市轨道交通直接接触的各服务岗位进行基本的客运服务规范训练，通过训练，掌握基本的客运服务行为举止、服务用语等规范。

（2）每5个人一小组进行模拟现场，分组设计场景，分配对应岗位进行车站日常客运服务作业；

2. 综合测评

评价表

项目名称	城市轨道交通车站	学生姓名	
任务名称	任务1 城市轨道交通客运服务规范 任务2 车站日常客运服务 任务3 特殊客运服务	分数	
目标		分值	考核得分
1. 客运服务规范掌握情况		10	
2. 能规范进行各项客运服务项目		20	
3. 车站日常客运服务及特殊服务的内容及要求		10	
4. 能够规范地进行日常客运服务		20	
5. 能够规范地处理特殊情况服务作业		20	
6. 是否有小组计划		5	
7. 基本素养考核情况		15	
总体得分			
教师简要评语： 教师签名：			

项目练习

1. 如何培养自己的服务意识？
2. 作为一名车站值班站长，在处理乘客事务时应掌握哪些处理要点？
3. 谈谈服务礼仪在工作中的重要性。
4. 案例分析：请用所学知识分析以下案例。

事情概况：乘客9点23分在某站询问售票员是否可办理储值卡充值，该员工头也不抬且不予理睬，当乘客第四次询问时，其服务态度十分恶劣并大声对乘客说："等一下可不可以，我不怕你投诉。"并冲出票亭与乘客争执。

项目7

城市轨道交通客运安全应急处置

项目概述

城市轨道交通安全的含义应该很广泛，涵盖了乘客乘车的全过程。在乘客乘车途中，城市轨道交通运营公司应对乘客的人身、财产安全负责，因此，制定和完善安全制度、应急预案、不断提高每个员工的应急处理能力，是城市轨道运营公司的一项重要工作。本项目首先介绍城市轨道交通的常用安检设备，然后介绍客运应急设备，最后介绍突发事件下和自然灾害中的城市轨道交通应急处理。

学习目标

1. 知识目标

- 了解城市轨道交通车站常用安检设备的特点及用法。
- 熟悉城市轨道交通车站及列车客运安全应急设备。

2. 技能目标

- 能按照各岗位工作人员正确处理各种情况下的突发事件。
- 能正确处理恶劣天气突发事件。

案例导入

3.22 布鲁塞尔恐怖袭击事件

2016年3月22日，有欧洲心脏之称的布鲁塞尔，遭遇了有史以来最黑暗的一刻，扎芬特姆国际机场和地铁站发生连环爆炸，造成34人遇难，近200人受伤。

从比利时媒体公布的3名犯罪嫌疑人图像看，在爆炸前数分钟，两名犯罪嫌疑人戴着黑色手套进入机场，后来这两人当场死亡，安全专家认为手套中可能隐藏了爆炸启动装置。

东京地铁沙林事件

1995年3月20日早上日本东京地铁发生一起恐怖袭击事件。奥姆真理教邪教组织人员在东京地铁三线共五列列车上投放沙林毒气。东京地铁沙林事件造成13人死亡，约5500人中毒，1036人住院治疗。

当天早晨，正值上班高峰时间，五名奥姆真理教成员登上地铁，将用报纸和塑料包裹的液态沙林毒气扔到车厢地板上。他们使用雨伞的尖端将包裹戳破，随即离开列车。他们中有些人戴着面具和头巾，以保护其撤离时不会受到沙林毒气的侵袭。毒气泄漏后有人瘫倒在地，有人跟跟跄跄步态不稳，许多乘客和地铁工作人员坐在地上大声咳嗽、视力模糊，感到头晕、恶心和呼吸困难，现场秩序一片混乱。消防队和医疗救护队迅速赶到了现场，将中毒人员送往医院。事件发生的当天，日本政府所在地及国会周围的几条地铁主干线被迫关闭，26个地铁站受影响，东京交通陷入一片混乱。

思考：案例中可以采取哪些手段避免这样的惨案发生？一旦发生突发事件，车站应如何及时响应，防止出现严重的人身和财产损失？

任务 7.1　城市轨道交通客运安全设备

7.1.1　车站安全检查设备

车站是乘客进入轨道交通系统的门户，安全检查则是保障城市轨道交通客运安全的第一道屏障。由原建设部（现住建部）发布的《城市轨道交通运营管理办法》第十三条规定："城市轨道交通运营单位可以对乘客携带的物品进行安全检查，对携带危害公共安全的危险品的乘客，应当责令出站；拒不出站的，移送公安部门依法处理"。城市轨道交通安全检查事关所有乘客的人身安全，所以，所有乘客都必须接受安全检查。

不同等级的车站配备的安全检查设备不同。一般中间站通常配备安检机、便携式液体探测仪和辅助设施；重点的换乘站除了安检机、辅助设施以外还需要配备爆炸物检测仪和台式液体检测仪。其中，车站安全检查所需的辅助设施一般包含桌椅、电台、安检记录本、安检指示标志、引导设施、危险品回收箱、便民清洁安检篮、安检提示牌等物件。

安全检查设备处应提前设置1m长通道，供引导乘客进行安全检查所用；安全检查通道一般设置两人宽距离，也可以设置成一人宽通道再结合一人宽的无行李通道，供乘客通行；在安全检查入口前需要摆放安全检查提示牌等辅助设施，如图7-1-1所示。

图 7-1-1 地铁安全检查

城市轨道交通安全检查主要检查乘客及其行李物品中是否携带枪支、弹药和具有易爆、腐蚀、毒性、放射性等特点的危险物品,以确保城市轨道交通和乘客的安全。通常情况下,车站使用以下 3 种安全检查设备。

①安检门,主要用于对乘客进行身体检查,检查乘客身上是否携带违禁物品。

②安检机,主要用于对乘客携带的行李进行检查,检查行李中是否携带违禁物品。

③危险物品探测仪,主要用于近身检查乘客携带的物品是否为易燃、易爆物品,包含金属探测仪、液体检测仪和爆炸物检测仪等。

1. 安检门

安检门(见图 7-1-2),又称金属探测门或通道式金属探测门,是一种利用弱磁场感应技术检测从门下通过的人员有没有携带金属物品的探测装置,属于一种固定安装的检测设备。早期的 X 射线检测设备会对人体产生伤害,

图 7-1-2 安检门

其他检测设备检测效率低,因此安检门也就出现在了我们的生活当中。

(1)影响因素。

安检门主要是利用对金属物品发生警报的原理,探测通过安检门的乘客是否随身携带枪支、弹药、管制刀具以及其他金属性危险物品,通过报警和显示,提示安检人员对乘客实施进一步检查。在使用的过程中,安检门的使用效率会受到安检门自身因素、探测物属性、乘客人员、周围环境等因素的影响。

①安检门自身因素。探测场的场强、探测方法、工作频率和探测程序等。安检门自身因素是影响探测器功效的主要因素。

②探测物属性。探测物的质量和形状、金属种类和合金成分等探测物属性也可以影响安检门的探测效果。例如,两个材料相同、质量不同的金属球,一个是实心的,一个是空心的,当乘客通过安检门时的警示效果就会不一样。另外,具有相同质量、不同形状的物体,通过安检门的结果也会有所不同。探测物的材料特性更是影响探测效果的重要因素,在相同的环境下,铁磁金属比非铁磁金属容易探测,而导电率很高的非铁磁金属比导电率低的铁磁金属容易探测。

③乘客人员。乘客的人体特征、通过安检门的速度以及金属在乘客身上部位的不同都会影响安检门的探测结果。现代安检门对于正常速率通过的乘客的探测效果已经很好了。所以在地铁车站客运组织中,安检人员应组织极慢挪动或飞奔而过的乘客按正常步速通过安检门。当然,同一名乘客携带金属的部位不同,探测结果也可能会出现差别。

④周围环境。如存在安检门的使用环境中存在一些金属构件、乘客携带大件金属物品等情况,或者环境温度和周围电磁变化,安检门的探测灵敏度都会受到一定程度的影响。

(2)注意事项。

安检门是金属物检查和控制客流的一道重要关卡,为防止因虚报、漏报而造成严重损失,使用安检门时必须注意以下几点。

①安检门周围3～5m之内不能有配电室、电梯以及规模较大的铁门、铁柱等大型金属物体,且在使用过程中,安检门附近0.5m之内不能站人。

②引导至自动检票机的几个安检门入口距离不能设置太近,前后距离应大于1.5m,左右距离应大于2m。

③通过安检门时,不能拥挤,身体任何部位都不能碰撞门体,需要做好安检门处客流组织,引导乘客按次序通过安检门。

④若安检门报警,应该做好乘客安抚工作,防止警报铃声引起车站内乘客恐慌,等待报警声停止后方可引导后续乘客通过安检门。

⑤安检门自身因素、探测物属性、乘客人员、周围环境等影响因素造成安检门检查功效异常,需要对乘客进行特殊检查时,应注意服务态度,耐心引导乘客进行开包检查,

防止乘客投诉、甚至引发公众事件的情况发生。

2. 安检机

安检机又称 X 射线行李检查机、通道式 X 射线机，是一种依靠 X 射线对行李包裹进行安全检查的探测装置。因为安检机通过 X 射线来扫描行李内的物品，所以它可以做到在不开包的情况下检测有无违禁品。城市轨道交通车站通常在入口处设置安检机，对乘客的行李进行检查。

城市轨道交通车站常用的安检机有两种，一种用于对大型行李、包裹、包装箱等物品进行安全检查，即大型行李包裹安检机（见图 7-1-3）；另外一种主要用于对小件货物、包裹、邮件、小型箱包、手提箱、拎包、背包等物件中所隐藏的违禁物品进行安全检查，即中小型行李包裹安检机（见图 7-1-4）。

图 7-1-3　大型行李包裹安检机

图 7-1-4　中小型行李包裹安检机

（1）工作原理。

物品进入安检机的检查通道，会触发通道口的光电开关，同时阻挡包裹检测传感器，检测信号被送往系统控制部分，产生 X 射线触发信号，触发 X 射线的射线源发射 X 射线束。X 射线束穿过输送带上的被检物品，到达安装在通道内的半导体探测器。探测器把 X 射线转变为信号送回到系统控制部分，经处理通过控制台显示器显示出来，同时包裹被移出安检机。

（2）安检机的使用。

安检机中的 X 射线可以穿透木材、纸板、皮革等不透明物体。当 X 射线穿过行李包裹中的物品时，不同的物品对 X 射线的吸收程度不同，在控制台的显示屏上呈现的图像颜色也就有所不同。

以公安部第一研究所研制的 CMEX 系列的 X 射线机为例，当遇到非常厚、X 射线穿不透的物体时呈现红色；物品含危险有机物（如炸药、毒品、塑料）等则显示橙色；

行李包裹中混合物、有机物与无机物的重叠部分会显示绿色；若包裹物品为无机物、重金属则显示屏上会显示蓝色。安检员可以通过查看显示屏上图像的颜色和形状判断是否有违禁品。

（3）注意事项。

由于 X 射线对人体有一定的危害作用，为了确保人身和设备安全，在使用安检机时要注意以下事项。

①操作安检机的人员需要进行岗前设备操作的培训，避免辐射伤害；

②安检机只能用于检查物品，不能用于检查人或动物；

③安检机须在规定的工作电压下工作，开机前必须检查电压；

④如果行李阻塞了检查通道，在清理之前应先关机；

⑤禁止人员坐或站在传送带上；

⑥若铅门帘有损坏情况，禁止使用安检机；

⑦如果有液体流入安检机，应立即关机。

3. 危险物品探测仪

危险物品探测仪包含液体检测仪、爆炸物检测器和手持金属探测仪。

（1）液体检测仪。

液体安检，向来是城市轨道交通安全检查的重点。由于传统的安检设备难以识别出液态爆炸物，城市轨道交通车站安全存在极大隐患，所以如果乘客携带的行李通过安检机时被检测出装有液体，就需要拿出来进行二次复检。复检分为 3 种情况。

①如果乘客所持液体为饮料类，可以请乘客试喝，也可以使用专门仪器进行检查；

②如果乘客所持液体为非饮料类，则直接使用专门仪器进行检查；

③如果乘客携带多瓶尚未开封的同种瓶装液体，可以按照抽检形式随机抽取使用专门仪器进行检查。

液体检测仪又称为危险液体检测仪，能有效检测塑胶、玻璃和金属等材质的容器，因而能够在不直接接触液体的情况下将汽油、乙醇等易燃易爆液体和水、可乐、牛奶、果汁等安全液体区分开。检测时，无须打开容器，也无须将液态物品倒入专业仪器中，通过液体检查仪面板上指示灯的显示，工作人员就可以观察到仪器状态和检测结果，整个检测过程不超过 20 秒。对容器内的液态物品不产生任何影响和破坏。

目前，我国城市轨道交通车站配备的危险液体检测仪有两种。一种是台式液体检测仪（见图 7-1-5），可以对瓶装液体和易拉罐装液体进行检测；普通的水和饮料放到检查仪上，绿色灯会亮起；如果是汽油或者酒精之类的违禁品，则会亮起红灯。另一种是便携式液体检测仪（见图 7-1-6），检测时不需要做任何调整和准备工作，只需要将探测仪探头放在待测容器侧面，探测高度低于容器内液体水平面，然后按下"检测"按钮即可。一般车站通常配备便携式液体探测仪，重点车站则多数配备爆炸物检测器和台式液体检测仪两种设备。

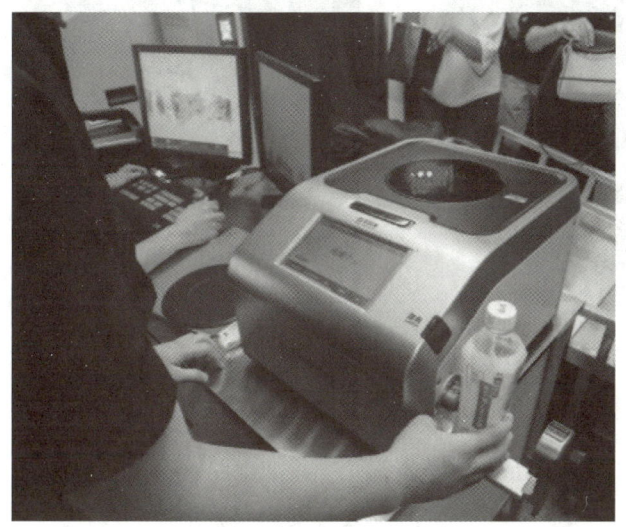 

图 7-1-5 地铁车站使用的台式液体检测仪

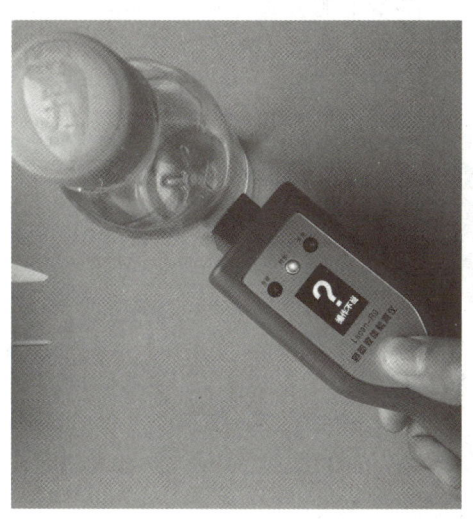 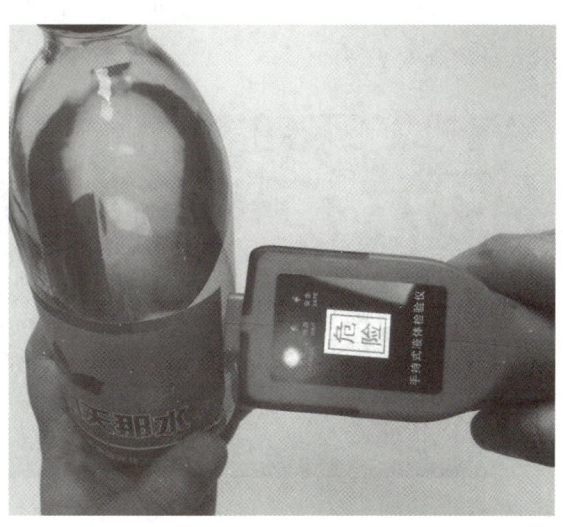

图 7-1-6 地铁车站使用的便携式液体检测仪

（2）爆炸物检测器。

爆炸物探测器（见图 7-1-7）主要是检测粉末状爆炸物的成分。如果安检机怀疑乘客的行李中有爆炸物，工作人员可以使用试纸进行取样，然后将试纸放到机器里可以进行检测，如果检测出有 K 粉、TNT 等违禁品，机器就会报警。一旦出现爆炸物，就会立即放进防爆球内，防止爆炸造成伤害。

图 7-1-7　地铁安检常用的爆炸物探测器

（3）手持金属探测仪。

随着电子技术的进步，金属探测器从电子管到晶体管乃至集成电路，有了更新换代的发展，其应用范围几乎扩大到各个领域，对工业生产及人身安全起着重要的作用。手持金属探测仪（见图 7-1-8）是一种探测小型金属物品的仪器，它小巧轻便，易于携带，是安检过程中人身检查的重要辅助工具，用于查找旅客身上的金属物品，提高安检人员的人身检查效率。

图 7-1-8　地铁常用的手持式金属探测仪

使用时，安检人员手握手持金属探测仪的手柄，用拇指按一下开关，然后松开，探测器的信号灯便开始闪烁，喇叭也发出轻微的蜂鸣声，表示探测器进入工作状态。开机后，工作人员手持仪器，在被检乘客身体或物品表面来回扫描，如果有金属物体，仪器就会发出警报。检查工作完毕之后，应该按下开关，关闭探测仪。在使用时，需要关注以下事项。

①启动后，手持金属探测仪会产生磁场，所产生的磁场是不均匀的，因此，首次使用手持金属探测仪时，最好能找到其最佳的磁力区。

②在扫描受检者之前，安检人员必须通过扫描已知的金属物品来测试手持金属探测仪是否可以正常工作。

③安检人员握住手持金属探测仪，用平坦的一侧接近受检者的身体，距离身体 3~7 cm。

④对受检者身体轮廓及身体的前后部进行扫描，若手持金属探测仪发出警报，必须停止扫描并解除警报，之后再继续扫描。

⑤最后在引发警报的地方继续扫描，因为这个地方可能藏匿了其他物品。

7.1.2 车站客运安全应急设备

城市轨道交通车站的客运安全应急设备分为 5 类：火灾手动报警器、自动扶梯"紧急停止"按钮、站台紧急停车按钮、屏蔽门手动解锁装置和屏蔽门应急门。其安装位置和数量均随城市轨道交通系统不同而有所不同。

1. 火灾手动报警器

火灾紧急报警器通常安装在车站站台、站厅和通道的墙上，见图 7-1-9，当车站内发生火灾时使用此报警器向车站值班人员报警。常见的火灾手动报警器分为 3 种，即下拉手柄式火灾报警器 [见图 7-1-10（a）]、击碎玻璃式火灾报警器 [见图 7-1-10（b）] 和按压按钮式火灾报警器 [见图 7-1-10（c）]。在非紧急情况下，乘客及工作人员均不可随意操作火灾手动报警器。

图 7-1-9　地铁火灾手动报警器

(a) 下拉手柄式　　　　　　(b) 击碎玻璃式　　　　　　(c) 按压按钮式

图 7-1-10　火灾手动报警器分类

2. 自动扶梯"紧急停止"按钮

自动扶梯"紧急停止"按钮又称自动扶梯紧停按钮，如果自动扶梯上发生紧急情况。需要人工停止运行，可按下红色按钮（见图 7-1-11），自动扶梯就停止了。城市轨道交通车站内所有自动扶梯两端都安装有"紧急停止"按钮，部分长扶梯的中部也安装有"紧急停止"按钮。当发生紧急情况时，按压"紧急停止"按钮，可以使自动扶梯停止运行。

图 7-1-11　自动扶梯"紧急停止按钮"

目前，大部分城市轨道交通车站均出现过乘客非紧急情况下按压扶梯紧停按钮的情况，各车站工作人员在车站巡查时，应多注意自动扶梯处乘客的情况，以防止意外事故发生。

3. 站台紧急停车按钮

车站每侧站台墙上各设有两个紧急停车按钮（见图 7-1-12）。当站台内出现列车出发时夹人夹物、列车故障等情况时，击碎玻璃，按压按钮3秒以上，可实现紧急停车，防止意外事故情况的扩大。

图7-1-12　站台紧急停车按钮

4. 屏蔽门手动解锁装置

每个车门对应的屏蔽门上均安装有手动解锁装置（见图7-1-13），在列车进站停稳后屏蔽门无法自动开启时使用。虽然不同线路有不同的屏蔽门解锁装置，但用法基本相同，都是先拉开手柄，再推开屏蔽门。

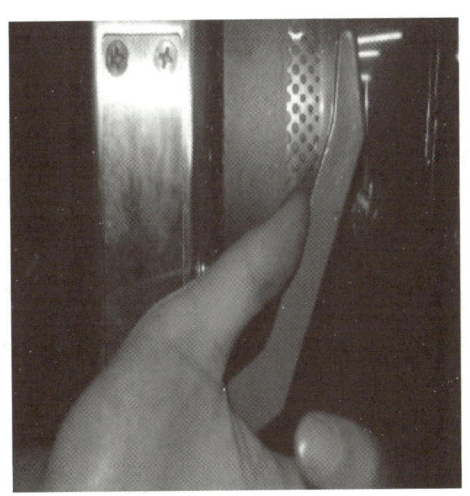

图7-1-13　屏蔽门手动解锁装置

5. 屏蔽门应急门

如果出现紧急停车后车门没有对准屏蔽门滑动门的情况，可以使用屏蔽门的应急门。通常屏蔽门会设置2~3扇应急门用于防止意外情况发生。

7.1.3 列车客运安全应急设备

一般情况下，城市轨道交通列车上都配备有以下客运应急设备，即紧急报警装置、灭火器、紧急开门装置和逃生装置。

1. 紧急报警装置

紧急报警装置安装于列车的车厢内，主要分布在车门的上方或侧边。一般情况下，每节车厢至少安装两个紧急报警装置，包括紧急报警按钮和紧急通话器（见图7-1-14）。

图 7-1-14　紧急报警装置

当车厢发生乘客冲突、有人昏厥、火灾等紧急情况时，乘客可直接按压按钮；操作紧急通话器时，乘客直接按压一次面板上的红色按钮，即可通知客车驾驶员，以便客车驾驶员根据现场情况采取相关措施进行处理。

2. 灭火器

灭火器是为了预防列车发生火灾而配备的应急设备，如图7-1-15所示。每节车厢均配备有灭火器，放置于车厢乘客底座下或车厢前后两端的专门设备内。在列车发生火灾的初期，乘客除通过车厢内的紧急报警装置联系客车驾驶员外，还可以直接解开灭火器固定皮带，取出列车配备的灭火器灭火自救，尽量将火势控制、扑灭。通过这种应急设备，列车的客运安全再次获得安全保障。

图 7-1-15　列车灭火器

3. 紧急开门装置

一般情况下，列车的每个车门上都安装有紧急开门装置（见图 7-1-16），其主要作用是当列车发生故障或其他紧急情况的时候供人工开门使用。

 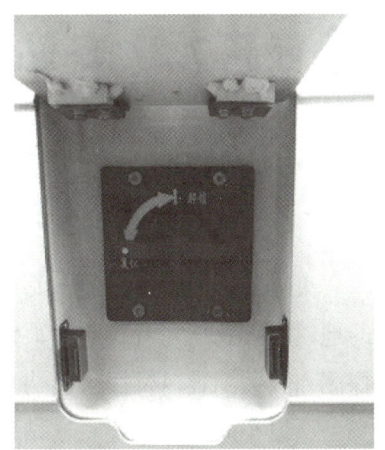

图 7-1-16　紧急开门装置

4. 逃生装置

紧急开门装置是当列车发生突发事件后到站时应急使用的，如果列车在区间发生事故无法行至最近车站，则应该使用列车配备的逃生装置。

逃生装置（见图 7-1-17）一般安装在列车两端的司机室，在运营区间发生故障时，客车驾驶员可以通过前后司机室的应急疏散门疏散乘客。由于城市轨道交通地下车站和高架车站区间线路安装高压电接触轨，乘客在区间疏散的过程中容易引发触电事故，所以车站区间通常配备疏散平台装置（见图 7-1-18），乘客手动打开车门后由车站工作人员按照疏散方法指引通过疏散平台进行有序疏散。

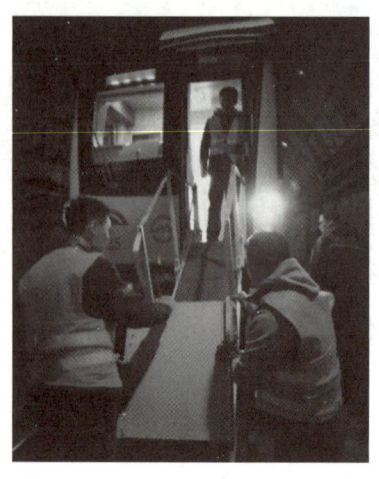
图 7-1-17 地铁列车逃生装置

图 7-1-18 区间疏散平台装置

任务 7.2 车站突发事件应急处理

7.2.1 车站火灾应急处理

火灾是城市轨道交通车站所面临的最具破坏性的灾害之一。根据目前发生在国内外的地铁火灾总结来看，地铁火灾具有突发性较强、乘客逃生路线单一且疏散困难、火情探测和救援困难以及社会影响恶劣等普遍特点。

所以车站发生火灾时，站务人员必须要对车站火灾进行应急处理，将火灾造成的危害降至最低。

1. 车站火灾应急处理流程

车站火灾处理的首要原则是保障乘客及工作人员的生命安全。一旦生命安全受到威胁，所有人员必须立即撤离至安全的范围。具体的火灾处理流程如下。

（1）火警警报响起时，值班站长通过 FAS、BAS 系统确认报警位置，派站务员前往查看火情。

（2）若火势不大，或手动操作防火系统，或在安全的情况下使用灭火器灭火，或保持安全距离等待救援。

（3）若火势很大，则立即向乘客广播火灾情况，暂停列车服务，并遵照车站疏散程序组织乘客有序撤离车站，关闭各类电梯、救助受伤乘客；在疏散乘客完毕后，值班站长应组织员工到紧急集合地点集中撤离车站。

（4）值班站长等待消防人员协助救火，并等待恢复运营指令。

2. 车站火灾应急处理办法

根据火灾在站内发生地点的不同，车站火灾可分为设备用房失火、站台站厅失火、列车在站失火等多种情况。不同火灾情况下车站的工作人员作业内容不同。

（1）设备用房区发生火灾。

①值班站长负责通知值班员到现场确认，并开启相应消防设施；保护现场，维护秩序，设置警戒区；收集情况汇报上级并按指令操作。

②行车值班员应确认着火点、火情，应及时向相关部门汇报；正确开启消防设备；严密监视车站，保持信息畅通；根据总调所指令，办理列车接发作业；做好《行车日志》及各时间节点的记录工作。

③售票员则需要保护好票款，时刻注意值班员广播。

④站台安全员时刻加强站台防护，防止乘客跌落轨道。

（2）公共区发生火灾。

①值班站长负责通知值班员到现场确认，并开启相应消防设备；组织人员对乘客进行疏散，抢救伤员，控制现场；保护现场，维护秩序，设置警戒区；寻找证人证据；收集情况汇报上级，按上级指令操作。

②行车值班员开启 AFC 紧急模式，拨打 120，不间断地进行广播宣传，告知、安抚乘客；根据站长指令调整 AFC 售检票设备的运行状态，并密切注意各类设备的运行状态。

③售票员停止售票等一切业务，并将票款转移至安全地点；及时打开专用通道门，引导乘客从专用通道及闸机疏散；注意值班员广播。

④站台安全员应立即关闭自动扶梯，加强站台防护，防止乘客跌落轨道；用小喇叭引导乘客以正确方式根据逃生标志疏散。

当车站发生火灾时，应第一时间组织乘客疏散。列车在站失火，则工作人员在站台，站厅的楼梯和扶梯位置引导位于列车中的人员迅速离开车厢，通过楼梯或扶梯进入站厅付费区；若站台失火，则列车经过车站不停车，工作人员在站台，站厅的楼梯和扶梯位置引导位于站台的乘客通过楼梯或扶梯进入站厅付费区。随后经过自动检票机进入站厅非付费区，经过车站通道到达站外。

3. 注意事项

在引导乘客进行火灾安全疏散时，应注意以下几点。

（1）在指引过程中需要派发湿毛巾给乘客，并提示乘客保持正确的疏散逃生姿势；

（2）在疏散的过程中，应注意避免乘客使用垂直电梯，所有扶梯全部开启至上行状态供乘客使用，并且注意楼梯扶梯处乘客秩序，防止出现踩踏事件。

（3）开放所有自动检票机，并且打开边门供乘客直接撤离车站，工作人员应重点关注自动检票机和边门处的疏散情况，防止出现拥堵影响疏散效率。

（4）火势较大时，所有出入口均只出不进，做好出入口处客流引导，在通道处防止有乘客滞留或出现乘客恐慌的情况。

（5）站台发生火灾时，组织好列车不停车通过。

7.2.2 乘客意外受伤应急处理

1. 客伤分类

城市轨道交通车站客伤是指在站厅、站台、车站所属通道、出入口等范围发生乘客（包括非在岗作业工作人员）伤亡事件。根据乘客的伤害程度，车站客伤分为轻伤、重伤和死亡三种，具体将客伤事件分为六个等级，即轻伤事件、重伤事件、一般伤亡事件、重大伤亡事件、特大伤亡事件和特别重大伤亡事件。

2. 客伤原因

城市轨道交通车站客伤事件产生的主要原因有设施设备不完善、乘客自身防范意识差、服务指引不到位、季节和天气、客流量、车站环境及车站内部管理等因素，而且一旦客伤事件发生，不仅对乘客本人造成伤害，还会引起其他乘客恐慌，进而可能扩大车站伤亡情况。

3. 客伤处理流程

在城市轨道交通运营过程中，若乘客在车站范围内感到不适、发病、昏迷或因意外事故受伤时，车站工作人员应按照"维护公司形象、保护公司最大利益、以人为本进行救治"的原则进行应急处理，并以事实为依据积极取证，客观地记录事故状况，尽量获取旁证及当事人签字，事后及时将事件的处理结果报告给相关部门，以备后续处理。具体乘客意外受伤事件应急处理程序如下。

（1）车站现场工作人员发现乘客受伤或接到乘客求救时，应立即报告值班站长，值班站长接报后立即赶赴现场，了解伤病者情况及事故的初步原因。

（2）如因地铁设备造成事故，应立即停止该设备的运作（影响列车运行的设备除外），并报告车站控制室。

（3）疏散围观群众，寻找目击证人，记录有关证人资料。需要时，对乘客外伤进行简单的包扎处理。

（4）如果调查需要，应保护好现场，必要时对有关区域进行隔离，并用相机记录现场有关情况。必要时，根据值班站长安排，派站务员到紧急出入口引导急救中心人员进站。

小知识

为保障人民群众生命安全，完善轨道交通急救设备配置，健全突发事件应急救治机制，一部分城市轨道交通已配置自动体外除颤仪（以下简称 AED）。例如北京已完成地铁 1 号线、2 号线、13 号线、4 号线、大兴线、大兴机场线、燕房线等 7 条线路 104 座车站的 AED 配置工作，如图 7-2-1（a）、7-2-1（b）所示。

(a)　　　　　　　　　　　　　(b)

图 7-2-1　北京地铁车站配置的 AED 设备

西安地铁 1 号线也已经配置 AED 设备以保障乘客的人身安全，如图 7-2-2（a）、7-2-2（b）所示。

(a)　　　　　　　　　　　　　(b)

图 7-2-2　西安地铁 1 号线配置的 AED 设备

7.2.3 乘客物品掉落轨道的应急处理

城市轨道交通车站未安装屏蔽门/安全门，或屏蔽门/安全门发生故障时会发生乘客携带物品坠落至轨道的事件，此时要视掉落物品是否影响行车而尽快处理。

1. 应急处理流程

当站台发生掉物事件时，如果站台岗发现，站台岗报车控室，行车值班员再报OCC和值班站长，由值班站长启动应急预案；如果行车值班员发现，则安排站台岗了解情况，并报OCC、值班站长。

汇报需说明车站、事件发生时间、地点、涵盖人、物基本情况的事件概况以及现场先期处置情况。

2. 应急处理办法

城市轨道交通车站未安装安全门，或安全门发生故障时会发生乘客携带物品坠落至轨道的事件，此时要将掉落的物品分为影响行车和不影响行车两种情况。

（1）不影响行车。

①接到乘客物品掉落轨行区的报告后，站务员应立即赶往现场查看情况，若该物品不影响行车，则向值班员报告不影响行车。

②若该车站未安装安全门，站务员应在第一时间明确告诉乘客"请勿擅自跳下轨道，工作人员会尽快妥善处理"站务员告知乘客将在当日运营结束后下轨道拾回物品，请乘客留下联系方式，第二日到车站领回物品。

（2）影响行车。

①接到乘客物品掉落轨行区的报告后，站务员应立即赶往现场查看情况，若该物品影响行车，则立即按压站台侧"紧急停车"按钮。

②站务员向值班员、值班站长报告该物品影响行车，须立刻处理。

③值班员上报行车调度员，经批准后，按动车站控制室内"紧急停车"按钮，做好防护工作后，通知站务员可以下轨道进行拾物处理。地铁车站有专门的拾物钳，当乘客物品跌落轨道，站台安全员可以利用拾物钳拾物。在操作拾物钳时，需手持拾物钳的工作部分拾物，并且须定期对绝缘钳进行绝缘检查。

④若物品夹不起，则安排人员从站台两端的楼梯或使用下轨梯，进入轨道拾回物品。

⑤站务员将物品取回，确认线路出清后恢复屏蔽门的使用，并向值班员汇报。

⑥值班员及时取消紧急停车，并向行车调度员汇报。

⑦车站做好相关记录，将物品归还乘客。

7.2.4 站台紧急停车按钮被触发

车站的站台层均设置有紧急停车按钮，可以实现紧急情况下对列车的控制。在紧急情况下，站务人员可通过按压站台任一位置的紧急停车按钮，禁止列车自区间进入车站，或禁止已停在车站的列车出发进入区间，或对于已启动而尚未完全离开车站的列车实施紧急制动停车以实现车站封锁的功能。

1. 乘客误触发站台紧急停车按钮

由于乘客缺乏地铁常识，车站经常会遇到有乘客误触发站台紧急停车按钮的情况。当地铁乘客误触发站台紧急停车按钮导致列车紧急自动停车时，通常伴随报警声，此时：

（1）站台安全员应去往现场立即查看。若确定是乘客误触发按钮，应及时联系车控室行车值班员说明情况。

（2）行车值班员扳动车控室 IBP 盘上对应的紧急停车开关至复位位置。根据站台安全员收集的现场情况，记录该次事件的时间，紧急停车按钮启动的原因及事件的处理经过。

（3）在处理的过程中，行车值班员应与站台安全员，OCC 保持联系畅通。

2. 突发情况需要触发站台紧急停车按钮

当站台层出现列车车门夹人夹物，乘客跌入轨行区，乘客物品跌入轨行区等突发事件时，需要站台安全员及时按压列车紧急停车按钮，车站工作人员应按以下程序处理。

（1）站台安全员应立即按压该侧紧急停车按钮，同时该紧急停车按钮对应的指示灯变亮。此时车控室 IBP 盘上对应站台的指示灯变亮，同时车站 ATS 工作站和 OCC 调度员工作站对应区域显示紧急停车及报警信号。

（2）行车值班员扳动车站控制室 IBP 盘上的紧急停车开关至急停位置。

（3）站台安全员根据现场情况采取适当的措施处理相关事件，并保持站台车控室 OCC 联系畅通，必要时请求外界协助。

（4）事故处理完毕后，站务员用钥匙复位被激活的紧急停车按钮，并通知值班员给驾驶员显示"一切妥当"手信号。

（5）行车值班员再扳动车控室 IBP 上对应的紧急停车开关至复位位置。同时复位 ATS 工作站上的紧急停车按键，使 ATC 系统复位，并记录该次事件中紧急停车按钮启动的原因及事件处理经过。

这里需要注意，站台紧急停车按钮被触发的同时会伴随着报警声，站台安全员还需要注意站台层乘客的情绪，防止出现因报警声引起的乘客恐慌，进而引起踩踏事件。根据以往站台层紧急事件的总结,我们发现大部分紧急突发事件是由乘客误触碰站台紧急停车按钮而引起的,所以站台安全员在日常的站台巡查工作中应重点关注站台两侧及两端的紧急停车按钮。

7.2.5 车站停电应急处理

1. 车站停电原因

停电事故通常是指地铁系统整体或较大范围内电力供应中断,严重影响列车运行及乘客出行的事故。造成地铁停电的原因主要有三类:一是地铁电力系统受到市域电力网故障的影响,电力供电中断会导致地铁停电。二是电力设备故障引导地铁停电。此类原因引起的事故比较多,是地铁车站停电的主要原因。三是自然气象灾害对电力系统造成的破坏。

2. 车站停电应急处理原则

地铁停电造成的危害很大,不仅会导致整个系统不能正常运转,而且地铁供电中断后,在人员疏散过程中将产生瞬间大客流,易引起乘客恐慌。并且如果疏散不及时,甚至会导致踩踏等次生事故,给乘客带来伤害。地铁供电中断将会造成地铁通信信号、机电等系统不能正常使用,从而引发次生故障与灾害。

当车站发生停电事故时,应沉着镇静,稳定乘客情绪,维持秩序,尽力保证乘客安全。控制中心根据停电影响情况,组织抢修抢险,发布列车停运、急救和车站关闭等命令,并及时将事故上报给上级。以"安全第一"为前提;坚持"统一指挥、快速反应、各司其职、密切配合"的总体原则。具体原则包括:

(1)高度集中、统一指挥、各岗位员工要听从指挥和分工。

(2)做好停电后的设备保护。

(3)根据需要,在确保安全的情况下,恢复供电后尽快投入运营。

3. 车站停电应急处理办法

(1)站台停电处理办法。

当车站站台停电时,立即启动事故照明灯,并向乘客广播解释。如果照明不能立即恢复,利用正常驶入站台列车的灯光进行照明引导乘客上下车。

(2)站厅停电处理办法。

①车站站厅停电,站务员汇报行车值班员,行车值班员汇报行车调度员、值班站长;

②值班站长下达启动应急预案命令；

③行车值班员主要负责监控相关设备的运行情况、客流情况并且及时向调度员和值班站长进行信息传递；

④售票员收好票款、锁好门，协助值班站长；站台安全员及站厅巡视员加强站台、站厅巡视，疏散乘客；

⑤客运值班员协助值班站长在楼梯和通道拐弯等照明不佳处做好防护工作。

（3）车站大面积停电。

①车站大面积停电后，值班站长应立即报告行调和相关部门、站长。及时启用应急照明，并查看车站照明系统是否失效、车站其他设备运作是否正常、是否有列车停靠及列车停靠位置、车站内乘客滞留情况等信息。

②值班站长立即下达车站紧急疏散指示，联系故障报警中心，获取相应的故障信息，召唤人力支援。

③对于进站列车、停靠站台的列车、即将出站的列车均需暂时停止运行，开启列车全部灯光，为疏散乘客提供照明，在得到行车值班员允许后方可继续运行。

4. 注意事项

对车站停电事件进行应急处理时应注意以下几点。

（1）车站停电时，工作人员应立即穿好反光防护背心，拿好应急手持台、便携式喇叭、手提应急照明设备（应急灯、应急手电、荧光棒）、隔离警戒线、提示牌等应急设备。

（2）停电需要进行列车疏散时，应指引乘客顺序下车，不要拥挤，依次沉着冷静地离开车厢。

（3）地铁站台、站厅和通道内均设有明显的疏散指示标识，工作人员应指引乘客按照疏散标识安全有效地疏散出站。

（4）停电时站务员应注意楼梯、通道拐弯等照明不佳处的客流疏散情况，防止出现踩踏事件。

（5）停电时一般无须拉动报警装置，站务人员应关注站台、站厅处的报警装置，防止乘客在疏散过程中拉动报警装置而引发乘客恐慌。

7.2.6 恐怖活动应急处理

目前我国城市轨道交通已处于平稳发展时期，城市轨道交通能够充分利用地下空间和地上结构，是缓解城市交通压力，优化市民出行的有效途径。但城市轨道交通具有人流密集，建筑环境封闭，社会关注度高等特点，极易被暴力恐怖分子利用。

恐怖活动一般是指采取暴力或恫吓等手段威胁政府和社会，危害社会公共安全，危害多数人的生命健康和公共财产安全的行为。城市轨道交通恐怖袭击的常见手段通常为犯罪分子有意放置危险物品，导致车站爆炸、失火、毒气释放，除此以外还包括核辐射等。不同类型的恐怖活动产生的危害是不同的，处理的方法也各不相同，当城市轨道交通车站发生恐怖事件时，现场各岗位应采取必要的保护措施。

1. 爆炸事件应急处理办法

（1）车站发生爆炸后，就近人员应迅速准确查明爆炸发生的时间地点、涉及列车、人员伤亡简要情况等，车站视情况立即报告行调、环调，拨打110、119、120。

（2）值班站长立即执行紧急疏散指令，组织疏散乘客。

（3）在值班站长的指挥下，行车值班员开启AFC紧急疏散模式，通过CCTV监控系统监控乘客动态，同时利用广播系统和乘客信息系统做好宣传工作。

（4）在有人员伤亡的情况下，站务员配合客运值班员将伤者移至安全地带并设置"候援区"，等待医护人员，必要时对伤员进行简单的急救。

（5）在公安人员到达现场后，站务员协助保护现场，配合搜集可疑人员、可疑物等线索，尽一切可能留住可疑人员知情人及可提供线索者。

在进行爆炸事件应急处理时，应注意以下几点。

（1）车站工作人员在发车站发生爆炸后，应首先做好自身防护，认真履行本岗职责，做到沉着果断、遵守纪律、服从指挥，严禁擅自离开指定岗位。

（2）如果环控系统改为站控模式，则需要根据上级的指示开启或关闭相应送排风模式。

（3）必要时申请调整列车运行，将列车扣在临站。

（4）如果爆炸引起火灾，则同步执行车站发生火灾的应急处理程序。

2. 生化恐怖袭击事件应急处理办法

（1）值班站长。

①值班站长接到车控室发生生化恐怖袭击通知后，佩戴好防护面具立即到现场进行确认；

②由站长或值班站长上报客运总站站长，确认发生生化恐怖袭击后，通知车控室宣布执行紧急疏散命令，组织疏散乘客，及时通知公安保安驻站工作人员并上报客运总站站长；

③指挥行车值班员报告110，若有人员中毒，指挥行车值班员报120；

④公安人员到达现场后，值班站长协助保护现场，封控污染区，配合搜查可疑人员、可疑物等线索；

⑤若有人员中毒的情况下，组织将伤者转移至在安全地带设置的"候援区"等待医护人员，组织其他站务人员迅速撤离车站，在指定的出入口大门外集结并清点人数；

⑥事故得到控制后，汇总资料，填写事故报告，将处理结果上报上级部门及领导。

（2）行车值班员。

①在发生生化恐怖袭击时，行车值班员接到值班站长下达的紧急疏散指令后，立即向全体员工进行广播，宣布紧急疏散指令；

②按压 SC 紧急按钮执行火灾紧急模式，开启车站广播，向站内乘客进行广播宣传："车站暂停服务，请乘客尽快疏散出站"；

③在得到值班站长恢复运营的指令后，将 SC 重新设置为正常模式并报告行车调度员，按照行调指示恢复运营服务。

（3）客运值班员。

①客运值班员在接到紧急疏散指令后，戴好防护面具，立即随值班站长赶赴现场，听从值班站长指挥参加协助工作；

②若生化恐怖袭击事件发生在站台层，则组织引导站台乘客上车，无客车进站时组织乘客从未受影响一端往站厅疏散；

③若生化恐怖袭击事件发生在站厅层，则阻止站厅乘客进入站台层乘车，引导站厅乘客从未受影响处疏散出站；

④协助值班站长配合公安人员进行现场环境保护及伤员救助后迅速撤离车站。在指定的出入口大门外集结，等待处理完毕后，根据值班站长指示清理现场，恢复服务。

（4）站务员。

①站厅巡视员，站台安全员及票务员在接到发生生化恐怖袭击通知后，戴好防护面具，迅速准确查明事件发生的时间地点，涉及列车人员伤亡的简要情况应立即向车控室报告；

②若生化恐怖袭击事件发生在站厅层，则由站厅巡视员阻止站厅乘客下站台乘车，引导站厅乘客从未受影响处疏散出站，检查确认站厅没有遗留乘客后报告车控室；

③若生化恐怖袭击事件发生在站台层，则由站台安全员组织站台乘客上车，若无客车进站时，将乘客从站台未受影响的一端疏散到站厅，阻止站厅乘客下站台乘车，检查确认站台没有遗留乘客后报告车控室；

④票务员则在接到紧急疏散指令后停止售票，收好票款，到出入口张贴暂停服务公告，阻止乘客进站。救护车辆引导公安、消防、医护人员及上级领导进站；

⑤最后在指定的的车站出入口外集合；

⑥待得到值班站长恢复运营的指令后清理现场，恢复服务。

任务 7.3　自然灾害应急处理

7.3.1　恶劣天气应急处理

城市轨道交通车站运营受外界环境影响较大,大风雨雪等恶劣天气发生时,一方面会对线路等设备带来不利影响,另一方面会引起车站客流的增加,车站工作人员应按照恶劣天气应急处理办法及时采取疏导、限流等措施,消除各种安全隐患,确保乘客的乘车安全。

1. 应急处理时机

城市轨道交通车站通常以当地气象台发布的暴雨、雷雨大风、高温、道路结冰、大雪等气象预警信号为准,由控制中心 OCC 向受影响的线路范围内的车站发布启动相应恶劣天气应急处理的命令。

2. 雨天车站应急处理办法

城市轨道交通运营线路出现大规模降雨时,值班站长应组织站务人员做好防雨工作,确保车站不被雨水侵袭、乘客安全出行、车辆按图运行。车站的具体处理办法如下。

(1)如遇大雨,站务员需及时在出入口放置雨伞套,方便乘客进站时收拢雨伞,避免雨水滴落造成地面湿滑,同时在楼梯、电梯附近放置"小心地滑"的提示牌,提示乘客注意避开湿滑区域。

(2)当雨势较大可能影响车站运营时,则可以在出入口楼梯两端铺设防滑垫,并做好其他应急处理。雨势较大时地面交通受阻严重,会有乘客转乘地铁,使得站内客流大幅增加,需要工作人员做好客流组织工作。

> **小知识**
>
> **京港地铁做好防汛准备保障乘客顺畅出行**
>
> 北京京港地铁针对汛期可能出现的强降雨天气,提前启动防汛工作,秉持"早发现,早动手,早整改,早预防"的原则,重点车站严格遵照"一站、一图、一方案"周密筹备,提前做好应对汛期的各项工作,保障乘客安全、顺畅出行。
>
> 针对汛期,京港地铁提前准备防汛物资,所辖各线车站及段场储备防汛沙袋、防滑垫、排水泵、防洪挡板等 8 类防汛物资。车站也将做好各项工作,保障乘客顺

畅出行。如遇雨情，站务人员将在车站出入口摆放防滑提示牌、铺设防滑垫；增派保洁人员至车站出入口、楼梯清理地面积水；站内也将播放广播，温馨提示乘客注意地面湿滑，小心行走；此外，各车站还提前备好了一次性雨衣，视雨情为乘客免费发放。针对防汛重点部位，如车站出入口、地势低洼站等，京港地铁也进行了清理疏通检查，对高架线、露天段排水口清扫情况及段场联络线洞口排水能力进行检查，确保各排水系统保持疏通。

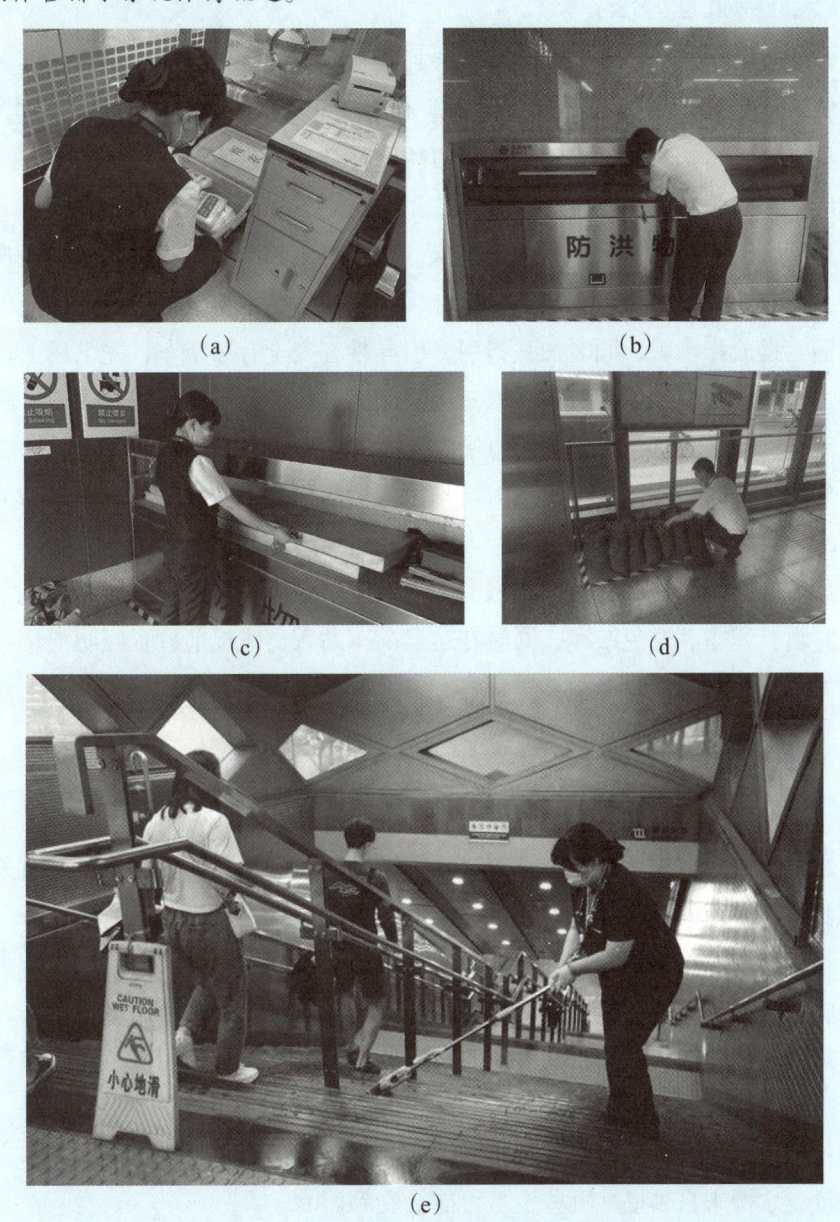

图 7-3-1　京港地铁站务人员做防汛准备

3. 大风、沙尘应急处理办法

当风力超过 7 级时，控制中心 OCC 发布有关恶劣天气的信息，车站须检查悬挂物，以免脱落物砸伤乘客及员工；指派专人对站台的可移物品进行加固；督促保洁人员清洁车站卫生；露天段车站做好停运、客流疏散准备；如有其他异常情况应立即上报控制中心 OCC。

4. 雪天应急处理办法

遇大雪天气，由于地面交通受阻会造成地铁车站客流激增，故车站应做好雪天的客运组织工作。在物资保障方面，为了应对雪天情况，车站配备了防滑垫、融雪剂、"小心地滑"指示牌、雪铲和扫帚等物资，可以快速处理站外积雪，保障运营工作。不同情况车站的应急应对措施侧重点有所不同。

（1）如遇高峰时段降雪，车站员工与保洁人员应不间断地巡视出入口及通道，及时清扫积雪，放置防滑垫、防滑提示牌，保证乘客顺畅进站；雪天站内地面易滑，车站播放提醒广播、摆放指示牌，同时加强指引，引导乘客安全有序乘车，先下后上；如车站客流量增加较多影响车站运营，则采取三级控制的方式缓解车站压力，并视客流情况及时采取限流、关闭出入口、封站等紧急措施。

（2）如遇低峰时段降雪，车站及时清扫出入口积雪，采取放置防滑垫、防滑提示牌等措施，疏导乘客有序乘降。

（3）如夜间降雪，地面有岔车站派专人巡视道岔区段积雪情况，如出现积雪结冰等情况，及时清扫积雪、避免结冰，同时在运营前车站人员应提前放置好防滑垫、防滑提示牌，确保车站运营正常。

7.3.2 车站水灾应急处理

当给水管道破裂、地下车站和隧道进水等危及运营的情况发生时，车站有关岗位工作人员应及时按一定的程序进行处置，尽量避免或减小水灾对运营的影响。若车站的排水系统、集水坑泵发生故障或遭遇特大降水，轨道会出现水淹的状况。如果积水或淤泥冲积至轨底，可能会导致信号系统故障、列车牵引发动机受损、牵引电流短路、列车因牵引发动机受损而滞留在两站之间等危害情况的出现。车站有关岗位具体的作业处理流程如下。

（1）任何岗位工作员工一旦发现水灾，应立即报告值班站长以下情况：水灾发生的位置、流量、水源来自哪里，哪些设备可能会受到影响。

（2）值班站长向行车调度员报告本站发生水淹事故，本站受到影响的区域，是否影响乘车及受影响设备的情况。

（3）值班站长携带防洪装备赶往事发位置，命令站务人员和保洁人员前往水灾区域。

（4）值班站长到达现场后评估情况，向行车调度员汇报水灾最新进展，视情况需要请求电力等部门的人力支援。

（5）站务人员尝试用防洪板、沙包或其他填充物阻断水源，或抑制流量，在周边用提示和警戒线布置禁行区。

（6）车站值班员通过广播、乘客信息显示系统向乘客进行宣传解释。

（7）若水灾可能导致车站设备出现危险或影响运营时，视情况部分封闭车站。

7.3.3 车站地震应急处理

等级较强的地震会导致轨道交通车站邻近建筑物、车站建筑物的损毁及倒塌、轨道线路移位或严重扭曲、列车出轨、车站及列车电力中断等事故，从而引起沿线乘客的恐慌以及难以控制的地铁人潮，为应对这些严重后果，车站工作人员应严格执行如下地震应急处理办法。

（1）地震发生后，值班站长应立即向行车调度员汇报是否影响行车；是否有人员、设备、线路、车辆受损；是否需要召唤紧急服务（公安、急救、消防）。

（2）一旦确定发生四级以上强度的地震，值班站长必须安排车站员工做以下工作。

①开启所有隧道灯；

②检查所有系统是否运作正常，特别是供电、通信、信号及环境控制系统；

③在确保自身安全的前提下，巡视车站建筑、设施，巡视出入口及站外情况，发现有任何异常情况，立即通知值班站长。

（3）值班站长接到车站巡视结果后，立即向行车调度员、故障报警中心报告设备、结构损毁的情况。

（4）如果站台有列车停车，按照行车调度员指示立即对列车进行清客作业。

（5）停止所有作业，察看是否有工作人员或乘客受伤。若发现有任何人员受伤，应立即展开救助工作。

（6）如发现建筑物损毁或阻塞，应立即疏散、封锁危险区域，安排人员驻守，制止他人接近。

（7）如地震强度较大，建筑物、设备设施损毁严重，则应立即执行车站紧急疏散程序。

案例分析

香港地铁金钟车站列车纵火事件

2004年1月5日,香港地铁尖沙咀至金钟车站之间发生了一起列车纵火事件。该日上午一名精神病男子携带易燃物品进入一辆荃湾线列车,在即将进入金钟站时,点燃该物品,威胁到乘客安全。9:12,一辆前往中环站的列车(编号T61)的车长向控制中心报告,列车发生火警紧急事故,要求金钟站职员候命协助。当列车进入金钟站,有烟从列车冒出。地铁迅速安排列车上的乘客疏散,9:16疏散完成,随即将金钟站关闭。疏散乘客约1200人,只有14名乘客因吸入烟尘被送往医院,但很快就全部康复出院。

在疏散的同时,车站员工利用灭火器将火焰扑灭,消防处及警务处人员也很快抵达现场提供协助。在此期间,荃湾线列车服务维持在荃湾站与尖沙咀站之间,港岛线列车服务维持正常,但列车不停金钟站。编号T61列车的烟被消除后,列车被移离载客服务行车线,以便地铁、警务处及消防处进行深入调查。上午9:40,所有列车服务恢复正常。

当车站着火(运营时间)或列车着火(在站台)时,金钟站工作人员具体作业安排如下。

(1)确认火灾的真实性(值班站长/被指定的员工);

(2)召唤紧急服务(值班站长);

(3)停止乘客进入(值班站长和站厅员工);

(4)防止烟雾蔓延(值班站长和站厅员工);

(5)以最有效和安全的方式进行疏散(所有员工);

(6)建立事故控制点(值班站长)。

具体应急流程如图7-3-2所示。

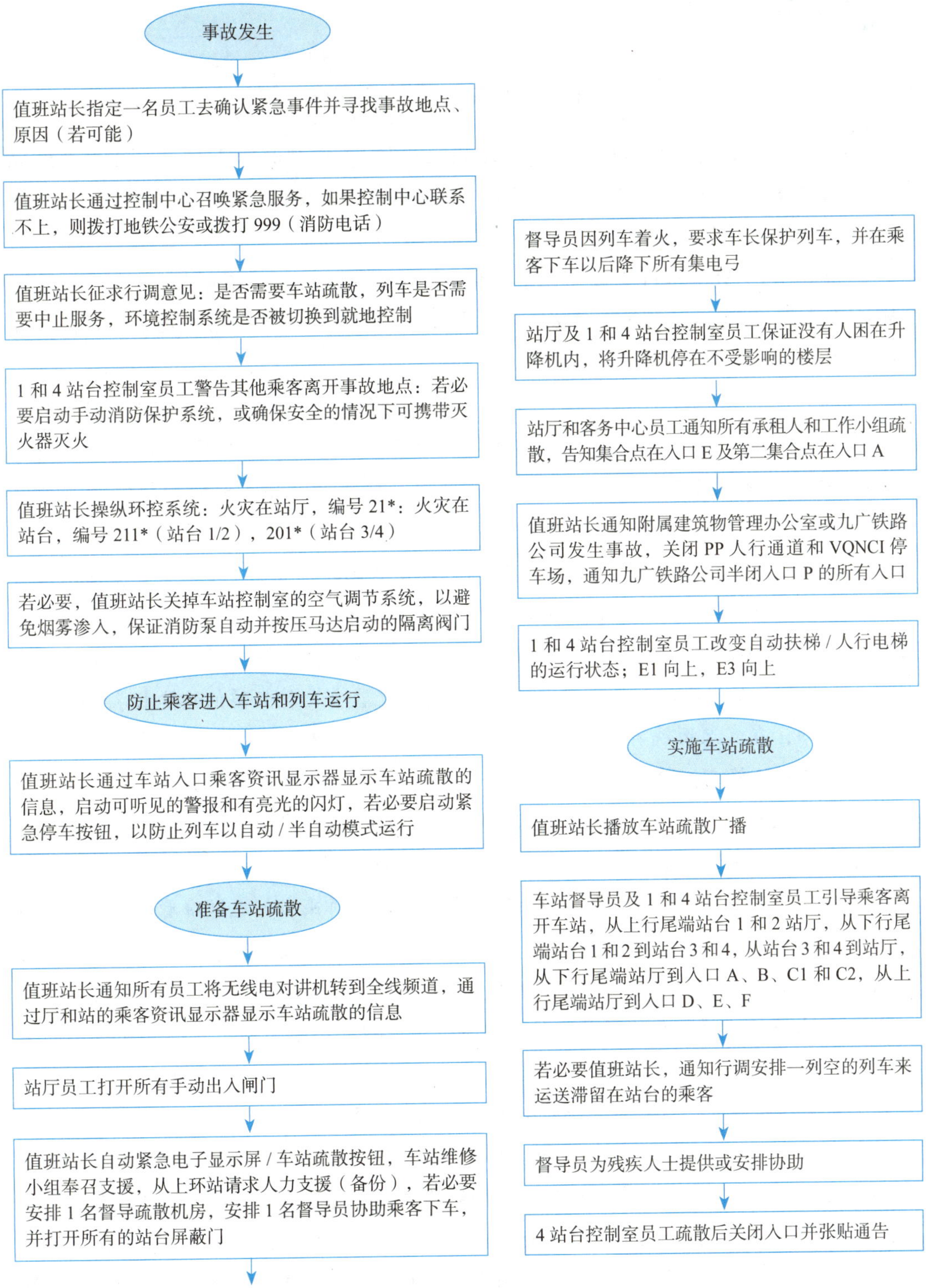

城市轨道交通客运安全应急处置 项目 7

```
                    ┌─────────────┐
                    │  事故发生    │
                    └──────┬──────┘
                           ▼
┌──────────────────────────────────────────┐
│ 值班站长指定一名员工去确认紧急事件并寻找事故地点、│
│ 原因（若可能）                            │
└──────────────────────────────────────────┘

┌──────────────────────────────────────────┐
│ 值班站长通过控制中心召唤紧急服务，如果控制中心联系 │
│ 不上，则拨打地铁公安或拨打 999（消防电话）     │
└──────────────────────────────────────────┘

┌──────────────────────────────────────────┐
│ 值班站长征求行调意见：是否需要车站疏散，列车是否需 │
│ 要中止服务，环境控制系统是否被切换到就地控制     │
└──────────────────────────────────────────┘

┌──────────────────────────────────────────┐
│ 1 和 4 站台控制室员工警告其他乘客离开事故地点：若必 │
│ 要启动手动消防保护系统，或确保安全的情况下可携带灭 │
│ 火器灭火                                  │
└──────────────────────────────────────────┘

┌──────────────────────────────────────────┐
│ 值班站长操纵环控系统：火灾在站厅，编号 21*：火灾在 │
│ 站台，编号 211*（站台 1/2），201*（站台 3/4）   │
└──────────────────────────────────────────┘

┌──────────────────────────────────────────┐
│ 若必要，值班站长关掉车站控制室的空气调节系统，以避 │
│ 免烟雾渗入，保证消防泵自动并按压马达启动的隔离阀门 │
└──────────────────────────────────────────┘

                ┌──────────────────────┐
                │ 防止乘客进入车站和列车运行 │
                └──────────────────────┘

┌──────────────────────────────────────────┐
│ 值班站长通过车站入口乘客资讯显示器显示车站疏散的   │
│ 信息，启动可听见的警报和有亮光的闪灯，若必要启动紧 │
│ 急停车按钮，以防止列车以自动/半自动模式运行       │
└──────────────────────────────────────────┘

                ┌──────────────────┐
                │  准备车站疏散     │
                └──────────────────┘

┌──────────────────────────────────────────┐
│ 值班站长通知所有员工将无线电对讲机转到全线频道，通 │
│ 过厅和站的乘客资讯显示器显示车站疏散的信息        │
└──────────────────────────────────────────┘

┌──────────────────────────────────────────┐
│ 站厅员工打开所有手动出入闸门                  │
└──────────────────────────────────────────┘

┌──────────────────────────────────────────┐
│ 值班站长自动紧急电子显示屏/车站疏散按钮，车站维修 │
│ 小组奉召支援，从上环站请求人力支援（备份），若必要 │
│ 安排 1 名督导疏散机房，安排 1 名督导员协助乘客下车， │
│ 并打开所有的站台屏蔽门                       │
└──────────────────────────────────────────┘
```

```
┌──────────────────────────────────────────┐
│ 督导员因列车着火，要求车长保护列车，并在乘    │
│ 客下车以后降下所有集电弓                  │
└──────────────────────────────────────────┘

┌──────────────────────────────────────────┐
│ 站厅及 1 和 4 站台控制室员工保证没有人困在升 │
│ 降机内，将升降机停在不受影响的楼层          │
└──────────────────────────────────────────┘

┌──────────────────────────────────────────┐
│ 站厅和客务中心员工通知所有承租人和工作小组疏 │
│ 散，告知集合点在入口 E 及第二集合点在入口 A │
└──────────────────────────────────────────┘

┌──────────────────────────────────────────┐
│ 值班站长通知附属建筑物管理办公室或九广铁路   │
│ 公司发生事故，关闭 PP 人行通道和 VQNCI 停   │
│ 车场，通知九广铁路公司半闭入口 P 的所有入口 │
└──────────────────────────────────────────┘

┌──────────────────────────────────────────┐
│ 1 和 4 站台控制室员工改变自动扶梯/人行电梯  │
│ 的运行状态；E1 向上，E3 向上               │
└──────────────────────────────────────────┘

                ┌──────────────┐
                │  实施车站疏散 │
                └──────────────┘

┌──────────────────────────────────────────┐
│ 值班站长播放车站疏散广播                  │
└──────────────────────────────────────────┘

┌──────────────────────────────────────────┐
│ 车站督导员及 1 和 4 站台控制室员工引导乘客离 │
│ 开车站，从上行尾端站台 1 和 2 站厅，从下行尾 │
│ 端站台 1 和 2 到站台 3 和 4，从站台 3 和 4 到站厅， │
│ 从下行尾端站厅到入口 A、B、C1 和 C2，从上 │
│ 行尾端站厅到入口 D、E、F                 │
└──────────────────────────────────────────┘

┌──────────────────────────────────────────┐
│ 若必要值班站长，通知行调安排一列空的列车来   │
│ 运送滞留在站台的乘客                      │
└──────────────────────────────────────────┘

┌──────────────────────────────────────────┐
│ 督导员为残疾人士提供或安排协助             │
└──────────────────────────────────────────┘

┌──────────────────────────────────────────┐
│ 4 站台控制室员工疏散后关闭入口并张贴通告   │
└──────────────────────────────────────────┘
```

图 7-3-2 香港地铁金钟站火灾应急流程

> 思政园地

丁根："地铁工匠"守安全

在武汉地铁，有一位名叫丁根的"地铁医生"。入职武汉地铁11年，丁根共发现并解决各类重大安全隐患8项，他用匠心守护地铁列车平安出行，用点滴行动生动诠释着地铁人的工匠精神。

丁根，男，1988年11月出生，中共党员，是武汉地铁第一任电路工班长，被誉为"地铁工匠"。他先后参与过1号线地铁车辆日检、月修、定修、架修及大修等全修程检修工作。

2004年，武汉地铁1号线一期开通的第一天，年仅15岁的丁根就兴致勃勃乘车体验，成为"地铁人"的梦想，在他心里埋下了种子。高考后，他如愿进入地铁订单班。2010年初，22岁的丁根还未正式毕业就被武汉地铁录用，年少时的梦想终于照进了现实。

真正来到工作岗位上的丁根发现，眼前的地铁远比教科书上复杂，有太多知识需要重新学习。新员工理论培训时，如果遇到不懂的知识点或问题，丁根甚至会追着老师一起进食堂，在餐桌上刨根问底。检车实践培训期间，遇到课间休息的师傅，丁根会抓起资料，拉着他们钻进车底，让他们设置故障考验自己，努力把师傅们的技术学到手。

第二年，在武汉地铁首届岗位技能大赛上，入职不满一年、刚刚从学徒转正的丁根斩获"车辆检修新秀奖"，成为全公司入职时间最短、最年轻的获奖选手。发表感言时他说："我愿用每一次精准的检修兑现安全准点的承诺。"守护每一趟列车的安全出行，成为他朴素而又强烈的愿望。

作为检修工人，丁根并不直接为乘客服务，他的工作乘客们也很难看到，但他甘当一颗默默无闻的"螺丝钉"。丁根说："每当看到一个个故障被我排除，列车质检合格后开出车库的那一刻，我的内心都无比地开心和自豪。"

20岁出头的丁根，年轻好学，胆大心细，很快被安排参与到1号线A01号车的第一次大修工作中。大修是指地铁列车行走里程达到120万km或运行时间达到10年时，对车辆系统各设备进行的全面检查和维护，是车辆检修的最高级别修程。大修时要将整列列车解编，将车上车下所有设备全部拆解，使列车达到新造车标准。

车辆安全是地铁运营安全的根基，为培养一批技术过硬、敢于攻关的技术人才，更好地掌握列车各修程检修技术，武汉地铁实施自主化维修制度。丁根作为电气工班组长，他所负责的电气设备检修就包含牵引控制系统、列车广播系统、空调系统等6个子系统共269类、11845件零件，单是检修工序就有98道。如何在确保安全的情况下，高质量、高标准完成自主检修，丁根和 A01 号车，都是"吃螃蟹者"。

牵引系统类似汽车发动机，是地铁列车的"心脏"。武汉地铁 1 号线列车牵引系统为全进口，藏着厂家的核心技术，这也是丁根大修过程中遇到的最大"拦路虎"。在国内城市地铁运营公司中，能够自主大修牵引系统的屈指可数。

面对维保技术壁垒，丁根决定带头攻关。图纸难读就自己画，他将晦涩难懂的资料图绘制成一个系统一张的"实用版"检修图纸，一共 8 大张，大大提高了效率和准确率。2017 年，最后一列 1 号线一期列车大修后成功上线运营，标志着武汉地铁电动客车大修突破零基础、零经验，而这个关键的"零突破"，也使丁根迅速成长为独当一面的技术能手。

检修工作要求严谨细致，但并不等于一味地循规蹈矩，按部就班。丁根总是带着思考进行每一项操作，大家习以为常的流程作业，他却能不断优化工艺，提高检修效率。

牵引电机在检修时须经过 18 道工序。按照原厂说明书，检修后须通过一系列试验后才能安装上车，而一台电机实验下来需要一整天时间，一列车有 8 台电机，全部试验完则需要 8 天。因此，牵引电机检修是耗时最长的工序之一。丁根结合工作实际，优化了牵引电机试验的参数，使得试验效率提高了 30%。

继电器是列车上最常见的设备，根据使用位置不同，对其可靠性要求不一。其中，车辆控制系统对继电器可靠性的要求极高，在列车大修时，此类关键继电器均须换新，才能保证列车正常运行。面对批量更换的继电器，丁根没有直接将它们报废，而是在检查试验后，将它们用在可靠性要求较低的设备上。

列车车厢下部有一个叫牵引逆变器的设备，它是牵引系统中的一个关键部件。牵引逆变器的清洁，需要通过专业水枪冲洗后再进行人工擦拭，细小缝隙太多，清洁起来费时又费神，且散热器旁就是精密的核心部件，丝毫不能沾水，必须将其他精密部件拆解后才能进行清洁作业。丁根琢磨着做出一了个"浴帽"，为这些金贵的部件提供保护，直接省去了拆解和组装的过程，使清洁工作变得高效很多。

丁根善于思考又精于技术。11 年时间里，他根据实践经验，优化了多项检修工艺及流程，将列车大检修周期从半年压缩到 45 个工作日。

入职武汉地铁 11 年，丁根在探索中精进技艺，突破了一个个技术难题，许多数据和规范都由他一手整理提炼，为后续的检修工作提供了重要依据。

作为一名中共党员，丁根把控质量的双手从未放松过一丝一毫。他态度鲜明地说："让列车健康上线，是我的职责。因为事关千万人的出行安全，所以再小的事都是大事。"丁根的这种态度对于每一个岗位的地铁人来说都值得学习。作为未来的地铁人，我们也一定要时刻树立安全意识，具备爱岗敬业和团队协作的精神，做好城市轨道交通运营安全的一颗"螺丝钉"。

项目实训

1. 能力训练

每 5 个人一小组。

（1）模拟现场，分组设计场景，分配对应岗位进行车站日常运作的标准作业；

（2）根据不同场景案例，练习填写车站综控室报表。

2. 综合测评

评价表

项目名称	城市轨道交通车站	学生姓名	
任务名称	任务1 城市轨道交通客运安全概述 任务2 车站突发事件应急处理 任务3 自然灾害应急处理	分数	
目标		分值	考核得分
1. 车站常用安检设备的特点及用法的掌握情况		5	
2. 车站及列车客运安全应急设备的掌握情况		5	
3. 能按照各岗位职责正确处理车站火灾突发事件		15	
4. 能按照各岗位职责正确处理乘客意外受伤事件		15	
5. 能按照各岗位职责正确处理站台紧急停车按钮被触发事件		15	
6. 能按照各岗位职责正确处理车站停电事件		15	
7. 能按照各岗位职责正确处理恐怖活动事件		10	
8. 是否有小组计划		5	
9. 基本素养考核情况		15	
总体得分			
教师简要评语： 　　　　　　　　　　　　　　　　　　　　　　教师签名：			

项目练习

1. 简述乘客意外受伤应急处理方法。
2. 简述车站火灾应急处理方法。
3. 简述乘客物品掉落应急处理方法。
4. 简述站台紧急停车按钮被触发的应急处理方法。
5. 简述车站停电应急处理方法。
6. 简述应对恶劣天气的处理方法。

参考文献

1. 刘莉娜.城市轨道交通客运组织[M].北京：人民交通出版社，2010.
2. 刘建.城市轨道交通站务管理[M].北京：北京交通出版社，2014.
3. 陈爱琴.城市轨道交通客运管理[M].北京：北京交通出版社，2017.
4. 张秀媛.城市轨道交通客运管理[M].北京：交通大学出版社，2012.
5. 裴瑞江.城市轨道交通客运组织[M].北京：机械工业出版社，2014.
6. 吴海军.城市轨道交通客运组织[M].重庆：重庆大学出版社，2013.
7. 杨灵.城市轨道交通大客流运输组织方案研究[D].中国铁道科学研究院，2019
8. 唐艺耕.哈尔滨市地铁1号线客流特征分析与运营组织优化[D].哈尔滨工业大学，2019.
9. 熊闻.城市轨道交通客流预测分析[D].河南农业大学，2019.
10. 罗跃.广州地铁典型车站客流特征分析与客流安全控制方法研究[D].华南理工大学，2020.
11. 王宏亮，城市轨道交通站点布局研究[D].西南交通大学，2012.
12. 李锋，城市轨道交通车站分布方法研究[D].长沙理工大学，2008.
13. 何山，城市轨道交通车站多目标布局研究[D].西南交通大学，2015.
14. 王冰.地铁车站票务管理的研究[D].大连交通大学，2017.
15. 朱丽娟.地铁车控室综合后备控制盘（IBP）功能需求分析[J].现代城市轨道交通，2013（3）：34-37.
16. 方从明，杨文学，汪健.香港地铁车站突发事件的应急预案[J].都市快轨交通.2006，19（1）：29-33
17. 罗千慧.浅析地铁车站客流组织的影响因素及对应措施[J].城市建设理论研究（电子版）.2020（15）：85.
18. 赵凯.如何应对地铁区间清客的分析和探讨[J].现代国企研究.2015（04）：62.

版权声明

根据《中华人民共和国著作权法》的有关规定，特发布如下声明：

1. 本出版物刊登的所有内容（包括但不限于文字、二维码、版式设计等），未经本出版物作者书面授权，任何单位和个人不得以任何形式或任何手段使用。

2. 本出版物在编写过程中引用了相关资料与网络资源，在此向原著作权人表示衷心的感谢！由于诸多因素没能一一联系到原作者，如涉及版权等问题，恳请相关权利人及时与我们联系，以便支付稿酬。（联系电话：010-60206144；邮箱：2033489814@qq.com）